本书系 2024 年度西北政法大学研究生教育教学改革研究项目"审时创新，笃行思政：审计专硕核心课程思政课堂教学创新研究"（YJZC2024035）、2024 年度西北政法大学本科教育教学改革研究专项项目"审思明辩 学悟践省：审计学核心课程思政建设"（XJYBZ202411）、西北政法大学义乌研究院 2025 年横向课题"小商品出海战略助推'一带一路'合作共鸣，打造义乌经济新增长极"（YW2025-17-1）的阶段性研究成果。

新时代法学教育与法学理论文库

研究型内部审计

组织治理与风险管理创新

Research-oriented Internal Auditing

Innovation in Organizational Governance
and Risk Management

张 瑛 著

社会科学文献出版社
SOCIAL SCIENCES ACADEMIC PRESS (CHINA)

前　言

　　研究型审计是新时代对审计工作的新要求、新使命，是实现审计高质量发展的必由之路，也是当下审计理论和实务界探讨的热点话题。研究型审计的概念最早在 2009 年由审计署南京特派办正式提出，随着审计实践的不断深入，2021 年《"十四五"国家审计工作发展规划》强调，所有审计项目必须把研究工作作为谋事之基、成事之道，要强化审计理论研究，推动审计理论、审计实践和审计制度创新。2022 年 1 月 1 日起实施的新《审计法》首次将内部审计的管理纳入法律条款，要求"被审计单位应当加强对内部审计工作的领导，按照国家有关规定建立健全内部审计制度。审计机关应当对被审计单位的内部审计工作进行业务指导和监督"。2023 年，习近平总书记在二十届中央审计委员会第一次会议上明确指出要做实研究型审计。这一系列举措不仅凸显了内部审计在组织治理、风险管理、内部控制及企业经营管理中的关键地位，也说明内部审计是我国审计制度不可或缺的一环，开展研究型内部审计已成为推动内部审计高质量发展的必由之路。

　　过去研究内部审计的书籍虽已为当下的内部审计实践奠定坚实基础，但面对新经济形态下的新挑战，实务界仍急需一本专门聚焦于研究型内部审计的专著，以全面反映该领域的最新发展、方法论创新及实践应用，以提升审计人员的专业素养与研究能力，拓展审计工作的深度与广度，确保内部审计充分保障组织运营安全、促进管理效率提升、助力战略目标实现、提高组织风险管理能力、增强企业的核心竞争力和稳健性，为审计实务应对当前挑战、把握未来机遇提供切实可行的解决方案和策略建议。

因此，基于新时代审计工作的新要求，本书深入探讨研究型内部审计的内涵、理论基础及其在组织治理与风险管理中的创新应用，为审计理论与实践提供了新的视角。首先，本书通过"三度"（广度、力度、深度）框架奠定了研究型内部审计的理论基础，丰富了审计学理论体系。其次，本书从组织治理和风险管理两个角度，结合案例，深入剖析了研究型内部审计在提升治理效能、优化管理流程中的关键作用，展示了其应用思路，为其他组织提供了借鉴。最后，本书详细描述了研究型内部审计的实施流程、方法创新、流程优化和技术更新，为组织提供了全面、实用的操作指南。本书注重理论与实践的结合，明确指出研究型内部审计是企业提升内部管理效率、防控风险、增强竞争力的关键路径，希望能为内部审计人员提供更广阔的视野，推动研究型内部审计的发展，有力保障企业的可持续发展。

本书力求做到以下两点。

一是基础引导，即提供全面的研究型内部审计知识，并融入最新政策法规，促进读者对基础知识的学习。本书在大纲和各章节的内容安排上，以《中华人民共和国审计法》《中华人民共和国审计法实施条例》《中华人民共和国会计法》《中华人民共和国公司法》《审计署关于内部审计工作的规定》为依据，吸收国内外有关专家、学者在研究型内部审计领域最新的理论研究成果，注重对内部审计最新理论和实践的概括、总结和提炼，使读者能够理解并运用。

二是联系实际，即知识点与实际业务紧密相连，强调案例分析，推动读者更加深入地理解和掌握研究型内部审计领域的知识。理论与实践相辅相成，理论指导实践，实践加深理解。联系实践是本书设计中的重要一环，提供丰富的实际案例，以推动读者更加深入地理解和掌握研究型内部审计领域的知识。

在写作过程中，我参阅相关文献和资料，其中明确的已列入脚注，对于无法准确查证出处的地方，相关文献引用不全面、不规范的地方，烦请与我联系，不胜感激。在此，对所有研究型内部审计研究领域的专家和学者致以最诚挚的谢意。

　　同时，本书得到了"西北政法大学教育发展基金会"的资助。最后，由于本人水平有限，书中难免存在缺点、疏漏和谬误，在此恳请专家和读者不吝赐教，以便我持续改进、不断完善。感谢大家！

C目 录

ONTENT

第一篇　基础概况

第四篇　实践指南：研究型内部审计的实践应用

第一篇　基础概况

第一章 内部审计的理论基础

内部审计作为企业内部自我监管的重要机制，通过科学的方法和程序对组织的运营、财务以及风险管理等环节进行深入分析和评估。它不仅是保障企业规范运营、实现组织目标的关键手段，更是优化管理流程、提升企业经营效率的重要工具。

第一节 内部审计的内涵、职能与作用

一 内部审计的基本内涵

（一）内部审计的内涵

1. 内部审计的内涵发展

内部审计的内涵在不同时期存在差异。"内部审计之父"劳伦斯·索耶（Lawrence B. Sawyer）认为，内部审计是对组织中各类业务和控制进行独立评价，以确定是否遵循公认的方针和程序、是否符合规定和标准、是否有效和经济地使用了资源、是否在实现组织目标[①]。

2011 年 1 月，国际内部审计师协会（IIA）发布的《国际内部审计专业实务框架》指出，"内部审计是一种独立、客观的确认和咨询活动，旨在增加价

---

① 〔美〕劳伦斯·索耶（Lawrence B. Sawyer）、〔美〕莫蒂默·迪滕霍夫（Mortimer A. Dittenhofer）、〔美〕詹姆斯·谢纳（James H. Scheiner）:《索耶内部审计——现代内部审计实务（上册）》（第五版），邰先宇、周瑞平等译，中国财政经济出版社，2005。

值和改善组织的运营，它通过应用系统的、规范的方法，评价并改善风险管理、控制及治理过程的效果，帮助组织实现其目标"[①]。2003 年 6 月，中国内部审计协会发布的《内部审计基本准则》指出，"内部审计，是指组织内部的一种独立客观的监督和评价活动，它通过审查和评价经营活动及内部控制的适当性、合法性和有效性来促进组织目标的实现"。随着时间的推移，国际内部审计师协会（IIA）在 2017 年发布的《国际内部审计专业实务框架》的职业道德规范部分，从职业原则和与行为规则两个方面进一步拓展了内部审计的定义，突出了对内部审计职业的道德要求[②]。

2024 年 1 月 9 日发布的新修订的《全球内部审计准则》中对内部审计的定义为：内部审计是一种独立、客观的确认和咨询活动，它通过运用系统、规范的方法，审查和评价组织的业务活动、内部控制及风险管理的适当性和有效性，以促进组织完善治理、增加价值和实现目标。这一定义强调了内部审计的独立性、客观性，以及其在促进组织完善治理、增加价值和实现目标方面的作用。同时，该定义也明确了内部审计的主要活动包括确认和咨询，以及运用系统、规范的方法对组织的业务活动、内部控制和风险管理进行审查和评价[③]。

综上，内部审计是由部门、单位内部专门设立的机构及其人员，独立地对本部门、本单位的财政财务收支以及相关经济活动进行审查，旨在加强内部控制、维护财经纪律、优化经营管理，从而提升整体经济效益的一种综合性经济监督活动。

2. 内部审计的本质

受托责任是一切审计工作的出发点，内部审计本质上仍属于受托责任的延伸。随着企业规模的扩大，受托责任结构及内容的复杂化，内部审计成为社会经济活动中一个不可或缺的要素[④]。而受托责任参与主体的变化，促使内

---

① 《内部审计是什么？》，乌海市审计局网站，2020 年 7 月 20 日，http://sjj.wuhai.gov.cn/sjj/254569/nsyd59/769510/index.html。

② 中国内部审计协会译《国际内部审计专业实务框架》，中国财政经济出版社，2017。

③ 杜肇毅、沈娇娇、林灵：《全球内部审计准则：内容解构、价值意蕴与实践向度》，《商业会计》2024 年第 8 期。

④ 王光远、瞿曲：《公司治理中的内部审计——受托责任视角的内部治理机制观》，《审计研究》2006 年第 2 期。

部审计的服务对象从公司的管理层扩展到企业组织的各个层次，包括董事会、各经营管理层。当前，风险管理渗透至受托责任履行的过程中，受托责任系统的发展刺激了对更优治理的需求，因此内部审计的服务领域又扩展至风险管理、公司治理[①]。

从理论上讲，内部审计在股东、董事会和高级管理层之间的受托责任链中担任着确认者的角色。通过确保财务信息及非财务信息的可信度，内部审计能够降低信息的不对称性，进而为契约的签订和执行提供有力支持。同时，内部审计还承担着咨询的职责，这有助于改进其他控制流程并优化受托责任环境，从而确保受托责任得到切实履行。因此，内部审计可被视为一种内部治理机制。在实际操作中，董事会要顺利行使其职责，离不开内部审计的协助；管理层要解除受托责任，同样需要依赖内部审计的工作成果。此外，外部审计也长期依赖于内部审计的结果。由此可见，内部审计不仅是董事会、高管层的得力助手，同时也是外部审计人员的重要参考，已然是确保受托责任系统运行的一种治理机制。

（二）内部审计与其他审计形式的区别

内部审计与其他审计形式之间的区别主要体现在审计主体与人员构成、审计方式、审计内容和重点、独立性、经费来源与性质，以及作用与目的等方面。

1. 审计主体与人员构成

在审计主体与人员构成方面，内部审计是由组织内部的专职机构和人员进行的，他们通常隶属组织本身，对组织内部的管理、运营和财务等环节进行审计。而政府审计是由政府的专职机构和人员进行的，代表政府行使审计监督权，对各级政府及部门的财政收支及公共资金收支运用情况进行审计。独立审计则是由注册会计师事务所和注册会计师等专业人员进行的，他们与被审计单位无直接隶属关系，主要对非营利组织的会计资料及其反映的经济活动进行审计。

---

① 瞿曲：《基于受托责任理论的内部审计若干问题研究》，博士学位论文，厦门大学，2007。

2. 审计方式

在审计方式方面，内部审计通常是自行安排的，根据组织内部的需要和计划进行，具有较强的灵活性。政府审计则具有强制性，由政府法律规定并实施，对被审计单位进行定期的、全面的审计。独立审计通常是受托进行的，即接受客户委托后对其进行审计，其审计范围和内容主要根据客户的需求确定。

3. 审计内容和重点

在审计内容和重点方面，内部审计主要关注组织内部各项内控制度的执行情况和经济活动，旨在评估和改进组织的管理、风险控制和治理过程。政府审计主要关注各级政府部门的财政收支及公共资金收支运用情况，以行政监督为主要目的，确保公共资金的合理使用和效益。独立审计则主要关注被审计单位的财务报表和相关经济信息，以鉴证其真实性、准确性和完整性为主要任务。

4. 独立性

此外，三种审计形式在独立性方面也存在差异。内部审计虽然在组织、工作、经济方面受到本单位的制约，但其仍在一定程度上独立于所审计的其他职能部门。政府审计则完全独立于被审计单位，能够进行公正的监督和评价。独立审计具有双向独立性，既独立于委托人，也独立于被审计单位，以保持客观公正的立场。

5. 经费来源与性质

在经费来源与性质方面，内部审计的经费通常由组织内部自行解决，属于组织运营成本的一部分。政府审计的经费来源于财政预算，属于政府公共支出。而独立审计的经费则来源于有偿服务，即向客户收取审计费用。

6. 作用与目的

在作用与目的方面，内部审计主要发挥管理与参谋的作用，通过审计活动发现组织内部的问题并提出改进建议，帮助组织改进管理、提高效率、改善效果。政府审计主要发挥行政监督的作用，对公共资金的使用进行监督和评价，确保资金的合理分配和有效使用。独立审计则主要为投资者和利益相关者提供可靠的财务信息鉴证服务，增强他们对被审计单位财务状况的信心。

7. 审计流程

（1）审计计划和准备阶段

内部审计通常基于组织内部的需求和风险评估来制订审计计划。审计范围、目标和时间表通常由内部审计部门自行确定，并报经组织高层批准。准备工作可能包括收集相关文件、了解被审计部门的运营情况等。政府审计的计划通常由政府审计机关根据法律法规和政策要求来制订。审计对象、范围和时间表可能由上级审计机关或政府部门指定。准备工作涉及对被审计单位或项目的初步了解，以及相关法律法规的收集。独立审计的计划通常基于客户的委托要求和合同来约定。审计范围、目标和时间表由审计单位与客户进行充分沟通后确定。准备工作包括了解客户的业务、财务状况，以及收集相关审计证据。

（2）审计实施阶段

内部审计人员通常采用访谈、观察、测试和检查文件等方法来收集证据。审计过程中，内部审计人员会与被审计部门保持密切沟通，以确保审计的顺利进行。政府审计人员会依据法律法规进行详细的现场审计，包括查阅文件、询问相关人员等。审计过程中可能涉及对被审计单位或个人法律责任的审查。独立审计人员会按照审计准则和职业道德规范进行审计。审计方法包括分析性程序、实质性测试等，以确保财务报表的真实性和公允性。

（3）审计报告阶段

内部审计报告通常提交给组织的高层管理人员，用于改进内部控制和运营管理。报告内容可能包括审计发现、建议和改进措施等。政府审计报告通常向政府部门和公众发布，用于监督公共资金的使用和效益。报告可能包括审计结论、处理意见和建议等，具有法律约束力。独立审计报告主要提交给委托方，用于鉴证财务报表的真实性和准确性。报告内容包括审计意见、财务报表附注等，为投资者和利益相关者提供决策依据。

（4）后续跟进和整改阶段

内部审计部门会跟踪被审计部门的整改情况，确保建议得到有效实施。可能需要与被审计部门定期沟通，评估整改效果。政府审计机关会对被审计单位的整改情况进行监督和检查。未按照要求进行整改的单位或个人，依法承担相应法律责任。独立审计通常不负责后续跟进和整改工作，但可能会在必要时提供咨询和建议，客户需要根据审计报告自行决定后续的整改措施。

内部审计与其他审计形式在多个方面存在显著的差异。这些差异使得各种审计形式能够相互补充、共同构建一个完善的审计监督体系，为组织的稳健运营和社会的经济发展提供有力的保障。

二　内部审计的职能

（一）国外内部审计职能

国际内部审计师协会（以下简称"IIA"）对内部审计定义进行了七次修订，可归纳总结为财务导向审计阶段、业务导向审计阶段、管理导向审计阶段和风险导向审计阶段四个阶段，而内部审计职能在每一个发展阶段均被赋予了不同的内涵。从表 1-1 中可以清晰看出 IIA 在四个审计阶段所体现出的近现代内部审计职能的演化过程，尤其是风险导向审计阶段相较之前的各阶段，有两点需要引起特别关注：一是引入"增加组织价值"的概念，明确内部审计职能是为单位完成目标服务；二是增加层次更高的"确认"和"咨询"职能。上述两项职能极大地丰富了内部审计的内涵，全新阐述了新时代内部审计发展的趋势，展现了内部审计职能从低级向高级不断演化的过程。

表 1-1　内部审计职能定位的发展变化

时间	内部审计阶段	职能	内容	目标
20 世纪 40 年代至 50 年代	财务导向审计	监督	财务、会计	帮助管理者有效管理
20 世纪 50 年代至 70 年代	业务导向审计	监督、评价	财务、会计、业务活动	帮助所有管理履行职责
20 世纪 70 年代至 90 年代	管理导向审计	监督、评价	组织所有活动	为组织提供服务
20 世纪 90 年代以来	风险导向审计	监督、确认、咨询	风险管理、内部控制和公司治理	增加组织价值

资料来源：作者自行归纳整理。

（二）国内内部审计职能

现阶段我国内部审计职能就是"监督"，集中表现为通过对财政财务收支和经济活动的监督，检查并评价其所反映的财务状况和经营成果是否合法合规，有无资产流失等情况，从而督促被审计单位防错纠弊，提高经营管理水平。而在新时代下，内部审计职能要从"监督导向型"向"服务导向型"方向转变，积极发挥"评价"和"服务"职能，一方面要从内部控制角度出发，通过对内部控制的适当性和有效性进行有效评价，查找出单位重要经营活动中存在的薄弱环节或缺陷，并及时向单位管理层和相关部门提出内部控制的改进措施，建立健全内部控制制度；另一方面要基于内部审计人员对单位经营管理和内部控制等方面的了解，提供具有可行性的审计意见和建议，帮助单位有效规避运营风险，提高运营效率及经济价值。

三　内部审计的作用

在社会主义市场经济条件下，内部审计具有双重任务：一方面要对部门、单位的经营活动进行监督，促使其合法合规；另一方面要对部门、单位的领导负责，促进部门或单位经营管理状况的改善、经济效益的提高。具体地说，内部审计的作用主要体现在以下几个方面。

（一）监督制度、计划执行情况，为经营决策提供依据

现代内部审计已经从一般的查错防弊发展到对内部控制和经营管理情况的审计，涉及生产、经营和管理的各个环节。内部审计不仅可以确定本部门、本单位的活动是否符合国家的经济方针、政策和有关法令，也可以确定部门内部的各项制度、计划是否得到落实，是否已达到预期的目标和要求。内部审计所搜集到的信息，如生产规模、产品品种、质量、销售市场等，或内部审计发现的某些具有倾向性、苗头性、普遍性的问题，都是领导作出经营决策的重要依据。

（二）揭示经营管理薄弱环节，促进健全自我约束机制

在社会主义市场经济条件下，各部门、各单位的活动不仅要受到国家财经政策、财政制度和法令的制约，而且要遵守本部门、本单位内部控制制度

的规定。内部审计机构可以相对独立地对本部门、本单位内部控制情况进行监督、检查，客观地反映实际情况，并通过这种自我约束性的检查，促进本部门、本单位建立、健全内部控制制度。

（三）促进改进工作或生产，提高经济效益

内部审计通过对经济活动全过程的审查、对有关经济指标的对比分析，揭示差异，分析差异形成的因素，评价经营业绩，总结经济活动的规律，从中揭示未被充分利用的人财物的内部潜力，并提出改进措施，可以极大地促进经济效益的提高。

（四）监督受托经济责任履行，维护合法经济权益

同外部审计一样，所有权与经营权的分离是内部审计产生的前提，确定各个受托责任者经济责任的履行情况也是内部审计的主要任务。内部审计通过查明各责任者是否完成了应负经济责任的各项指标（诸如利润、产值、品种、质量等）、这些指标是否真实可靠、各责任者有无不利于国家经济建设和企业发展长远利益的短期行为等，既可以对责任者的工作进行正确评价，也能够保障责任者与整个部门、单位的正当权益，有利于维护有关各方的合法经济权益。

（五）监控财产的安全，促进财产物资的保值增值

财产物资是部门、单位进行各种活动的基础。内部审计通过对财产物资的经常性监督、检查，可以有效及时地发现问题，指出财产物资管理中的漏洞，并提出意见和建议，以促进或提醒有关部门加强财产物资管理，努力保证财产物资的安全完整并实现其保值增值。

第二节　内部审计在管理体系中的定位

一　内部审计在组织治理中的作用——内部控制优化的"保健良医"

本节需要明确几个关键词，分别是组织治理、组织管理以及公司治理。

治理主要指的是"针对利益相关方的制度安排"。而管理指的是"为了实现组织共同目标而进行的计划、领导、组织与控制等活动"。另外,"组织治理"与"公司治理"也是不同的概念。"组织治理"主要处理公司内各个相关组织之间的关系,"公司治理"主要处理董事会所有权与管理层经营权的关系。

组织治理涵盖社会组织的机构和活动准则,包括决策机构、执行机构、监督机构的科学设置和有效运作,会员(代表)大会、理事会、常务理事会、监事(会)的职权划分和会议程序,理事长、秘书长等负责人依规产生和行使职责,以及规范开展换届等。内部审计在组织治理中的作用具体如下。

1. 风险识别与防范

内部审计通过对组织的流程、政策和程序进行审核和抽样测试,来确定组织的内部控制是否足够强大以防范潜在的风险。这种风险评估有助于组织及时识别并应对各种挑战,确保稳健运营。

2. 舞弊防范与发现

内部审计的一个重要职责是发现潜在的欺诈行为。通过评估相关控制的充分性和有效性,内部审计能够协助组织防止舞弊行为的发生,或者在舞弊行为发生后及时发现并采取措施。

3. 合规性评估

内部审计负责评估组织的合规性,确保组织遵守适用的法律法规、政策和规章制度。这包括对公司的运营活动进行审查,以确保公司在经营过程中始终遵守相关法律,如劳动法、环境保护法和消费者权益保护法等。

4. 提供改进建议

内部审计不仅关注问题,更注重提供解决方案。通过对组织的运营活动进行审查,内部审计能够识别出改进的机会,并提供有效的改进建议,帮助组织优化其流程,从而提高运营效率、改善运营效果。

5. 资源监督与利用

内部审计还负责监督组织资源的利用情况,确保公司的资源被合理、有效地利用。这有助于组织实现资源最大化利用,减少浪费,提升整体经济效益。

6. 促进治理文化建设

内部审计在组织内起到促进良好治理文化建设的作用。通过树立舞弊防范意识、鼓励报告不正当行为，以及评估业绩测评系统的充分性、评估组织整体目标的实现情况等方式，内部审计为组织营造积极向上、合规守法的治理文化环境。

综上所述，内部审计在组织治理中发挥着不可或缺的作用，它不仅关注风险与合规性，还注重为组织提供有价值的改进建议和资源利用方案。通过内部审计的有效运作，组织能够不断完善自身治理体系，提升整体运营效率和风险管理水平。

二 内部审计在风险管理中的应用——风险管理决策的"军士参谋"

内部审计在风险管理中的应用十分广泛且重要，为组织提供着关键的支持和建议。具体来说，内部审计在风险管理中的应用可以归纳为以下几点。

1. 风险识别与评估

全面识别风险。内部审计通过对企业各个环节和流程进行深入审查，能够全面识别出组织面临的各种风险，包括财务风险、市场风险、运营风险等。

量化风险评估。内部审计不仅识别风险，还会对风险进行量化评估，确定风险的大小和可能造成的损失，从而帮助企业更准确地了解自身风险状况。

2. 风险管理与协调

提供风险管理建议。基于风险评估的结果，内部审计会为企业管理层提供具体的风险管理建议，包括风险降低、风险转移等策略。

协调风险管理活动。内部审计还扮演着协调者的角色，确保企业各部门在风险管理活动中能够协同工作，共同应对风险。

3. 建议与咨询

直达高层的建议。内部审计的发现和建议往往能够直接传达给企业的高层管理者，确保重要问题能够得到及时关注和解决。

专业咨询服务。内部审计部门通常还具备提供专业咨询的能力，能够就企业在风险管理中遇到的具体问题提供解答和建议。

4. 监督与整改

持续监督风险。内部审计不仅提供一次性的风险评估，还会进行持续的监督，确保企业的风险管理措施得到有效执行。

推动整改落实。对于发现的问题，内部审计会推动相关部门进行整改，确保风险得到有效控制。

5. 增值功能

创造直接价值。内部审计的工程造价审计等活动，能够直接为企业节约成本、创造价值。

增加隐性价值。内部审计的建议与咨询服务能够帮助企业改进方案、优化策略，从而避免或减少损失，为企业增加隐性价值。

总的来说，内部审计在风险管理中的角色就像是"军士参谋"，既能够提供全面的风险评估和建议，又能够协调各方资源共同应对风险，同时还能够为企业提供专业的咨询服务和持续的监督整改。这些功能共同构成了内部审计在风险管理中不可或缺的地位和作用。

第三节 内部审计的历史演进与现状

为了适应经济体制改革和市场经济发展的需要，内部控制建设逐步深入推进，内部审计作为内部控制的再控制机制也得以快速发展。2018 年 3 月开始实施新修订的《审计署关于内部审计工作的规定》，从具体目标、职责范围和未来发展等方面加强内部审计工作指导，从而使内部审计制度适应我国经济高质量发展的需要[①]。

---

① 《审计署关于内部审计工作的规定》，中华人民共和国中央人民政府网站，2018 年 1 月 12 日，https://www.gov.cn/gongbao/content/2018/content_5288830.htm。

一 内部审计的历史演进

（一）内部审计的发展脉络

在工商管理诸多学科中，内部审计的发展始终与财务会计、内部控制、公司治理等领域密切相关。其发展表现为内部审计业务范围不断扩大、对风险的控制程度逐渐加深。

1. 内部审计业务主要定位在财务会计层面

内部审计在建立之初，其主要目标是检查会计记录和财务报告，以防止错误和舞弊行为。美国世界通信公司会计舞弊案的出现，使得世界各国政府以及证券监管部门提高了对内部审计评价和监督职能的关注程度。另外，内部审计在防范舞弊发生等方面，比外部审计更具有优势。然而，我国许多公司的内部审计工作流于形式，不能充分发挥其应有的作用。进一步地，相关研究发现，大部分情况下，公司内部审计失效会导致会计信息失真、出现舞弊隐患。应系统化加强内部审计建设，在查错防弊的同时，帮助企业挖掘潜力和资源，增加利润和盈余。同时，内部审计离不开先进的管理方法和工具，内部审计和管理会计均属于企业辅助价值链，应将两者协同起来为企业各部门和管理层服务。

2. 内部审计业务的主要定位拓展到业务和经营管理层面

委托代理关系的产生使得所有权与经营权分离，从而导致诸多管理问题，为了缓解这些问题，管理审计应运而生。管理审计作为内部审计的重要组成部分，通过贯穿公司治理结构，对管理、制度、流程等各领域风险与绩效进行审查和评价。管理审计有利于提高信息透明度，帮助委托人判断受托人的责任履行情况，也有利于建立完整的内部监督与评价机制，协助高层进行内部管控，为高层提供管理风险控制评价和决策支持。相较于传统的财务成本审计，经济效益审计最大的不同是其更加关注与企业有关的经营活动，使得审计具有一定的连贯性。为了维护国家财经纪律、保障社会经济平稳发展，经济责任审计应从检查企业经营活动的合法性、测试企业内部控制的有效性和审查企业资产的完整性等方面入手。

3. 内部审计业务开始全面关注内部控制

20世纪80年代，内部审计正处于对内部控制系统运行情况进行检查和评价的阶段。在美国世界通信公司会计舞弊、安然事件等财务丑闻相继曝光后，纽约证券交易所要求上市公司设立内部审计机构，并且《萨班斯－奥克斯利法案》明确要求上市公司的年报增加内部控制评价内容。此后，内部审计和内部控制在现代企业管理中协同存在与发展，共同治理公司内部问题，主要体现为：内部审计作为内部控制活动的再控制机制，主要通过评价和监督功能促进企业内部控制不断完善；内部审计是企业内部控制活动的工具，内部控制也在不断更新完善中推动内部审计的发展，进而保障企业可持续发展。相关学者对内部审计与内部控制活动的相互作用进行了判断，其研究结果表明，两者呈现出一种耦合关系，企业内部审计质量越高，内部控制活动越有效。在个体层面上，内部审计人员具有较强的专业能力能促进内部控制质量的优化，目前没有发现单纯扩大内部审计规模有此作用。因此，企业应注重对内部审计人员专业能力的培养，以提高内部控制的效率。

4. 内部审计业务主要定位在风险管理层面

现代内部审计的主要任务是以风险为导向进行绩效评估，这是一种帮助组织实现最终目标的价值创造活动。其发展原因是内部审计价值的变化改变了内部审计的定位，形成了嵌入管理的风险导向审计、风险管理再控制机制，以充分发挥内部审计作为免疫系统的功能，而环境不确定性的增加催生了风险导向审计模式。根据性质的不同，内部风险治理审计可分为决策型和实施型两种类型。这两类内部审计同时发挥作用，将长期和短期内部审计计划结合起来，共同控制公司的风险。目前，风险导向内部审计在我国的实施还处于探索阶段。一方面，双重领导容易使内部审计陷入公司治理与风险管理角色冲突，从而破坏内部审计治理活动的独立性；另一方面，以风险为导向的内部审计应以组织的整体风险评估为目标，避免只检查内部控制这一单一领域的错误。因此，要明确风险导向内部审计指导思想在内部审计工作中的运用，建立健全"目标、风险、控制"相结合的风险导向内部审计方法。

5. 内部审计业务扩展到公司治理层面

伴随着财务欺诈事件的频繁发生，内部审计在公司中涵盖的范围逐渐发生变化，内部审计的定位从内部控制上升到公司治理。内部审计作为公司治理体系的四大基石之一，能反映公司内部的治理状况，既是公司治理风险的控制体，也是组织主体的治理资源。内部审计与公司治理协同发展：公司治理为内部审计提供了环境，并且公司治理模式决定了内部审计模式；同时，完善的公司治理结构离不开内部审计的推动，内部审计为公司治理提供了风险管理监控手段。研究发现，内部审计的规模、组织地位等设立状况与公司规模、外部环境以及获利能力等因素紧密相联。在获利能力等方面，设立了内部审计部门的上市公司比未设立内部审计部门的上市公司更具优势。在个体层面上，内部审计负责人作为内部审计部门的领导者和主要决策者，其综合素质将对公司内部审计部门职能的履行产生实质性影响，进而在与内部审计相关联的内部控制、公司治理等多个方面发挥辐射性作用。另外，当操控性应计利润为正时，内部审计负责人文化程度越高，越有可能抑制上市公司利润的向上操纵[①]。

（二）现代内部审计发展探究

伴随着知识经济和大数据时代的到来，以及我国反腐倡廉工作的深入推进，党和国家、社会经济发展环境对内部审计提出了新要求。对此，我国内部审计可能将在"高度"、"速度"和"温度"等方面取得重大创新和发展。

1. 党和国家重大战略任务落实情况内部审计

对党和国家重大战略任务落实情况进行内部审计，体现了内部审计定位的"高度"。党对内部审计的领导会提高内部审计的政治定位，夯实内部审计工作的制度基础，对内部审计工作开展具有重要意义。中央审计委员会实施的《审计署关于内部审计工作的规定》和《审计署关于加强内部审计工作业务指导和监督的意见》等规定，从顶层设计开展内部审计工作，并往下打通了国家审计向行政企事业单位内部延伸的"毛细血管"。2021 年《审计法》修

---

① 张宏亮、景仕杰、王靖宇：《开放式基金大股东与上市公司共享审计师对审计质量的影响研究》，《审计研究》2021 年第 2 期。

订，其要求被审计单位建立和完善内部审计制度，从法律层面加强了国家对内部审计的引领，进一步为内部审计工作的开展提供了依据[①]。为了实现国家治理体系和治理能力现代化，应将国家审计、内部审计乃至会计师事务所审计等各种审计资源和监督力量进行融合，使之分工协作，共同密织成一张监管大网。内部审计肩负着更大的责任和使命，也迎来了更大的发展机遇。为了推进国家重大战略任务的实施，如维护国家经济安全、促进依法治国、推进廉政建设等，内部审计应提高政治站位，接受上级审计机关的监督和指导，并在本单位党组织和主要负责人的领导下开展工作。2021年，多地出台内部审计工作指导意见，明确指出要加强党对内部审计的领导，强化内部审计工作的政治属性。

2. 智能化环境下的人工智能内部审计

智能化技术促进了内部审计的智能化发展，为提高内部审计工作效率提供了手段，体现了内部审计工作的"速度"。在内外部动因的驱动下，内部审计智能化是大势所趋。内部审计在智能化过程中涉及物联网、人工智能等技术，其中物联网技术能帮助内部审计人员获得大量的数据，人工智能技术能帮助内部审计人员提取和处理数据。通过物联网的信息共享，审计人员可以更加快速高效地获得所需数据。巨量的以非结构化数据为主的大数据在云端汇集，催生了人工智能内部审计。在利用物联网技术获得大量内部审计数据后，再借助人工智能技术，审计人员便可以快速地在系统中提取、处理相关信息，一键将其转换为审计所需格式，这极大地提高了审计人员的工作效率。数据的海量性导致传统审计多半为抽样审计，但智能化环境下的人工智能审计可以实现详细全面的审计。在将人工智能技术应用于内部审计的过程中，数据收集和整理时间得到节约，信息处理量大大增加，审计程序得以优化。但是，人工智能内部审计也存在不足，其需要依靠审计人员的职业判断对企业的风险进行定位、管控。因此，在开发智能化审计系统的过程中，有必要将系统开发人员和审计人员的需求进行深度融合，以充分匹配技术和实

---

① 《中华人民共和国审计法（2021）》，国家审计署网站，2022年1月5日，https://www.audit.gov.cn/n10018889/n10137162/n10137201/c10191187/content.html。

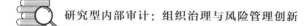

践发展需求 ①。

3. 环境和社会责任内部审计

社会责任将影响企业的未来发展，对环境和社会责任的内部审计蕴含着"为当代人着想、为后代人谋福"的理念，从物的层面转向人的层面，体现了内部审计人文关怀的"温度"。习近平总书记曾说过，绿水青山就是金山银山。环境和社会责任内部审计关乎生态、社会和经济，强调在保护环境、承担社会责任的基础上，实现经济高质量发展。结合环境资源保护审计的发展形势，可以看出我国环境资源保护审计主要关注国务院所属部门和地方政府管理的环保资金的使用情况，而缺乏对企业环境保护情况的关注。作为对照，美国、荷兰已经建立了完善的环境资源保护审计体系，并在实践中取得了令人满意的效果，而我国环境资源保护审计尚处于不断摸索前进的阶段，虽然出台了相关的法规政策，但相关体系还不够健全，应借鉴国外环境资源保护审计策略和方法。目前经济的飞速发展对环境质量提出了更高的要求，因此，未来环境资源保护审计必将融入企业常规审计中，环境资源保护审计也将成为审计行业新的发展点。

二 内部审计面临的挑战与外部机遇

（一）内外部环境变化带来的挑战

1. 宏观利益与微观利益难以协调

国家与市场主体是两种不同的利益主体，追求的利益类型存在一定的差异。国家作为宏观利益的代表，关注的是整体经济稳定、社会公平与长期发展。而市场主体，如企业，则更多地从自身微观利益出发，追求的是利润最大化和市场竞争力。这两种利益主体在追求目标上存在的天然差异，导致了现实中的许多矛盾。当市场主体的微观利益与国家的宏观利益发生冲突时，内部审计机构往往陷入两难境地。一方面，它们需要维护国家的宏观利益，确保政策的有效执行和公共资源的合理分配；另一方面，它们也要考虑到市场主体的实际需求，以促进其健康、稳定地发展。内部审计人员在这一矛盾

---

① 王海兵、周垚、贺妮馨、赵李丽：《内部审计发展文献综述：历史、演进和未来》，《财会月刊》2022 年第 17 期。

中扮演着重要角色。然而，由于通常身处市场主体内部，他们很容易受到所处地位和环境的影响，在追求市场主体"利益最大化"的过程中，有时会做出损害国家宏观利益的选择。例如，为了企业的短期利益，他们可能会忽视环保、税收等政策法规，从而给国家带来损失。

2. 内部审计管理体制存在的问题

由于我国的内部审计制度建立较晚，各单位在借鉴国外经验方面不尽相同，导致我国内部审计机构设置存在多种模式。总体来看，我国企业的内部审计机构实际上就是企业内部的一个部门，独立性差。在内部审计中，内部审计机构与被审计部门不是毫无利害关系。内部审计所处的内在地位决定了它不可能有社会审计、国家审计那样的独立地位，其独立性差的原因主要表现在两个方面。一是管理体制落后，对内部审计作用的认识与其定位脱节，导致内部审计机构设置种类和层次的多样性。现在有很多企业设置了独立专职的内部审计机构，但只停留在形式上的独立；有的企业没有设立专职的内部审计机构，而是将其并入财务部门或纪委监察部门。二是历史原因导致其不能完全独立。我国的内部审计源于国家审计，初期的内部审计要同时对政府部门和本单位负责，一开始就在扮演"两面人"的角色，机构人员隶属本单位，监督者和被监督者处于同一利益主体之中，利益的一致性和关系的复杂性使得内部审计难以实现独立，同时业务上内部审计又要接受政府审计部门的领导，这无疑影响了内部审计机构的独立性。甚至有些企业的财务部门负责人兼任内部审计部门的领导，其监督制度形同虚设，导致隶属关系不清、监督不力。

3. 内部审计的法规制度不完善

我国现行有关内部审计的法律规范，许多只有原则性的条款规定，比较笼统，可操作性不强，影响了内部审计的规范性和严肃性。我国虽然已出台了《审计法》《审计署关于内部审计工作的规定》等法律和部门规章，为内部审计提供了一定的法律基础和操作指南，但深入探究，我们会发现这些法律法规在部门和行业的细节规定上还存在诸多不足，特别是在经济领域，相关的法律法规和制度还亟待健全。现有的部分法律规范仅提供了原则性的条款，缺乏具体的操作细节，导致了实践中的操作五花八门，缺乏统一的标准和流程，使得审计人员在执行工作时可能面临种种困惑和难题。更为关键的是，目前规范审计工作质量和约束审计工作人员职业道德、工作纪律的制度和法规还不够系统和完善。这使得审计人员在检查和评价企业的各项经济活动，以及处理违纪问题时，往往缺乏明确、可靠的法律依据。他们可能会在面对某些具体问题时感到无章可循，甚至无所适从，这无疑加大了审计工作的难度和不确定性。

4. 内部审计人员素质低，审计技术落后

随着内部审计职能定位的转变，内部审计工作对审计队伍素质的要求也越来越高。现代内部审计不仅要求内部审计人员必须具备相应的专业知识，包括会计、审计、内部控制检查和评价、电子数据处理等各个方面，而且还需要有丰富的实践经验。然而，在目前国内相当一部分企业的内部审计机构中，从内部审计队伍组成来看，会计人员占据了相当大的比例。一方面是专业结构不合理，突出表现在内部审计人员对财务知识比较熟悉，但对内部审计工作需要运用的管理会计以及控制理论与实践、风险管理、经济预警等方面知识的了解还很不够，其知识结构与企业需求相距较远。另一方面是目前我国企业内部审计人员大多数来自本企业财务部门。不少人没有接受过系统专业的训练，缺乏足够的生产经营、管理经验，不利于审计范围的拓展，这也制约了内部审计职能作用的发挥。

5. 内部审计的监督职能与服务职能难以统一

内部审计的本质是既监督又服务，但监督和服务如何统一，是内部审计矛盾的表现。内部审计之所以具有监督职能，是因为在内部审计机构被定义为独立的权力机构并经授权之后，能够对另一种权力行为进行控制，只有这样其监督的本质才体现出来。从这个角度看，监督是第一位的，具有权力实施的强制性，而服务职能则表现出第二性特征。前者表现为强制性的目标，使用强制性手段，与后者表现的服务特点存在政策与方法上的不对称，从而导致监督职能和服务职能的矛盾。

6. 内部审计范围受到限制，审计手段落后，程序不规范

在审计范围上，目前企业内部审计以事后审计为主，重点审查企业会计资料的真实性和合法性，目的是检查、防止财务收支的错弊，保证企业资产安

全。在审计手段上，大部分企业仍然停留在手工审计的层面，没有充分利用审计软件；在审计程序上，由于审计方案考虑不周全、审计取证不到位、审计分工不详细、审计人员操作不规范等，审计风险有所加大。据中国内部审计师协会统计，在目前开展的内部审计工作中，主要有三种类型的审计：①传统的财务收支审计（占70%）；②专项审计，如经济责任审计、投资审计、采购审计等；③现代内部审计，如内部控制、风险评估审计等。第三类审计开展得还很少。要达到内部审计真正涉及公司治理、风险评估的阶段，还需要进一步推动。

（二）技术进步为内部审计带来的新机遇

随着人工智能技术的不断发展，通过运用决策树、随机森林等机器学习方法，结合神经网络、回归分析等人工智能技术，内部审计将能深入挖掘大量的数据，从深层挖掘潜在的风险，大大提高审计的针对性，实现以风险为导向的审计；利用机器学习与知识地图技术，企业能够有效地利用审计经验与审计成果；通过形成审计知识库，审计部门将能建立主动、实时、智能的审计监督体系，替代传统的人工操作与分析，在提高审计效能的同时也解决审计人才紧张、人员知识储备不足的问题。使用人工智能技术能从以下三个方面改善审计管理工作。

1. 风险评估

对被审计对象进行全面的风险评估是审计人员的主要工作之一。在人工智能技术的帮助下，审计人员可以对来自组织内外部的大量数据进行交叉分析，可以帮助审计人员更好地评估组织内外部现有或潜在的风险。准确而详细的风险评估和财务分析有助于改善组织业务流程和内部控制状况。人工智能技术纳入审计流程有助于实时评估审计风险，审计人员实时获取信息意味着他们可以在实际工作开展前更好地了解组织和业务流程的效率和有效性，这也有助于持续审计，以便更好地进行风险管理。应用人工智能技术将颠覆传统的风控及审计方法，将风险管控融入监管过程，采用事前规则管控、事中指标管控、事后模型管控的"三位一体"的监控模式，可有效解决风险管控落地难题。

2. 审计质量

对审计人员来说，是否有钻研的态度、专业的能力和丰富的审计经验决定了审计质量的高低。在传统的审计方式中，审计人员通过经验判断选择审计方向，而人工智能技术的结合能够有效解决数据整合的问题。通过深度学习网络模型，人工智能可以对审计项目下的各项结构化与非结构化的指标数据进行分类、学习、拟合，以全量统计描述替代抽样方法来对被审计对象的企业状况全貌作出描述，可以帮助审计人员在审查财务报表、业务流程和内部控制中快速、精确地发现问题，在审计流程全覆盖中，审计人员主要承担的是审计对象咨询专家的角色，可以全面参与审计及查看相关数据，对审计进度和审计结果随时调看，以此保证审计质量。

3.审计效率

采用人工智能技术审计可以解决人力资源不足的问题，一方面可以避免人为失误产生的审计风险；另一方面将机械性的工作交给机器完成，审计人员就能从繁重的低价值工作中解脱出来，发挥主观能动性，关注价值较高的部分。

（三）技术进步为内部审计带来的新挑战

伴随着新技术的推广，信息技术的应用范围和场景在不断扩大和深化，挑战也接踵而至，比如人工智能无法保障信息安全，机器内部错误程序、来自企业外部人员的恶意攻击等都会造成系统运行的失误，导致企业内部失控。类似地，还有数据治理与数据隐私的界限尚无相关法律作为依据、人工智能训练模型置信度低等问题。要想有效地运用人工智能技术，需要将审计人员的审计经验和信息技术结合起来，同时审计人员还需要对所分析的业务流程、控制、相关的风险及系统数据、应用的统计分析和机器学习方法有深刻的了解，审计人员的综合素养就显得更为重要，审计部门也将面临复合型人才的补足难题，以及现有审计人员更新技能的成本。审计部门应当从以下几个方面考虑和采取措施。

1.强化信息安全措施

企业需要建立健全的信息安全管理体系，包括制定严格的访问控制和权限管理策略、加密重要数据、建立安全审计机制等。此外，还需要注重内部员工的信息安全意识培养，加强针对恶意攻击和入侵的防护措施。

2. 加强人工智能系统的测试和验证

在引入人工智能系统之前，进行充分的测试和验证，包括对机器学习模型的验证和评估，确保其在不同场景下的准确性和稳定性。同时，建立容错机制和监控系统，及时检测和纠正系统运行中的错误。

3. 明确数据治理和数据隐私的边界

企业需要制定明确的数据治理规范和数据使用政策，确保合规性并充分保护隐私数据。此外，还需要加强数据访问权限的管理，限制数据的使用范围，并定期进行数据安全演练和风险评估。

4. 提高审计人员的综合素养

审计人员需要具备丰富的审计经验和信息技术知识，理解业务流程、内部控制和相关风险，并熟悉统计分析和机器学习方法。企业需要提供培训和更新计划，以确保审计人员的技能与技术的发展保持同步。

5. 加强人才储备和补充

鉴于复合型人才对审计部门的重要性，企业需要加强对复合型人才的招聘和培养，培养擅长信息技术和富有审计经验的人员，以提高审计人员整体的综合素质和应对复杂问题的能力。

总之，要有效地运用人工智能技术，需要从多个方面综合考虑，包括加强信息安全保障、优化算法和模型的质量，以及提高人员素质和整体管理水平。同时，企业还应持续关注技术的发展和演进，及时更新技术和措施，以适应未来的挑战和变化。人工智能技术在审计中具有广阔的应用前景，可以提高审计的针对性、质量和效率。人工智能在审计中的应用，既是机遇，也是挑战。审计人员应抓住人工智能时代的机遇，利用人工智能特点，提升业务能力，积极适应，与审计工作一同迈入新时代。

三　研究型内部审计兴起的必要性与重要性

（一）研究型内部审计兴起的必要性

1. 契合社会发展之需

无论是从审计署对内部审计发展的指导文件，还是内部审计协会关于内部审计的理论探讨来看，内部审计的职能都早已不仅仅是监督，更包括了确认、咨询。研究清楚内部审计的职能定位，对于在当下全面深化改革的背景下，推动内部审计的转型发展，具有重要意义。当前，国内和国际形势纷繁复杂，经济发展离不开国内国际双循环。鉴于传统的审计监督已不能满足改革发展中企业关于"保驾护航"的需求，探索内部审计职能定位的转型势在必行。通过将内部审计职能定位从传统的"监督、评价"转向现代化的"监督、确认、咨询"，引导审计人员树立防范胜于查处的职业观、深化改革促进者的使命观、与时俱进的发展观。新时期的审计工作必须坚决贯彻国家大政方针，扎实做好审计工作，加大对重大项目、重大战略、重大举措的监督力度，顺应时代发展规律，坚持新的审计发展理念，走出一条适合中国国情的审计新路。

2. 助推审计高质量进阶

深入开展研究型审计是实现新时代内部审计事业高质量发展的必由之路，只有坚持把研究贯穿于工作全过程、落实到各环节，牢牢把握住研究的目标和方向，坚持实事求是力所能及开展复合型研究，才能推动审计事业高质量发展，更好地发挥审计"治已病、防未病"重要作用。高质量发展是全面建设社会主义现代化国家的首要任务。内部审计在开展研究型审计的过程中：①要立足于本职工作，保质保量完成审计目标，稳中求进推动审计工作顺利开展；②在完成基础性工作的同时，要培养创新意识，以问题为导向，以研究为动力，提高审计的可信度和影响力，为领导决策者提供决策依据。

3. 铸就新型审计人才之魂

从审计发展目标看，只有加强研究才能完成好内部审计的职责使命。揭示问题是审计的基本职责，推动解决问题是审计的最终目的，要一体推进揭示问题、规范管理、促进改革，要发挥好审计的建设性作用，"治已病、防未病"，必须坚持系统观念，着眼全局发力，既要形成震慑，管住当下，又要触动根本，见效长远，真正做到防患于未然。审计报告所提的建议要可批示、能落实，能够为上层决策提供参考，甚至能够直接转化为具体政策措施。这些对于审计人员是新的考验，敢不敢提、能不能提出好的意见和建议，要看审计人员能不能把各方面的情况摸准、能不能把有关政策吃透、肯不肯下足研究功夫。有针对性地提出解决问题的意见和建议，要求审计人员除了具备扎实的审计专业知识外，还要具备分析问题、掌握工具的能力。此外，研究型审计要求审计人员能够识别和管理风险，需要审计人员具备市场营销、大数据处理、税务筹划等领域的知识[①]。

（二）研究型内部审计兴起的重要性

1.提高审计质量和效果

通过科学的研究方法和深入的数据分析，研究型内部审计可以更准确地发现企业中存在的问题，提出更有效的解决方案，从而提高审计质量和效果。

2.帮助企业实现战略目标

研究型内部审计不仅关注组织的风险管理和内部控制，还关注组织的战略和运作的联系。通过深入挖掘组织内部问题及其背后的原因，提出运营建议，帮助组织实现战略目标。

3.提高企业治理和管理水平

研究型内部审计通过发挥建设性作用，从制度、机制等方面提出改进建议，促进企业改善治理、增加价值、实现目标。这有助于提高企业的整体治理和管理水平。

4.为企业提供决策参考

研究型内部审计通过对企业业务和经营情况的深入分析研究，为企业在风险管理、内部控制、业务流程改进等方面提供决策参考。这有助于企业作出更加明智的决策，实现更好的发展。

5.促进审计职业的发展

开展研究型内部审计，可以促使审计人员加强学习，养成思考问题、分析问题的良好习惯，不断强化专注财务又关注业务的综合思维，不断锤炼发现问题和解决问题的系统思维，不断形成坚持原则与支持创新的辩证思维。进一步增强宏观思维能力，努力成为行业领域审计的行家里手。

---

① 张伟耀、徐金富、邓雄:《高质量发展背景下电力企业研究型审计的实施路径》,《经济研究导刊》2023 年第 1 期。

第二章Q 研究型内部审计的理论基础

研究型内部审计，作为审计领域的研究热点，既是一种理念也是一种方法，其强调以深入研究和分析为基础，在审计实践中增大研究强度，以使审计工作立足更高政治站位、明确把握政策方向，使审计工作更加精准有力、高效优质。因此，须深刻认识到内部审计实施研究型审计的紧迫性和核心意义，将探索研究型审计作为切入点，促进内部审计品质的大幅提升。

第一节　研究型内部审计的内涵

2010 年审计署南京特派办在组织开展审计项目时正式引入了研究型审计的理念，2021 年《审计署关于印发全国审计机关 2021 年度工作要点的通知》中首次正式要求积极推进研究型审计，国家审计"十四五"规划同样明确要求积极开展研究型审计。加强研究型审计的要求，对内部审计的发展同样具有重要指导意义。

一　研究型内部审计的内涵与特点

（一）研究型内部审计的内涵

关于研究型审计，学界大多认为，研究型审计是在实践工作中加强调查研究，将研究的思维运用在审计实践工作当中，基于研究的视角、利用研究的方法进行审计工作，并注重总结一般规律和揭示事物本质的审计模式。研究型审计一方面是对研究项目的共性进行提炼概括，从而进一步总结审计经验和审计方法；另一方面是揭示每一个审计项目背后根本性问题的本质规律，以研究的思路和方法开展审计监督，从而能够创造更大的价值以服务国家治理现代化。综合来看，研究型审计就是用研究的精神、思维和方法开展审计工作，同时对审计实践做出总结，从个性到共性做出一般规律的归纳，从而优化审计工作，指导审计实践。

研究型内部审计是一种高层次的内部审计形态，其核心在于将"研究"的理念和方法融入审计实践中，强调在实施内部审计工作过程中，以研究为基础，以发现问题、分析问题和解决问题为导向，以研究型的思维去深入分析和探求被审计单位的经营管理活动，更加注重审计的深度和广度。它不仅是一种审计方法，更是管理理念和创新思维的一种体现。研究型内部审计不仅要审查表层的财务与业务数据，更要深入地探寻这些数据背后的驱动因素、行为模式及问题根源。通过全面系统地研究和评估组织的业务运营、内控体系以及风险管理的合理性和效能，研究型内部审计致力于从体制、机制等多个维度，提出具有针对性和实用性的改进建议。这种审计方式不仅强化了内部审计在组织中的建设性角色，还有助于组织改善治理结构、提升价值和达成既定目标。

具体来说，研究型内部审计要求审计人员以科学的态度和方法，对被审计单位的各个方面进行全面、深入、细致的研究，包括对组织的经营策略、业务流程、内部控制体系以及风险管理机制等进行详尽的审查和分析。通过这种方式，研究型内部审计能够揭示出组织运营中存在的问题和隐患，为管理层提供有价值的决策支持，推动组织的持续改进和发展。

（二）研究型内部审计的特点

1. 研究导向性

研究型内部审计的一个显著特征是其研究导向性，即不仅关注被审计单位财务状况和业务运营情况，更注重通过深入细致的研究来挖掘潜在的问题和风险。审计人员会主动采用多种研究方法，如数据挖掘、比较分析、案例研究等，对被审计单位的各个方面进行全面的分析和评估，使得审计人员能够透过表象，深入被审计单位的业务实质。在研究导向的指引下，审计人员会深入了解被审计单位的业务流程、内部控制和风险管理等关键环节，充分审视财务报表的准确性，关注企业战略目标的实现情况、市场竞争地位以及行业发展趋势等，旨在发现可能存在的问题并对问题的根本原因进行深入分析，致力于理解问题的本质，从而提供更具前瞻性和战略性的审计建议。

这种以研究为导向的内部审计方法，有助于被审计单位及时发现并解决潜在问题，提升运营效率和风险管理水平。同时，通过研究型内部审计，被审计单位可以更好地了解自身在市场竞争中的优势和劣势，有利于其制定科学合理的发展战略。因此，研究导向性是研究型内部审计的核心特点，也是其区别于传统内部审计的重要标志。

2. 前瞻性与预防性

研究型内部审计具有鲜明的前瞻性和预防性，为被审计单位提供了有力的风险管理支持。前瞻性使得审计人员不是局限于对被审计单位当前财务状况和经营成果的审查，而是能够超越这一层面，深入洞察并分析行业趋势、市场动态以及技术革新等外部因素。审计人员利用先进的预测模型、大数据分析技术，结合市场调研的深入洞察，能够精准地识别出被审计单位未来可能面临的问题和风险。这种前瞻性使得研究型内部审计能够在问题出现之前就进行科学的预测，从而帮助被审计单位提前做好应对策略。同时，研究型内部审计还密切关注被审计单位的内部数据与运营情况。通过对这些信息的深入分析，审计人员能够更准确地判断其内部的运营效率和潜在风险，为企业未来的发展提供有力的数据支持。这种内外结合的分析方法，使得研究型内部审计在预测未来风险和挑战方面具有更高的准确性和可靠性。

预防性则贯穿于研究型内部审计的全过程。一旦通过前瞻性分析预测到潜在的风险点，审计人员会迅速采取行动，向被审计单位作出风险警示，提出相关审计建议，帮助被审计单位建立健全风险防范机制，提高其应对外部变化的能力，确保被审计单位在面临风险时能够迅速、有效地做出反应。预防性的另一个重要体现是，研究型内部审计注重从制度层面完善被审计单位的风险管理流程。审计人员会结合被审计单位的实际情况，提出改进风险管理制度和流程的建议，帮助其构建更加稳固的风险防线。通过这种方式，研究型内部审计不仅关注当前的风险点，更致力于从根本上提升被审计单位的风险管理能力，为被审计单位的稳健运营和可持续发展提供坚实保障。通过前瞻性与预防性的有机结合，研究型内部审计在保障被审计单位稳健运营、促进可持续发展方面发挥着不可或缺的作用。

3. 深入性与全面性

在研究型内部审计中，深入性与全面性是至关重要的特点，它们共同确保了审计工作的详尽与周密。深入性体现在审计人员对被审计单位的细致剖析上。审计人员不是仅停留在表面进行财务数据审查，而是深入被审计单位的业务流程、内部控制和风险管理等核心领域进行详尽的探究，综合运用数据分析、流程图梳理、深入访谈等多种研究方法，揭示出隐藏在数据背后的真实运营情况和潜在问题。这种深入的审计方法，使得审计人员能够挖掘出被审计单位在运营中的痛点和难点，从而提供更加精准的改进建议。例如，在业务流程方面，审计人员会详细了解各个业务环节的具体操作，分析流程中存在的瓶颈和不合理之处；在风险管理方面，审计人员会全面评估企业面临的各种风险，包括市场风险、信用风险、操作风险等，并提出相应的风险管理策略。

全面性则体现在研究型内部审计对被审计单位各个方面的全面审查和评估上。审计人员以全局的视角，审视被审计单位的财务管理、运营管理、市场营销策略、人力资源管理以及信息系统安全等各个环节，致力于确保每一个重点领域都得到充分的关注和检查，从而提供较为全面的审计意见和改进建议。例如，在运营管理领域，关注企业的生产效率、成本控制、库存管理等关键指标；在市场营销策略方面，评估企业的市场定位、产品定价、销售渠道等的合理性和有效性。通过深入且全面的审计实践，研究型内部审计能够为被审计单位提供更加精准、有价值的审计结果和改进建议，有助于被审计单位及时发现问题、堵塞管理漏洞，推动实现管理流程的优化和运营效率的提升。

4. 价值增值性

研究型内部审计不仅能满足合规性要求，更能够通过审计活动为被审计单位带来实质性的价值提升，这一特性显著区分了它与传统的以风险防控和合规性检查为主的内部审计方式。价值增值性体现在研究型内部审计通过深入、系统的研究，识别并纠正运营中的问题，为企业提供战略性的建议和改进措施，从而直接促进被审计单位价值的提升。

研究型内部审计的价值增值性能够体现在多个方面。首先，研究型内部审计通过全面的数据收集和深入的数据分析等，可以发现被审计单位在运营管理、资源配置、成本控制等方面的不足，并据此提出切实可行的优化方案，帮助被审计单位改善运营流程、提高资源使用效率、降低不必要的成本支出，实现经济效益的提升。其次，研究型内部审计关注被审计单位战略目标的实现。审计人员通过结合企业的长期发展规划和战略目标，评估当前运营策略的有效性，能够发现可能阻碍目标实现的因素，并提出相应的调整建议。这种以战略目标为导向的审计，有助于确保被审计单位各项经营活动与战略目标保持一致，推动其向既定的方向发展，最终实现价值的最大化。最后，研究型内部审计对被审计单位的风险管理制度、风险识别与评估流程进行全面审查，发现潜在的风险点，通过提供风险管理方面的专业建议，可以帮助被审计单位建立健全风险防控体系，继而减少因风险事件造成的损失，促进组织的稳健运营和持续发展，间接提升被审计单位价值。这些增值性的审计工作成果，使得研究型内部审计成为组织持续改进和价值提升的重要推动力。

5. 数据驱动与科学性

数据驱动与科学性相互关联，共同构成了研究型内部审计在方法论上的核心优势。数据驱动是指研究型内部审计高度重视数据的收集、整理和分析。审计人员通过获取大量的、多样化的数据，包括财务数据、业务数据、市场数据等，来全面了解被审计单位的运营情况和风险状况。这些数据不仅来自被审计单位内部，还可能来自外部市场、行业报告和其他公开信息源。审计人员借助专业的数据分析工具和技术，深入剖析这些数据，以探寻潜藏在数据深层的模式、趋向及异常状况。数据驱动使得研究型内部审计能够基于客观、量化的证据来评估风险、发现问题，并据此提出改进建议。这种方法不仅提高了审计的准确性和效率，还使得审计结论更加令人信服。

科学性则体现在研究型内部审计对科学方法和原理的应用上。审计人员在进行审计时，不仅依赖经验和直觉，更注重运用科学的方法。审计人员会采用统计学、经济学、管理学等多个学科的理论和模型，来指导数据的收集、分析和解释。此外，科学性还要求审计人员保持客观、中立的态度，避免主观偏见对审计结果的影响。科学性的另一个重要体现是持续学习和改进，研究型内部审计人员会不断关注最新的审计理论、技术和实践，以确保他们的工作方法和流程始终保持在行业前沿。这种科学精神使得研究型内部审计能够不断适应变化的环境和需求，为被审计单位提供更加高质量、有价值的审计服务。

二 研究型内部审计与传统内部审计的比较

研究型审计是一种审计理念的创新，它强调在审计实务中开展研究，并用研究指导审计实践。侯凯审计长曾在审计署集中整训会议上强调："研究不是在审计工作之外另起炉灶，而是始终融入贯穿审计立项、实施、报告全过程。"开展研究型审计，要准确理解研究型审计的出发点和落脚点，明确相对于以往内部审计，研究型内部审计的变与不变。

研究型内部审计的"不变"，主要体现在内部审计的本质不变，其"强监督、重服务、促合规"的职能不变。研究型审计仍是审计，它不是单纯的研究，不能本末倒置。而研究型内部审计的"变"，主要体现在对审计项目的认识上。开展研究型审计，要做好做足审前准备，透彻研究政治、政策、体制、机制等，多方面多角度地将其与被审计单位实际情况相结合，从以往的以事中审计为主到审前和审中并重，将工作提前，摸清审计重点和方向。同时，审计工作要从以往的只注重揭示问题、简单提出建议向发现问题与提出建议并重，站在国家治理高度看问题，系统地提出体制机制解决方案，这是研究型内部审计与以往内部审计的不同之处。

（一）审计重点

传统内部审计主要是确保被审计单位财务报表的准确性，并检查被审计单位是否严格遵守了相关的法规、政策和内部控制制度，运营是否合规。主要关注的是被审计单位过去的交易记录和运营活动，通过事后审查和监督来确保所有活动都严格遵循既定的法规、政策和内部控制流程。传统内部审计的重点通常放在财务报表的细节上，如账户余额、交易记录的准确性和完整性等，也会评估被审计单位的内部控制制度是否健全、有效，以及是否存在潜在的舞弊风险。

相比之下，研究型内部审计除了关注财务报表的准确性和合规性外，更侧重于通过深入研究和分析来挖掘被审计单位运营中的深层次问题和潜在风险，注重事前的研究探索，以预测未来可能出现的问题，并在事中阶段进行跟踪反馈，以及事后进行总结提升。研究型内部审计的重点不仅在于审查和监督，更在于为被审计单位提供具有前瞻性和战略性的建议，帮助被审计单位提升运营效率和风险管理水平。它要求审计人员不仅对被审计单位当前的运营状况有深入的了解，还能够预测未来市场、行业和技术的发展趋势，以及这些变化对被审计单位可能产生的影响。通过这种方式，研究型内部审计能够帮助被审计单位及时发现并解决潜在问题，优化运营流程，提升风险管理水平，从而为被审计单位创造更大的价值。

总的来说，传统内部审计更侧重于对历史数据的核查和监督，以确保合规性和准确性；而研究型内部审计则更加注重对未来的预测和战略规划，以帮助被审计单位应对不断变化的市场环境，实现可持续发展。

（二）审计方法和技术

在技术应用的先进性与创新性方面，传统内部审计通常采用标准化的审计程序和方法，这些方法往往侧重于对财务报表和记录的逐项核查，以及对内部控制制度的评估。它主要依赖一些传统的数据处理和分析工具，如文件审阅和简单的数据分析技术来收集证据和评估风险。这些方法虽然稳健，但在处理大量数据或复杂业务场景时可能显得效率低下，且难以发现深层次的问题。研究型内部审计则采用了更为先进和多样化的方法和技术，如机器学习、人工智能等，强调数据的深度分析和科学方法的运用，以揭示隐藏在大量数据背后的关键信息和风险，广泛运用数据挖掘、模式识别等高级技术，结合大数据分析工具，能够处理海量数据并快速识别异常和趋势。

在数据处理的量与质方面，传统内部审计在处理数据时，通常关注抽样和局部数据的核查，其数据处理量相对较小，且侧重于数据的准确性和合规性检查。研究型内部审计则强调全量数据的分析，利用大数据分析技术，能够处理太字节甚至拍字节级别的数据。这不仅提高了数据处理的"量"，更在"质"的方面有了显著提升，能够发现传统方法难以觉察的数据异常和关联。

在跨学科方法的融合方面，传统内部审计局限于财务和会计领域的知识和方法，相比而言，研究型内部审计更注重跨学科的方法融合，借鉴统计学、经济学、管理学等领域的理论和模型，来提升审计的深度和广度，为审计提供多维度的分析视角，使得研究型内部审计能够更全面地评估被审计单位的运营效率和风险管理水平。

在与被审计单位的互动方式方面，传统内部审计往往采取一种较为单向的、审查式的工作方式，与被审计单位的互动有限。研究型内部审计则倾向于与被审计单位进行更紧密的沟通和合作，更广泛地采用访谈、问卷调查等手段，深入了解业务流程和实际操作情况。

可以说，研究型内部审计在审计方法和技术上展现出更强的先进性和创新性。它不仅能够处理更大量、更复杂的数据，还能运用更先进的技术和跨学科的方法来提升审计的深度和广度。同时，通过与被审计单位的紧密互动，研究型内部审计还能更好地理解被审计单位的实际需求，从而提供更为精准和有价值的审计服务。

（三）审计范围和深度

研究型内部审计与传统内部审计在审计范围和深度上有着根本性的差异，这些差异直接影响了审计的效果和价值。传统内部审计的审计范围通常较为狭窄，集中在被审计单位的财务报表和相关的内部控制系统两方面。审计人员主要关注账目的准确性、合规性以及是否存在舞弊行为，确保被审计单位运营符合法律法规和内部规章制度。这种审计往往局限于对历史数据的核查，缺乏对被审计单位整体运营状况和未来发展趋势的考量。

相对而言，研究型内部审计的审计范围更加广泛，审计工作更加深入。它不仅覆盖了财务报表和内部控制系统，还延伸到了被审计单位的战略规划、业务流程、市场营销、技术创新等各个领域。研究型内部审计致力于从全局和战略的角度审视被审计单位，审计人员会从全局和战略的角度出发，对被审计单位的各个方面进行深入剖析，深入挖掘潜在的问题和风险。同时，审计人员不仅关注历史的财务数据，还致力于预测未来的市场趋势和业务发展，从而为被审计单位提供更为全面的风险管理方案和改进建议。在审计深度上，研究型内部审计也显示出其独特优势。它不是停留在对数据的简单核对和合规性检查上，而是深入探究数据背后的逻辑关系和影响因素。审计人员会结合被审计单位的内外部环境，如宏观经济环境、行业趋势和市场竞争状况等，对被审计单位的战略规划和业务发展进行全面评估，分析业务模式的可持续性、市场竞争态势以及潜在的风险点。通过这种深入的审计，研究型内部审计能够为被审计单位提供更具前瞻性和战略性的建议，为被审计单位提供更为全面、精准的审计服务。

（四）对数据和科学的依赖程度

从数据收集和分析方面来看，传统内部审计虽然也依赖数据，但集中在对财务报表、会计凭证等结构化数据的核查上，审计人员会通过这些数据来核查企业的财务状况和合规性，但数据的收集和分析过程相对简单，主要使用基本的统计方法和审计工具。而研究型内部审计对数据的依赖程度更深，不仅关注结构化数据，还涉及非结构化数据，如文本、图像、音频等。研究型内部审计人员会利用大数据技术和高级分析工具，如数据挖掘、机器学习等，来深入探索数据的内在规律和企业面临的潜在风险。

在科学方法的运用上，传统内部审计虽然也遵循一定的审计方法和程序，但科学方法的运用相对有限。审计人员更多地依赖自身的经验和直觉来进行判断，而缺乏科学方法的系统支持。研究型内部审计则更加注重科学方法的运用。它借鉴了多个学科的理论和模型，如统计学、经济学、管理学等，通过构建科学的评估模型和分析框架，提高审计的科学性和准确性。这些方法不仅用于数据分析，还贯穿于审计计划、实施和报告的全过程，使得研究型内部审计的结论更具说服力。

在对科学态度的强调上，传统内部审计虽然也强调审计的严谨性和公正性，但在实际操作中可能受到人为因素和个人偏好的影响。而研究型内部审计则更加注重科学的态度和方法论。它要求审计人员以客观、理性的态度对待审计工作，严格遵循科学的方法和程序来收集证据、分析数据和得出结论。这种科学态度不仅有助于确保审计结果的客观性和公正性，还提高了审计工作的可信度和权威性。

（五）审计人员角色和能力要求

在研究型内部审计与传统内部审计之间，审计人员的角色定位和能力要求存在差异，研究型内部审计对审计人员的专业性、分析能力、沟通技巧以及持续学习能力提出了更高的要求。

角色定位方面，传统内部审计中，审计人员的角色主要是核查者和监督者，其工作重心在于确保财务报表的准确性，检查内部控制的有效性，并防止和发现可能的舞弊行为。这就要求审计人员具备扎实的会计、审计知识，以及良好的职业道德和审慎的工作态度。然而，在这种模式下，审计人员的角色相对单一，更多的是执行既定的审计程序。研究型内部审计对审计人员的角色定位则更加多元和高级。审计人员不仅是核查者和监督者，更是企业风险管理的顾问和策略伙伴。他们需要具备丰富的行业知识，能够从全局和战略的角度审视企业的运营状况和风险。因此，研究型内部审计人员需要更强的分析能力和批判性思维，以便深入挖掘数据背后的信息，为企业提供前瞻性的建议和解决方案。

能力要求方面，传统内部审计人员主要侧重于会计和审计技能，以及对相关法律法规的掌握，这些技能对于他们完成日常的核查和监督任务是足够的，但在面对复杂多变的商业环境和新兴风险时可能显得捉襟见肘。而对于研究型内部审计人员来说，除了基本的会计和审计技能外，他们还需要具备强大的数据分析能力、业务理解能力以及跨部门沟通协作的能力。他们应能熟练运用数据分析工具来识别和评估风险，理解企业的业务流程和战略目标，以便提出有针对性的改进建议。同时，良好的沟通能力必不可少，因为研究型内部审计人员需要与企业内部的不同部门紧密合作，共同解决问题和推动改进。此外，研究型内部审计还要求审计人员具备更强的持续学习能力和创新能力。随着商业环境的不断变化和技术的飞速发展，审计人员需要不断更新自己的知识体系、掌握最新的审计技术和方法，只有具备探索新领域、尝试新方法的勇气，才能适应不断变化的审计需求。

三　研究型内部审计的理论基础

研究型内部审计的实践得到多个学科领域的理论支持。本节将探讨三个重要的理论基础，分别是风险管理理论、组织行为学理论以及受托经济责任理论。通过对这些理论的深入理解和应用，研究型内部审计能够更好地把握被审计单位内部控制和风险管理的核心问题，提供更具深度和前瞻性的审计服务。

（一）风险管理理论

风险管理（Risk Management）是指在一个肯定有风险的环境里把项目或者企业风险减至最低的管理过程。风险管理是一个系统化的管理过程，旨在识别和评估企业或项目运营过程中可能遇到的各种风险，进而采取有效的应对措施，以降低或消除这些风险带来的潜在损失。这一过程涉及对风险因素的深入认识、量化评估、综合分析以及策略制定等多个环节，其核心目标是以最小的成本实现最大限度的安全保障。在现代商业环境中，企业面临着多种多样的风险，市场波动、法规变化、产品创新等不确定性因素增加了企业经营的风险性。因此，风险管理显得尤为重要。通过实施有效的风险管理策略，企业可以减少决策失误的可能性，避免潜在的经济损失，进而提升自身的竞争力和附加值。

在风险分类方面，不同的机构和领域有着各自的风险划分标准。例如，金融领域常依据巴塞尔协议将风险划分为市场风险、信用风险和操作风险。而在更广泛的商业管理领域，如国资委发布的《中央企业全面风险管理指引》中，风险则被细分为战略风险、财务风险、市场风险、运营风险和法律风险等多个维度。

风险管理相关理论内容不仅是企业稳健运营的理论关键，更是研究型内部审计不可或缺的理论支柱。它涵盖了风险识别、风险评估、风险控制以及风险监控等多个方面，构成了一个完整的风险管理体系。在研究型内部审计中，风险管理相关内容的运用显得尤为重要，它指导审计人员以更加专业和系统的视角来审视被审计单位的风险状况。

风险识别是风险管理程序的第一步，也是研究型内部审计的起点。审计人员需要全面了解被审计单位的经营环境、业务流程以及内外部影响因素，通过深入分析，准确识别出可能对企业造成不利影响的风险因素。这些风险因素可能来源于市场变动、政策调整、技术革新、供应链中断等多个方面，审计人员需要运用专业的判断力和敏锐的洞察力，确保不遗漏任何重要的风险点。

风险评估是研究型内部审计的关键步骤。这一阶段，审计人员需要运用风险管理理论中的定量和定性评估方法，对已识别的风险进行科学的分析和评价。通过评估风险的大小、发生概率以及可能造成的损失，审计人员能够为被审计单位提供关于风险严重性的客观数据，帮助被审计单位决策者更加清晰地了解风险状况，从而制定出更为合理的风险控制策略。

风险控制是研究型内部审计的核心任务之一。审计人员需要结合被审计单位的实际情况，提出切实可行的风险控制措施，如完善内部控制流程、加强员工培训、引入新的风险管理工具等。通过实施这些措施，被审计单位可以有效地降低风险的发生概率，减少潜在损失。

风险监控是确保风险控制措施有效性的重要环节。研究型内部审计要求审计人员定期对风险控制措施的执行情况进行跟踪和评估。通过收集和分析相关数据，审计人员可以及时发现风险控制措施中存在的问题和不足，并向被审计单位提出改进建议，这种持续的监控和改进机制，有助于确保被审计单位的风险管理体系始终保持最佳状态。

总的来说，风险管理相关内容在研究型内部审计中的运用是全方位的，不仅指导审计人员进行全面的风险识别和科学的风险评估，还帮助被审计单位制定和实施有效的风险控制措施，并通过持续的监控和改进确保风险管理体系的持续优化。通过深入运用风险管理理论，研究型内部审计在保障被审计单位稳健运营和推动持续发展方面发挥着不可替代的作用。

（二）组织行为学理论

组织行为学是系统地研究人在组织中所表现的行为和态度的学科，是行为科学的一个分支，也是行为科学与心理学、社会学、人类学、工程学、计算机科学等学科相交叉的边缘性学科。组织行为学主要研究个体、群体以及组织在工作环境中的行为模式和相互关系，涉及的理论内容较为广泛，如需求层次理论、交互作用理论、团体角色理论等。将组织行为学理论应用于研究型内部审计，能够更深入地理解被审计单位内部的运作机制，提高审计效率和质量，同时也有助于推动被审计单位内部的改进和优化。

组织行为学相关理论强调个体在组织中的行为模式和心理状态对组织绩效的影响。在研究型内部审计中，审计人员需要关注员工的行为和态度，以及这些因素如何影响工作效率和业务流程。例如，员工对工作的满意度、对组织的忠诚度等都会直接或间接地影响他们的工作表现，进而影响到整个组织的运营效果。通过审计，审计人员可以发现员工行为中存在的问题，进而提出改进建议，帮助企业优化人力资源管理，提高员工满意度和工作效率。

同时，组织行为学理论也关注群体间的互动和协作。在研究型内部审计中，审计人员需要考察不同部门、团队之间的协作情况，分析是否存在沟通障碍、资源分配不均等问题。这些问题可能导致工作效率低下、资源浪费，甚至引发内部矛盾。通过审计，审计人员可以揭示这些问题，并提出解决方案，促进部门之间的有效沟通和协作，提升被审计单位的整体运营效率。

此外，组织行为学相关理论还涉及组织文化、组织结构等方面。在研究型内部审计中，审计人员需要评估被审计单位的组织文化是否健康、积极，是否能够支持其长远发展。同时，也需要分析被审计单位的组织结构是否合理，是否能够适应市场的变化和企业的战略需求。通过审计，审计人员可以发现被审计单位组织文化和组织结构中存在的问题，并提出改进意见，帮助被审计单位塑造良好的组织氛围，优化组织结构，提高被审计单位的竞争力和创新能力。

组织行为学理论为研究型内部审计提供了宝贵的理论支持和实践指导。通过运用这一理论，研究型内部审计可以更加深入地了解被审计单位的内部运作机制，发现潜在的问题和改进空间，并提出针对性的建议，推动被审计单位的持续改进和发展。

（三）受托经济责任理论

受托经济责任理论主张，审计的起源和发展与受托责任紧密相连，一旦受托责任关系建立，委托人就自然产生了对受托人进行监督的需求，审计从本质上说，正是一种独立的经济监督行为。在委托人将其财产经营权授予受托人时，受托人便承担了一种明确的受托责任。然而，随着受托责任的日益复杂化，委托人由于法律约束、时间限制、地理距离、个人能力局限或成本考虑等多种因素，可能无法直接或有效地监督受托人的行为。因此，需要一个相对独立的第三方来审查和评估受托人的表现，这便是审计。

受托经济责任理论是研究型内部审计的重要理论基础之一。在现代企业经营管理活动中，所有权与经营权的分离导致了受托经济责任关系的产生。所有者（即委托人）将资产委托给管理者（即受托人）经营，期望后者能够合理、有效地管理和运用这些资产，以实现资产的保值增值，这种受托经济责任关系构成了内部审计发展的基础。内部审计通过对企业经营活动的审查和评价，评估受托人是否按照委托人的意愿和要求进行经营管理，是否实现了资产的安全、完整和增值。同时，内部审计还关注企业内部控制制度的建立和执行情况，以及经营活动的效率和效果，从而评估受托人的经济责任履行情况。

在研究型内部审计中，受托经济责任理论的应用更为深入。研究型内部审计不仅关注传统的财务审计和合规性审计，还致力于发现企业经营过程中潜在的风险和问题、提出改进意见和建议，更加注重对受托经济责任履行的全面评价，包括经济效益、社会效益和环境效益等方面。研究型内部审计通过规律性的总结等，提供独立、客观的意见和建议，帮助企业加强内部控制，优化管理流程，从而提高企业的运营效率，改善企业的运营效果，这不仅有助于实现受托经济责任的全面履行，还能增强企业的竞争力和市场地位。

第二节　研究型内部审计的目标与原则

研究型内部审计的目标不仅是审计活动的出发点，也是评价其成效的重要标准。原则是确保审计活动有效性、公正性和专业性的基石。目标与原则不仅为研究型内部审计指明了方向，也为其实际操作提供了行动指南。那么，研究型内部审计究竟追求哪些核心目标？在追求这些目标的过程中，又应遵循哪些基本原则？

一　研究型内部审计的目标

（一）确保财务信息的准确性和完整性

保证财务信息的准确性和完整性是企业财务报告的基本要求，也是研究型内部审计的首要任务。这一目标的实现，对于维护企业的财务透明度、保护利益相关者的权益以及支持企业做出明智的决策至关重要。研究型内部审计采用多种审计方法和技术对企业财务报告进行审核，以确认其信息的真实性、完整性和准确性，这包括对财务数据的抽样检查、对企业账目与实际情况的核实、审查财务报表编制过程中的内部控制等。通过这些手段，审计人员能够识别出潜在的财务造假行为或错误，确保财务报告的可靠性和透明度。

确保财务信息的准确性和完整性，不仅有利于保障企业利益相关者如股东、债权人等的合法权益，也为企业的决策提供了可靠的财务数据支持。准确的财务信息是企业管理层和决策者制定战略、规划业务发展方向、评估经营绩效的重要依据。只有在财务信息真实可信的基础上，企业才能做出明智的商业决策，有效应对市场竞争和风险挑战，实现持续增长和价值创造。

在实现这一目标的过程中，研究型内部审计人员需要执行一系列复杂的审计程序，如对企业的财务报表进行逐项核查，验证资产、负债、权益、收入和费用的确认与计量是否符合会计准则和会计制度；评估会计政策的恰当性和一贯性，以及会计估计的合理性，如坏账准备、存货跌价准备等。除了对财务报表的直接审核，研究型内部审计还会延伸到企业的内部控制体系。审计人员会深入了解和评估与财务报告相关的内部控制机制设计和运行的有效性，以确保这些控制在防止、发现并纠正重大错报方面发挥应有的作用。这包括对控制环境的评估、风险评估过程的审查，以及信息与沟通、监督等内部控制要素的全面检查。在确保财务信息准确性和完整性的同时，研究型内部审计还注重提升财务信息的质量。通过对企业财务报告的披露进行详尽的审查，确保所有重大事项都得到充分、准确、及时的披露，特别是那些可能对投资者的决策产生重大影响的信息。

（二）评估内部控制体系的有效性

研究型内部审计的一个重要目标是评估企业内部控制体系的有效性。内部控制体系是企业管理的重要组成部分，它涉及企业运营管理的方方面面，旨在确保企业目标的实现、资产的安全、财务信息的准确性和业务运营的效率。因此，对其有效性的评估具有至关重要的意义。研究型内部审计通过深入探究企业内部控制体系的设计合理性和执行有效性，旨在为企业提供全面的内部控制评估和改进建议。

研究型内部审计在评估内部控制体系有效性时，首先关注的是内部控制体系的设计是否合理，如审视企业内部控制政策、程序和流程是否完善，是否能够覆盖企业运营过程中的所有关键环节并形成有效的制衡机制，关注控制制度是否完善、控制流程是否清晰，并检查是否存在制度上的漏洞或潜在的风险点。审计人员依据内部控制框架，如 COSO 框架，来系统分析企业内部控制的五个要素——控制环境、风险评估、控制活动、信息与沟通以及监控，从而全面评价内部控制设计的充分性和适当性。

除了对内部控制体系的设计进行评估，研究型内部审计还会通过测试关键控制点来检验内部控制的实际执行效果。审计人员选择具有代表性的业务环节和关键控制点，采用穿行测试、控制测试等审计程序进行测试，以验证内部控制是否得到了有效执行。在测试过程中，审计人员关注控制规定是否得到了严格遵守，是否存在绕过控制、违反规定的情况，以及控制点的执行是否能够达到预期的效果。在评估过程中，研究型内部审计还注重运用数据分析技术，通过对比历史数据、分析业务趋势，来识别内部控制体系中的潜在弱点和风险点。同时，审计人员还会结合企业的战略目标和业务环境，对内部控制体系进行动态评估，确保其能够适应企业内外部环境的变化。最终，研究型内部审计的目标是就内部控制体系的有效性形成客观、公正的审计意见，并向企业管理层提出改进建议。这些建议旨在帮助企业优化内部控制流程、提升控制效率、降低运营风险，从而保障企业健康、稳定地发展。通过这一系列的评估活动，研究型内部审计不仅为企业的内部控制管理提供了有力的监督和支持，同时也为企业的持续改进和风险防范奠定了坚实的基础。

（三）促进组织效率和效果的提升

在现代企业管理中，效率和效果是衡量组织运营成功与否的关键指标，而研究型内部审计正是通过专业的审计方法和深入的分析，帮助企业发现并改进运营过程中的不足，从而实现效率和效果的提升与改善，为企业的可持续发展奠定坚实基础。

为实现这一目标，研究型内部审计将深入探究组织的运营流程和管理体系。审计人员运用流程分析、数据挖掘等先进技术和方法，对组织的业务流程进行全面梳理和诊断，致力于发现隐藏在流程背后的深层次问题，如资源配置不合理、信息传递不畅、决策机制失灵等。在深入分析问题的基础上，研究型内部审计将提出具有针对性的改进建议。这些建议旨在优化业务流程、提高资源利用效率、加强部门间协同与信息共享，从而推动组织整体运营效率的提升。同时，审计人员还会关注组织的战略目标与运营效果的契合度，通过对比分析预期目标与实际成果，揭示组织的短板和潜力，为组织制定更加科学合理的战略规划提供有力支持。

除了关注运营效率，研究型内部审计还致力于改善组织运营的效果，评估组织在实现其使命、愿景和价值观方面的表现，以及衡量组织在市场竞争、客户满意度、创新能力等方面的成果。审计人员结合行业趋势和市场竞争态势，对组织的运营效果进行全面评价，并提出改进意见，帮助组织在激烈的市场竞争中保持领先地位。此外，研究型内部审计关注组织内部的协同与沟通效率，注重培养组织内部的风险意识和改进文化。通过审计企业内部的沟通机制和协作流程，研究型内部审计可以发现可能存在的沟通障碍和协作问题，并提出改善建议，进而促进企业内部的信息共享和团队协作，从而提升整个组织的运营效率和效果；审计人员会通过与各层级员工的沟通与交流，推广风险管理理念和持续改进的思维方式，激发员工主动发现问题、解决问题的积极性，通过这种全员参与的风险管理和改进文化，为组织效率和效果的提升提供源源不断的动力。

（四）发现和预防潜在风险

研究型内部审计的一个重要目标是发现和预防潜在风险，确保组织能够在安全稳定的环境中持续发展。这一目标的达成对于保护组织的资产安全、维护运营秩序以及防止可能的经济损失具有至关重要的作用。

在这一过程中，研究型内部审计将进行全方位、多维度的风险评估。审计人员会利用定量与定性相结合的分析方法，对组织的业务流程、内部控制、信息系统以及外部环境进行全面审查，对历史数据进行深入挖掘，识别异常交易和潜在风险点，同时结合当前市场环境、行业动态以及政策法规的变化，预测未来可能出现的风险。在风险评估的深度和广度上，研究型内部审计不仅关注传统的财务风险和运营风险，还会关注战略风险、合规风险以及信息技术风险等新兴领域风险，特别是在信息技术风险方面，审计人员会重点评估组织的信息系统安全性、数据保护策略以及应急响应计划，确保组织的数字资产得到妥善保护。

在预防风险方面，研究型内部审计还强调风险预警和应对机制的建设，即根据风险评估结果，为组织量身定制风险预警指标体系，实时监控关键风险指标的变化。一旦触及预警线，审计人员会立即启动应急响应计划，协助组织迅速应对风险事件，最大限度地减少损失。此外，研究型内部审计还致力于提升组织整体的风险管理意识和能力，定期组织风险管理培训，提高员工对风险的敏感性和应对能力；与业务部门紧密合作，共同制定风险防范措施，确保业务发展与风险管理的有效平衡。

在追求"发现和预防潜在风险"这一目标的过程中，研究型内部审计不仅展现了其专业的风险评估和防范能力，更体现了其对组织长期稳健发展的深刻理解和坚定承诺。通过全方位、多维度的风险评估和预警机制建设，研究型内部审计能够为组织构筑一道坚实的风险防线，为组织的可持续发展提供有力保障。

二 研究型内部审计的原则

（一）独立性原则

内部审计部门在执行审计工作时，必须保持高度的独立性。这意味着审计团队在组织结构、人员配置和工作执行上均不应受被审计单位或其他部门的影响。独立性原则是内部审计工作的基石，它确保了审计结果的客观性和公正性。

独立性原则要求三方面的独立。第一是组织结构的独立性，即内部审计部门应直接隶属公司的高级管理层或董事会，以确保其在组织中的地位和权威。第二是人员的独立性，即审计人员应避免与被审计单位或部门存在利益关联，以保证审计判断的公正性。第三是工作的独立性，即审计工作应独立进行，不受其他部门的干涉，审计结论应基于客观事实和数据分析。

（二）客观性原则

内部审计人员在进行审计工作时，必须保持客观公正的态度，不受任何个人偏见或外部压力的影响。

客观性原则的要求包括三个方面。第一是以事实为依据，即审计人员应以实际发生的数据和事实为基础，进行客观的分析和评价。第二是公正判断，即在审计过程中，审计人员应摒弃个人情感和主观臆断，做出公正的审计判断。第三是抵制不当影响，即审计人员应坚决抵制任何可能影响审计判断客观性的外部压力和不当影响。

（三）保密性原则

内部审计工作涉及公司的敏感信息和数据，因此审计人员必须严格遵守保密规定。

保密性原则主要涉及信息保密、报告限制和法律责任。信息保密即审计人员应对在审计过程中获取的所有信息和数据承担保密义务，不得随意泄露。报告限制即审计报告和相关资料的传播范围应受到严格限制，仅供公司内部授权人员查阅。法律责任即违反保密原则的行为可能触犯法律，审计人员应明确自身的法律责任。

（四）全面性原则

内部审计应涵盖公司的所有重要业务领域和流程，确保审计工作的全面性。

全面性原则要求做到业务全覆盖、流程全覆盖和风险全评估。业务全覆盖即审计工作应涉及公司的各个重要业务领域，包括财务、运营、合规等。流程全覆盖即审计人员应对公司的各个业务流程进行全面审查，确保无遗漏。风险全评估即在全面审计的基础上，对公司的整体风险进行全面评估，提出改进建议。

（五）专业性原则

内部审计人员应具备专业的知识和技能，以确保审计工作的质量和效率。

专业性原则要求审计人员具备良好的专业技能、持续学习能力和专业判断能力。专业技能即审计人员应具备的会计、审计、税务、法律等相关专业知识，以及良好的沟通能力。持续学习能力即审计人员应有能力不断学习和更新专业知识，以适应不断变化的商业环境和法规要求。专业判断能力即在进行审计时，审计人员应有能力运用专业知识进行准确判断，确保审计结论的准确性和权威性。

（六）有效性原则

内部审计工作的最终目标是提高公司运营的效率和改善公司运营的效果，因此审计建议必须具有可操作性，并能带来实际的改进。

有效性原则要求审计人员做到深入分析实际问题、跟踪落实建议以及评估落实效果。深入分析实际问题即审计人员应深入分析公司存在的实际问题，提出切实可行的改进建议。跟踪落实建议即审计人员应对审计建议的实施进行跟踪和监督，确保其得到有效执行。评估落实效果即审计人员应定期对内部审计工作的效果进行评估，以不断完善审计工作方法、提高审计工作质量。

第三节　研究型内部审计的发展趋势与现状

研究型内部审计是审计部门深入贯彻落实习近平总书记对审计工作重要指示精神的理论创新与实践探索。它不仅是推动"十四五"时期审计事业实现高质量发展的关键路径，更是有效发挥审计建设性职能的重要环节。习近平总书记在第十八届中央审计委员会第一次会议上明确指出，我们必须依法全面履行审计监督职责，创新审计理念，促进经济高质量发展。随着企业运营环境的持续演变和内部审计功能的逐渐凸显，研究型内部审计正受到越来越多的关注，并已成为内部审计发展的重要方向，其重要性日益显现。

一　研究型内部审计的发展现状

（一）理念的普及与接受度提高

研究型内部审计强调通过深入的分析和研究，发现企业内部的潜在问题和风险，并提出有效的解决方案。这种基于科学方法和理论的审计方式，与传统的例行性审计相比，更加注重对企业内部运营机制和管理模式的深入了解，能够为企业提供更加全面专业的意见和建议。因此，越来越多的组织开始意识到研究型内部审计的重要性，重视在审计过程中加入研究元素，以提高审计的深度和广度，并积极采取措施加以推广和应用。这种理念的转变，为研究型内部审计的发展奠定了坚实基础。

专业机构、学术界以及行业内的领先企业在积极推动研究型内部审计理念的传播和实践。这些主体通过发布研究报告、举办研讨会和培训活动等方式，不断加深人们对这一新兴理念的认识和了解，如 2022 年 3 月 18 日中国内部审计协会特别邀请审计署审计科研所所长姜江华做客协会直播讲堂，推出题为"研究型审计的思考和实践探索"的公益直播讲座[①]，系统阐述了什么是研究型

---

① 《中国内部审计协会成功举办"研究型审计的思考和实践探索"公益直播讲座》，中国内部审计协会网站，2022 年 3 月 21 日，https://www.ciia.com.cn/cndetail.html?id=78725。

审计、为什么要开展研究型审计，以及如何开展好研究型审计，对于进一步践行好研究型审计具有重要指导意义。这些努力不仅加速了研究型内部审计理念的普及，还为企业提供了实施研究型内部审计的具体指导和最佳实践。

（二）保障措施应运而生

随着研究型内部审计的兴起与发展，相应的保障措施也应运而生，以确保其有效实施和高效运作。这些保障措施涵盖制度建设、技术支持、人才培育以及质量控制等多个方面，是研究型内部审计稳健发展的基石。

技术支持是保障研究型内部审计实施的关键环节。首先，随着信息技术的迅猛发展，数据分析、云计算、人工智能等先进技术被广泛应用于内部审计领域，专业的审计软件和系统的开发与应用，也为研究型内部审计提供了强大的技术支撑。其次，人才培育是确保研究型内部审计持续发展的核心要素。为了培养具备研究型内部审计能力的人才，企业加大了对审计人员的培训和教育投入，包括审计理论、数据分析技术、风险管理知识以及最新审计方法的学习。同时，企业还鼓励审计人员参与行业交流和学术研究，以拓宽视野、提升专业素养。最后，质量控制是保障研究型内部审计有效性的重要手段。通过建立严格的质量控制机制，如制订详细的审计计划、实施严密的审计程序、进行准确的数据分析以及撰写全面的审计报告等，企业确保了审计工作的规范性和一致性。

同时，审计机关近年来通过的切实可行的保障措施既反映了审计机关对开展研究型审计工作的重视，也为研究型审计的开展提供了有力的制度保证。例如福建省审计厅印发的《关于推进研究型审计的实施办法（试行）》对项目计划、项目实施、项目审理和项目成果利用等四个重要环节提出了具体工作要求；湖北省审计厅印发的《关于建立审计智库常态化开展行业领域综合研究分析的实施意见》对常态化开展行业领域综合研究分析作出具体要求；嘉兴市审计局等多个地市级审计机关先后出台了《关于探索开展研究型审计的实施意见》等规范性文件，明确了工作思路、目标任务和工作重点。

（三）研讨交流层出不穷

随着研究型内部审计在企业界和学术界的关注度不断提升，相关的研讨交流活动也层出不穷，这些活动不仅为内部审计领域的专家、学者和从业人员提供了交流思想、分享经验的平台，也推动了研究型内部审计理论与实践的深入发展。

研究型审计注重分析问题本质、追求审计价值，单一的理论框架体系早已不能满足于新时代的审计工作需要。必须以研究型学习深化研究型内部审计，在"谋研究""能研究""会研究"方面实现突破。近年来，各类研讨会、论坛和学术会议如雨后春笋般涌现，吸引众多国内知名专家学者和企业内部审计人员的参与。他们通过主题演讲、专题讨论、案例分享等方式，深入探讨了研究型内部审计的前沿理论、创新方法以及实践案例，例如审计署各特派办定期组织召开研讨会、交流会，通过提问题、共探讨、齐会诊的方式，充分发挥不同处室专业所长，着力解决审计工作中的痛点、难点；广东省审计厅召开研究型审计专题研讨会，由各审计处处长针对各自专业领域提出课题进行授课，围绕业务运行机制、管理内容和工作规律，结合审计实务展开深入讨论。

这些研讨交流活动不仅促进了学术与实务的紧密结合，还为内部审计人员提供了宝贵的学习机会，帮助其拓宽视野，提升专业素养，为推动研究型内部审计的发展提供了强大的动力。通过深入的交流和探讨，与会者能够共同发现问题、分析问题并寻求解决问题的有效途径。这种集思广益的方式不仅有助于完善研究型内部审计的理论体系，还能推动其实践应用的不断创新和发展。此外，研讨交流活动还在不同企业的内部审计部门之间建立了良好的沟通机制。不同企业、不同行业的内部审计人员有机会相聚一堂，分享各自的经验和做法，共同探讨如何更好地发挥研究型内部审计在企业风险管理、内部控制和公司治理中的作用。这种跨行业、跨企业的交流与合作，对于推动研究型内部审计的广泛应用和深入发展具有重要意义。

（四）实践硕果累累

在研究型内部审计的发展过程中，其实践可谓硕果累累，研究型内部审计的实践不仅验证了相关理论的实用性，也为内部审计领域注入了新的活力。这些实践成果体现在多个方面，如风险管理的优化、内部控制的加强、对企业价值创造的直接贡献等。

风险管理方面，研究型内部审计通过深入分析和评估企业的各类风险，帮助部分国有企业建立了更为精准的风险管理模型和应对策略。审计人员运用专业的分析工具和方法，对企业的市场风险、财务风险、运营风险等进行全面识别与评估，从而为企业提供科学的风险管理建议，这些实践不仅提升了企业的风险防范能力，也为企业在复杂多变的市场环境中稳健发展提供有力保障。

内部控制方面，研究型内部审计通过对企业内部控制体系的深入审查，发现并解决了许多潜在的控制缺陷。审计人员从流程设计、职责分工、信息传递等多个角度出发，对企业的内部控制进行了全面的诊断和优化。如某地质勘查单位通过进行内部控制审计，对货币资金管理、债权债务管理、固定资产管理等进行了全面审查。在审计过程中，审计人员采用了检查、观察、询问、抽样分析等多种审计方法，最终发现了管理上的薄弱环节，并提出了改进建议。这一实践加强了该单位的内部控制体系，提高了该单位的管理效率和风险控制能力。

价值创造方面，研究型内部审计通过提供前瞻性的建议和解决方案，直接促进了企业的价值创造。审计人员不仅关注企业的当前运营状况，还致力于挖掘潜在的改进机会和创新点。某制造业国有企业通过研究型内部审计，发现了生产流程中的瓶颈和浪费环节，审计人员通过提出优化建议，帮助其改进生产流程，提高了生产效率，这一实践直接促进了企业的价值创造，增强了企业的市场竞争力。

二 研究型内部审计的发展趋势

（一）整合性风险管理与企业战略的紧密结合

随着企业环境的不断变化和市场竞争的日益激烈，整合性风险管理与企业战略的紧密结合成为研究型内部审计的重要发展趋势。这一趋势表明内部审计的职能正在从传统的合规审计和财务审计向更具战略性和前瞻性的方向转变。研究型内部审计将不再仅关注风险点本身，而是将风险管理融入企业

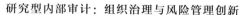

的整体战略框架。

整合性风险管理要求研究型内部审计不局限于识别和控制单一的、孤立的风险，而要从企业整体和长期发展的角度出发，全面、系统地评估和管理风险。这意味着审计人员需要深入了解企业的战略目标、市场定位和业务模式，以便更准确地识别和评估那些可能对企业战略实施产生重大影响的风险。企业战略的实现过程中存在着各种不确定性，这些不确定性可能转化为潜在的风险。研究型内部审计通过将审计工作与企业战略紧密结合，可以更有效地识别这些风险，并提供有针对性的建议和解决方案。这不仅有助于保障企业战略的顺利实施，还能在一定程度上增强企业的风险应对能力和市场竞争力。

企业战略与风险管理的无缝对接，将促使研究型内部审计更加注重前瞻性思考。审计人员将致力于预见潜在风险，为企业提供战略性的风险规避和应对策略，确保企业在追求战略目标的过程中能够稳健前行。同时，这一趋势还将强化内部审计部门与其他业务部门的协同合作。通过跨部门的信息共享和策略联动，研究型内部审计将更好地服务于企业战略，助力企业在复杂多变的市场环境中保持竞争优势。

（二）强化内部审计的独立性与客观性的制度保障

在未来的内部审计演变中，强化内部审计独立性与客观性的制度保障将越来越重要。随着企业治理体系的逐步成熟和市场监管的日益严格，确保内部审计的独立性和客观性已成为企业健康发展不可或缺的条件，这要求企业进行一系列强化内部审计独立性与客观性的制度建设。

在制度保障中，建立独立的内部审计部门或机构是保障内部审计独立性的关键一步，这意味着内部审计机构在组织架构上独立于作为被审计对象的管理层，直接向董事会或监事会等高级管理层报告，并独立行使审计职责，不受其他部门的干扰或控制。这一做法能有效避免利益冲突和利益捆绑，保证审计活动的客观性和公正性。建立健全的内部审计制度和完整的内部审计程序也是保障内部审计独立性和客观性的重要手段。内部审计部门或机构应当依据国际内部审计准则和国家相关法律法规，建立起完善的审计程序和方法论，构建清晰的内部审计流程和标准，使审计工作能够严格遵循既定规范进行，确保审计活动的科学性和规范性。同时，企业应当建立起内部审计质量保障和质量控制机制，对审计活动进行监督和评估，确保审计结果的真实性和可靠性。为了进一步提高内部审计的客观性和准确性，企业还应在审计人员的专业培训与教育方面持续投入，通过不断提升其专业素养和职业道德水平，确保审计人员能够以客观中立的态度执行审计工作，摆脱外界因素的干扰。

（三）数据驱动与智能化审计的深入应用

数字化时代下，数据驱动与智能化审计的深入应用成为研究型内部审计发展的显著趋势。随着大数据、云计算和人工智能等技术的快速发展，内部审计正逐步从传统的基于样本的手动审计向全面由数据驱动的智能化审计转变。

数据驱动审计的核心在于利用大数据技术对海量数据进行深度挖掘和分析。内部审计部门通过收集、整合企业内外的各类数据，包括财务数据、业务数据、市场数据等，构建起全面的数据视图。借助高级数据分析工具，审计人员能够发现数据间的关联、趋势和异常，从而更准确地识别风险、评估控制效果，并提供有数据支持的审计意见。

智能化审计则是借助人工智能和机器学习等技术，提升审计的自动化和智能化水平。通过构建智能审计模型，系统能够自动学习和识别风险模式，对大量数据进行实时分析和监控，及时发现异常情况并预警，这不仅能大大提高审计效率，还能作出预警，使审计部门在风险刚刚显现时即进行干预，减少潜在损失。

数据驱动与智能化审计的深入应用，不仅改变了传统审计的工作方式，更提升了审计的质量和效果，使内部审计部门能够从海量数据中提炼出有价值的信息，为企业管理层提供更精准、更及时的决策支持。同时，智能化技术的应用也减轻了审计人员的工作负担，使他们能够将更多精力投入高风险领域和复杂问题的研究中。

（四）持续审计与实时监控的全面实施

随着信息技术的迅猛发展和企业内部管理精度需求的日益提升，研究型内部审计呈现出一个显著的发展趋势，即持续审计与实时监控的全面实施。这一趋势体现了内部审计在风险管理、内部控制和公司治理中的前瞻性和主动性，是企业提高运营效率、确保合规和防范潜在风险的重要举措。

有效的内部控制系统需要自动化的监控和反馈机制，才能确保企业目标的实现。持续审计正是这种自动监控机制的具体体现，它通过不断评估内部控制系统的有效性，及时发现并纠正偏差，从而保障内部控制的持续改进和优化。实时监控则提供了即时的数据反馈，使得审计人员能够迅速了解内部控制的运行状态，为调整和完善内部控制提供有力支持。持续审计的核心是通过一系列实时或短时间内生成的审计报告，对被审计项目进行持续性的评估和监督，能够在提高审计的时效性和针对性的同时降低审计风险。在实施持续审计的过程中，审计人员能够及时发现并纠正存在的问题，从而确保企业内部控制和财务管理的持续有效性。与此同时，实时监控作为持续审计的重要补充，也在研究型内部审计中发挥着越来越重要的作用。实时监控通过实时收集、分析和展示数据，使得审计人员能够迅速掌握企业的最新状态和信息，为及时做出决策或采取行动提供了有力支持。这种监控方式不仅有助于发现潜在的风险和问题，还能为企业的战略规划和决策提供实时、准确的数据支持。

在持续审计与实时监控的全面实施过程中，数据的收集、整理和分析成为关键环节。信息技术为持续审计与实时监控的实施提供了技术基础；大数据、云计算等技术的不断发展，则使得内部审计在数据获取、存储和分析等方面的能力得到了显著提升。这些技术使得审计人员能够实时处理和分析大量数据、准确识别风险点、评估内部控制的有效性，为持续审计和实时监控提供强大的数据支持。持续审计与实时监控的全面实施，不仅是技术进步的体现，更是内部审计理论发展的必然结果。

第三章 🔍 研究型内部审计的"三度"

研究型内部审计的"三度"使其更好地服务于现代企业，成为推动组织发展的重要力量。"三度"分别为广度、力度和深度，广度展现了内部审计在现代企业中的角色延伸，从单一的财务核查拓展到全面参与组织治理和风险管理；力度则代表了内部审计在实施过程中的权威性和实际影响力，是保障审计效果的关键；而深度则揭示了内部审计如何深入企业运营的核心，挖掘潜在风险，并提出有针对性的改进建议。对"三度"的探讨，能够揭示研究型内部审计的全貌及其作用。

第一节　研究型内部审计的广度

在当今瞬息万变的商业环境中，内部审计的角色正经历着深刻的转型，它不再被视为一个仅仅专注于财务核查的职能部门，而是逐渐展现出在组织治理与风险管理中的核心作用。这一转变，正是研究型内部审计范畴扩大的具体体现。研究型内部审计在传统财务审计的基础上，已然将其影响力延伸至组织治理和风险管理的领域。

一　研究型内部审计职能的拓展

企业环境的不断变化和内部审计实践的深入发展，使得内部审计职能发生了显著的变化，这一变化反映了内部审计不断适应企业需求、提升其在组织内部价值的趋势。

（一）传统内部审计职能

传统的内部审计职能深受财务领域的影响，仅聚焦于企业的财务报表，致力于确保其真实性、准确性和合规性。这种审计模式植根于对企业财务状况的深入审查，主要内容是验证财务报表的编制是否严格遵循相关会计准则和法规，其根本目标是揭露或预防财务舞弊，确保企业对外提供的财务信息的可靠性。在这一模式下，内部审计的重心落在事后审查和监督环节，旨在评估和确保财务报告的精确性，以防范和识别财务层面的错误。

1. 财务报表审计

财务报表审计是传统内部审计的核心组成部分，涉及对企业财务报表的全面审查和评估。在这一环节中，内部审计人员的主要任务是确保财务报表的准确性、完整性和可靠性，审计人员需对企业的资产负债表、利润表、现金流量表等关键财务报表进行详尽的审查。

具体而言，内部审计人员的工作涵盖多个方面。首先，审查财务报表编制是否合规，即内部审计人员详细审查企业财务报表的编制过程，核实报表中的数据是否严格遵循了适用的会计准则和法规要求，如检查会计政策的选用是否恰当、会计估计是否合理，以及报表中的各项数据是否经过正确的计算和处理等，确保报表内容的合规性和完整性。其次，核实财务报表的准确性，即对财务报表中的各项数据和信息进行核实和比对，确保数据的准确性和真实性，以便可靠地反映企业的财务状况、经营成果和现金流量。最后，确认报表的公允性，即深入分析企业的业务流程和交易实质，评估财务报表中的信息是否客观、真实、无误导性地反映了企业的实际情况，评估报表是否客观、中立地呈现了企业的经济实质，而非仅仅符合形式上的要求。

在财务报表审计的过程中，内部审计人员运用专业的审计技术和方法，如分析性程序、抽样审计等，提高审计效率和准确性，并对报表中的重大项目和异常交易进行重点关注，确保这些项目得到恰当处理和披露。

财务报表审计是内部审计人员的一项重要职责，旨在确保企业的财务报表真实、准确、完整地反映企业的财务状况和经营成果，从而为企业的利益相关者提供可靠的财务信息。通过这一审计过程，内部审计人员不仅保障了企业财务信息的质量，也为企业的稳健运营和持续发展提供了有力支持。

2. 合规性审计

合规性审计在内部审计中占据重要地位，其核心目标在于揭露和查处企业的违法、违规行为，确保企业的经济活动符合国家法律、法规、方针政策及企业内部控制制度等要求。合规性审计涵盖企业的所有相关领域，旨在对合规实践进行全面评估。执行合规性审计的内部审计人员通常独立于其评估的领域，以确保评估的客观性和公正性。审计过程重点关注高风险领域和关键合规要求，以有效确定资源分配的优先级。在此环节，内部审计人员不仅要监督企业的法规遵循情况，还要为企业提供改进合规管理的建议。

在合规性审计的过程中，内部审计人员的工作包括以下方面。第一，评估企业的合法性，即对企业的交易记录、合同文档、税务申报等文件进行详尽审核，以确保企业按照国家法律法规的规定进行运营。第二，评估企业的内控制度，关注企业是否建立了有效的内部控制制度，以确保业务运作的合规性，这包括企业在组织结构、业务流程、授权审批程序等方面的规定，以及风险管理和内部监督机制等方面的安排。同时，审查企业已实施的合规性政策和流程，检查其是否与法律法规相符，并评估其能否有效监管企业各项业务活动。第三，评估企业的合同履约情况，审查企业是否按照合同的约定履行合同义务，并对合同的签订、履行和变更等环节进行审计，以保证合同的有效执行。第四，评估企业财务报告的合规性，审查企业的财务报告是否按照会计准则和相关法规的要求编制，并对财务报告的准确性和可靠性进行验证，如审计企业在会计记录、账务处理、报表编制等方面的合规性。

合规性审计在传统财务审计中扮演着重要角色，有助于保护本单位及其利益相关者的权益、保障本单位的可持续发展。通过合规性审计，企业可以发现并纠正存在的合规问题，避免法律风险和商业风险的发生，提升形象和信誉。同时，合规性审计也为企业提供了改进内部控制和业务流程的建议，促进了其管理水平和效率的提升。

3. 错误和舞弊的检查

错误和舞弊的检查要求审计师对企业财务报告进行仔细的检查和分析，以发现可能存在的错误和舞弊行为。在保证财务信息的准确性和可靠性方面，错误和舞弊的检查起着至关重要的作用。

错误检查主要关注的是由无意中的失误、计算错误、对会计准则的误解或应用不当而导致的财务报表错误，如账户分类错误、计算错误、数据输入错误。审计人员需要仔细检查财务报表中的各项数据，确定是否存在数据错误、漏报或虚报等情况，并对重要财务指标和会计政策进行审查，确保其合理性和准确性。所用方法上，审计人员主要通过详细的测试和核对程序，如抽样检查、比对分析和趋势分析等来识别这些错误。

舞弊检查则更为复杂和敏感。舞弊可能涉及管理层或其他员工的故意行为，旨在误导财务报表的使用者或获取不当利益，具体行为如虚构交易、操纵财务数据、滥用公司资产等。为了揭露这些行为，审计人员需采取更为谨慎和细致的调查方法。进行舞弊检查时，内部审计人员会特别关注以下方面。首先，评估企业的内部控制系统是否健全，因为有效的内部控制是预防舞弊的第一道防线。其次，密切关注异常交易，如突增收入、异常费用支出等，这些都可能是舞弊的信号。最后，审查管理层的决策和行为，以识别是否存在滥用职权或利益输送的情况。

对于已经发现的错误和舞弊行为，内部审计人员有责任评估其影响程度和范围，与企业管理层和相关人员就发现的错误和舞弊进行沟通和协商，并提供相应的建议和解决方案，推动问题的解决和改善。通过对错误和舞弊的检查，审计人员能够及时发现并揭露财务报表中的不准确或欺诈行为，从而保护投资者和其他利益相关者的利益，也有助于企业加强内部控制，提高管理效率。

（二）研究型内部审计职能的逐步扩展

企业规模的扩大和业务的复杂化使得仅仅关注财务报表已经无法满足企业内部管理和风险控制的需求。因此，内部审计的职能开始逐步扩展，目前已然从传统的财务报表审计逐步拓展到风险管理审计、运营审计、治理结构与流程审计以及咨询与建议服务等多个方面。这些拓展的职能使内部审计在企业管理中发挥着越来越重要的作用，为企业的稳健运营和持续发展提供了有力保障。

1. 风险管理审计

风险管理审计，作为研究型内部审计的关键组成部分，其核心在于通过系统性、前瞻性的方法，全面识别、深入分析和准确评估企业在运营过程中所面临的各种潜在风险。这一审计活动超越了传统财务报表审计的范畴，不再仅仅聚焦于过去的交易和记录，而是更加注重对当前和未来风险状况的洞察，以及企业对这些风险所采取的应对策略的有效性。

在实施风险管理审计的过程中，内部审计人员会综合运用定量与定性的风险评估方法，广泛收集与单位运营紧密相关的内外部环境数据，如市场动态、政策法规变化、技术进步等，以此为基础构建一套科学的风险识别框架。该框架能够助力审计人员更加精确地锁定那些可能对本单位造成不利影响的风险因素，进而对这些因素进行深入的剖析和全面的评估。针对这些风险因素，审计人员会运用风险矩阵、蒙特卡罗模拟等风险分析工具，量化风险的大小、发生概率及其可能带来的损失，同时结合本单位的战略目标、业务特点和资源配置情况，对风险进行定性的评估，以确定哪些风险对本单位的影响最为关键。除了对风险的评估，风险管理审计还涵盖对单位现有风险管理措施的全面评价，即仔细审查单位的风险管理制度、应急预案以及风险分散和缓解策略等，评估其在实际操作中的有效性和可执行性，并针对发现的漏洞或不足提出改进意见，协助单位制订更为完善的风险管理方案。

值得注意的是，研究型内部审计在风险管理审计中不仅是"监督者"，更承担着"咨询顾问"的职责，即研究型内部审计不仅提供风险管理的专业知识和技能，还会根据单位的实际情况，定制化提出风险防范和应对措施。这种"量身定制"的服务模式使得研究型内部审计在风险管理领域的作用更加凸显，也进一步提升了内部审计在企业中的战略地位。并且，研究型内部审计注重与企业管理层和各业务部门的沟通与协作，通过定期召开风险管理研讨会，分享最新的风险管理理念和实践案例，以提高企业全员的风险意识和应对能力。同时，审计人员还能根据审计结果，为企业提供有针对性的风险管理培训，帮助企业构建一支具备高度风险管理素养的团队。

风险管理审计是研究型内部审计职能的重要扩展方向。通过综合运用先进的风险评估工具、提供定制化的风险管理方案以及加强沟通与协作等方式，研究型内部审计在帮助单位提升风险管理能力、保障稳健运营等方面发挥日益重要的作用。

2. 运营审计

作为研究型内部审计的重要构成部分，运营审计专注于评估企业运营管理的有效性与效率，旨在深入探究企业运营的各个细节，从流程效率、成本控制到风险管理，全面审视并改进企业的运营过程，确保其流畅、高效，并及时识别潜在风险，为企业提供全方位的运营健康检查，以适应企业对于高效率、低成本和强风险管理的迫切需求。

运营审计的核心目标在于评估并改进企业的运营流程，确保资源得到有效利用，并高效实现业务目标。在实施过程中，研究型内部审计人员会深入企业各个运营环节，通过实地考察、数据分析、员工访谈等多种手段，全面了解企业的运营状况。具体而言，审计过程需考虑以下关键方面。首先，明确企业的运营策略和目标，与管理层和相关部门进行充分沟通，确保审计重点与战略方向一致。其次，关注运营流程的合理性，对企业的运营流程和活动进行全面评估，审查标准操作程序（SOP）和工作流程，识别流程中的瓶颈和浪费环节，提出优化建议，促进企业提高运营效率和响应速度。再次，重视运营绩效评估。内部审计人员收集并分析运营数据，如生产指标、成本数据、供应链数据等，结合企业业务目标和战略规划，通过对比分析、趋势预测等手段，评估运营活动成果是否符合预期，并针对存在的问题提出改进意见。最后，提供具体的管理决策支持，将审计结果以详细报告形式呈现，包含审计发现、问题分析及具体改进建议，为管理层提供有价值的意见和建议。

通过深入企业运营过程，发现和解决问题，研究型内部审计正逐步从传统合规性审计向更全面、更具价值的运营审计转变。借助此类审计，企业能够及时发现并解决治理结构和流程中的潜在问题，进而提升管理效能、降低运营风险，为企业的长远稳健发展奠定坚实基础。

3. 治理结构与流程审计

治理结构与流程审计是研究型内部审计不可或缺的一部分，专注于深入分析和评估企业的治理结构、内部控制及决策流程的合规性、有效性和效率。在审计过程中，内部审计人员对企业的各个治理层级进行详尽考察，逐一剖析其职责划分、权力运作及监督机制，确保这些治理机构能依照既定规则和程序顺畅运行，形成稳固高效的决策与管理体系。

在内部控制方面，审计人员不仅关注制度的设计，更重视其在实际操作中的执行情况。审计人员通过细致检查各项控制活动、交易记录和授权流程，验证内部控制体系在风险防范中的实际作用。对于任何控制薄弱环节或潜在缺陷，审计人员都会做出详细记录，并提供有针对性的改进建议。对于企业的决策流程，审计人员会进行缜密的审查，追溯决策源头，探究决策背景和动机，并对决策过程的透明性和合理性进行全面评估。同时，审计人员会密切关注决策的执行状况，确保决策能够得到有效贯彻，及时发现并纠正执行中的偏差或监督不足的情况。

在这一过程中，内部审计人员会充分利用各种审计技术和工具，如数据分析、流程图绘制和风险评估矩阵等，确保审计工作的全面性和深入性。除了审阅相关文档和记录，内部审计人员还会进行实地走访和深入访谈，以多维度收集审计证据。审计结束后，审计人员会整理出详尽的审计报告，包括审计发现的问题、提出具体的改进建议和行动计划。该报告将成为企业改进治理结构和流程的重要依据，帮助企业实现更为高效、稳健的运营。

总体而言，治理结构与流程审计是一项高度专业化和系统化的工作，要求审计人员具备丰富的专业知识和实践经验。通过此类审计，企业能够及时发现并解决治理结构和流程中的潜在问题，进而提升管理效能，降低运营风险，为其长远稳健发展奠定坚实基础。

4. 咨询与建议服务

随着内部审计职能的不断演进，咨询与建议服务已脱颖而出，成为研究型内部审计中一项关键而独特的服务。该服务旨在利用内部审计人员的专业知识和丰富经验，为企业提供量身定制的咨询意见和改进建议，从而推动企业运营的优化、管理效率的提升以及风险防控的加强。这不仅凸显了内部审计的专业性和前瞻性，还为企业提供了增值服务。

在咨询与建议服务中，内部审计人员会深入挖掘企业的运营数据和业务流程，通过精准分析识别出瓶颈和低效环节，提出具有针对性的流程优化和管理提升方案。同时，内部审计人员会全面评估单位的管理架构，发现管理上的漏洞和不足，并提出完善管理制度的策略性建议。风险管理和防控也是该服务的重要内容，内部审计人员会运用先进的风险评估方法和数据分析技术，帮助企业准确识别潜在的风险点和风险因素，制定切实可行的风险应对策略，以确保企业能够迅速而有效地应对各类风险。

除此之外，内部审计还致力于为企业提供具有前瞻性和战略性的咨询服务。根据企业的行业特性、市场环境和发展战略，结合最新的市场动态和专业知识，内部审计人员可以为企业提供创新的思路和解决方案，以助力其在激烈的市场竞争中保持领先地位。为确保咨询与建议服务的时效性和针对性，内部审计人员应定期与企业高层和业务部门进行交流，了解企业当前的实际需求和挑战，及时调整和优化咨询建议，并针对已实施的建议进行持续跟踪和评估，确保其能够真正落地并产生预期效果。

整体而言，咨询与建议服务充分展现了研究型内部审计的专业性和增值性。通过提供全方位的咨询与支持，研究型内部审计不仅能够帮助企业解决当前面临的问题和挑战，还能为单位的长远发展注入新的活力和动力。

二　研究型内部审计覆盖范围扩大

（一）全业务流程审计

在当今商业环境中，企业运营日趋复杂，涉及的业务流程也日益多元化。为确保企业运营的顺畅、合规和高效，全业务流程审计成为企业内部审计的重要形式。全业务流程审计不仅延续了传统财务审计的关注点，更将审计的触角延伸至企业的各个业务领域，实现了传统与新兴领域的全面交融，充分彰显了研究型内部审计的"广度"。

全业务流程审计是对企业全部业务流程进行全面、系统的审计活动。它突破了传统审计仅关注财务报表和财务数据的局限，将审计范围扩展至采购、生产、销售、研发、人力资源、行政管理等企业运营的各个环节。

全业务流程审计的特点在于其全面性、系统性、动态性和前瞻性。全面性体现为审计范围覆盖企业运营的所有关键业务流程，如采购、生产、销售、市场推广、客户服务等，而非局限于企业的财务数据，确保了审计结果全面反映企业的真实运营状况；系统性要求审计人员从整体和系统的角度审视企业，关注各个业务流程的细节及业务流程之间的相互关联和影响，以发现潜在的风险点和流程瓶颈，从而提出更为精准的改进建议；动态性强调内部审计人员需要随着市场环境和企业经营状况的变化，时刻关注企业业务流程的最新发展，及时调整审计重点和方法，以确保审计结果始终与企业的实际情况相符；前瞻性注重预测和评估未来的潜在风险和发展趋势，要求审计人员通过深入分析业务流程中的数据和信息，为企业提供前瞻性的战略建议。

全业务流程审计的实施需要遵循一定的步骤和程序。审计准备阶段，审计人员需要了解企业的整体运营情况和业务流程，确定审计目标和范围，明确需要审计的具体业务流程；收集相关资料和背景信息，包括企业的组织结构、运营流程、内部控制制度等；制订详细的审计计划，包括审计时间表、人员分工等。初步评估与风险识别阶段，审计人员需要对企业的整体运营环境和业务流程进行初步评估，了解企业的基本情况和潜在风险；通过与企业管理层和员工交流，以及查阅相关文档资料，识别关键业务流程中的风险点和控制薄弱环节。现场审计与数据收集阶段，审计人员需要深入企业现场，对各个业务流程实地观察和审计；收集并整理相关业务数据，并运用审计技术和工具对数据进行分析和比对，以验证数据的真实性和准确性。审计分析阶段，审计人员需要对收集到的数据进行深入分析，发现业务流程中存在的问题和异常情况；结合企业的实际情况和审计目标，对问题进行归类和整理；与企业管理层沟通确认问题，并探讨可能的原因和解决方案。最后在审计报告形成与后续跟进阶段，审计人员需要撰写审计报告，详细阐述审计发现、问题分析及改进建议，并将审计报告提交给企业管理层，就报告内容进行详细的解释和说明；跟进企业管理层对审计建议的采纳情况，确保改进措施得到有效实施。

通过全业务流程审计，企业能够全面了解自身运营状况和风险状况，这将为企业制定科学的经营决策提供依据。而且，全业务流程审计能够发现业务流程中的漏洞与不足，提出有针对性的改进建议，促进企业的持续改进与发展。此外，全业务流程审计还有助于提高企业的透明度与公信力，进而增强投资者的信心。

（二）管理体系和内部控制的全面诊断

管理体系和内部控制的全面诊断是对企业整体管理架构、流程、制度以及内部控制机制的全面剖析，旨在确保企业运营的稳健性和合规性，同时揭示潜在的风险和改进空间。其中，管理体系全面诊断，是指内部审计人员对企业的组织结构、管理流程、决策机制以及各项管理制度进行的综合性评估。而内部控制全面诊断，则侧重于评估企业内部控制环境的有效性，包括风险评估、控制活动、信息与沟通以及内部监督等方面。

管理体系和内部控制的全面诊断的特点在于其匹配性、建设性和持续跟踪性。匹配性即促进管理制度与业务流程的匹配。全面诊断会特别关注企业管理制度与业务流程的匹配程度，内部审计人员会检查制度规定是否与实际业务流程相符，是否存在制度与实际操作脱节的情况，这种匹配程度审查有助于发现管理制度中的漏洞和不合时宜之处，进而推动制度的完善与更新。建设性即提出相关意见和建议。全面诊断的最终目的是为企业提供定制化的改进建议。内部审计人员会根据诊断过程中发现的问题，结合企业的实际情况和发展战略，提出切实可行的改进方案。这些建议旨在帮助企业优化管理流程、加强内部控制，并提升整体运营效率。持续跟踪性则意味着全面诊断并非一次性活动，而是需要内部审计人员进行持续的跟进和监督。他们会定期回顾诊断结果和改进措施的实施情况，确保建议得到有效执行，并根据企业运营状况的变化对诊断内容进行调整和优化。

管理体系的全面诊断首先关注的是企业的组织架构和职责划分。审计人员会仔细审查企业的组织结构图，了解各部门之间的权责关系和协作机制，深入分析企业的管理流程和决策程序，评估这些流程是否高效、透明，并评估其能否支持企业的战略目标。在这一过程中，审计人员对企业的管理制度进行全面梳理，包括人事管理制度、财务管理制度、项目管理制度等各个方面。这一过程主要检查制度是否健全、合理，能否有效指导企业的日常运营。同时，审计人员也会关注制度的执行情况，以确保制度不是停留在纸面上，而是真正得到了贯彻执行。

内部控制的全面诊断中，内部审计人员会全面了解企业的内部控制环境，包括企业文化、管理层的理念和经营风格等。这些因素都会对企业的内部控制效果产生深远影响。在内部控制的诊断中，审计人员重点关注企业的风险评估和监控机制，评估企业是否建立了完善的风险评估体系，能否及时识别并应对各种潜在风险。同时，审计人员还会检查企业的监控机制是否健全，能否对企业的运营状况进行实时监控，并在发现问题时及时采取措施。

除了风险评估和监控机制外，内部审计人员还会对企业的信息沟通与反馈机制进行全面诊断，如检查企业内部各部门之间的信息沟通是否顺畅，能否确保重要信息得到及时、准确的传递；关注企业的反馈机制，评估企业是否能够对内外部的反馈意见进行及时响应和处理。

管理体系和内部控制的全面诊断对于企业的稳健运营和持续发展具有深远的意义。这种全面诊断不仅是对企业现有管理架构和内部控制机制的全面审视，还是企业整体提升管理效率和决策准确性、加强风险防控和合规性、保障资产安全以及促进战略目标实现的重要机会，为企业持续改进和创新奠定基础。

（三）环境、社会和治理（ESG）因素的考量

随着全球对企业可持续发展的日益关注，内部审计人员在审计工作中也越来越重视环境、社会和治理（ESG）因素的考量（以下简称"ESG因素考量"）。ESG因素不仅反映了企业的非财务绩效，同时也对企业长期战略的成功与否具有重大影响。

内部审计人员对ESG因素的考量，是指在审计过程中，除了关注企业的财务数据和业务运营情况外，还特别关注企业在环境保护、社会责任和公

司治理等方面的表现。这种考量不仅要求审计人员具备丰富的财务审计知识，还需要具备对环境、社会和治理相关议题的深入理解。

对 ESG 因素的考量是内部审计工作中的一个关键维度，具有一定的跨学科性、前瞻性、数据依赖性、利益相关者关注性和持续改进性。跨学科性要求内部审计人员融合环境科学、社会学、公司治理等多学科知识，确保审计的全面性和准确性。前瞻性要求审计人员关注企业在 ESG 方面的战略规划、投资决策和长期效益，从而判断企业是否符合可持续发展的要求。此外，ESG 因素的考量对数据具有强烈的依赖性，内部审计人员需要收集和分析企业在环境保护、社会责任和公司治理等各方面的数据，来准确评估企业在这些领域的绩效。同时，这一考量还涉及了广泛的利益相关者，如股东、投资者、客户、供应商、员工和社区等，内部审计人员需要充分考虑这些利益相关者的期望和需求，确保企业的 ESG 绩效能够满足他们的要求。最后，ESG 因素考量是一个持续改进的过程，内部审计人员需要定期评估企业的 ESG 绩效，提出改进建议，以推动企业不断提高 ESG 绩效，实现可持续发展。

ESG 因素考量的实施步骤如下。内部审计人员首先需要明确 ESG 因素考量的目标和范围，涵盖审计的具体内容、时间跨度和重点关注领域等关键要素。接着，内部审计人员将收集和分析企业在环境绩效、社会责任报告以及公司治理结构等方面的数据，这些数据将作为评估企业 ESG 绩效的重要依据。在全面分析的基础上，内部审计人员将评估企业的 ESG 绩效，包括环境管理、社会责任履行和公司治理结构等方面，并与行业标准或行业平均水平进行对比。在评估过程中，内部审计人员将识别企业在 ESG 方面可能存在的问题和风险，如环境污染、社会责任缺失或公司治理不当等。随后，针对这些问题和风险，审计人员将提出具体的改进建议，如改善环境管理、加强社会责任履行和完善公司治理结构等，旨在帮助企业提升 ESG 绩效，推动其可持续发展。最后，内部审计人员将定期跟进和监督这些改进建议的实施情况，确保企业能够按计划逐步提升 ESG 绩效，并持续关注企业的 ESG 绩效动态，为企业的可持续发展提供坚实的支持。

ESG 因素考量不仅涵盖了企业在环境、社会和治理三个方面的综合表现，更体现了企业对于可持续发展的长期承诺和积极贡献，有助于企业建立长期稳健的竞争优势，推动企业向更加绿色、和谐、高效的方向发展，促进企业与社会的和谐共生。

（四）信息技术和数据安全审计

数字化时代下，信息技术和数据安全已成为企业运营不可或缺的核心要素。随着企业对信息系统的依赖程度不断加深，审计人员也将信息技术和数据安全审计作为内部审计的重要一环。信息技术和数据安全审计不仅关注企业信息系统的可靠性和效率，还涵盖数据安全、隐私保护以及信息技术治理等方面。

信息技术和数据安全审计是内部审计人员对企业的信息技术基础设施、数据安全管理措施以及相关信息技术治理体系进行客观、独立、系统的审查和评估的过程。这一审计过程旨在确保企业信息系统的合规性、安全性、稳定性和高效性，从而保护企业资产，降低数据泄露、系统瘫痪等风险事件发生的概率。

信息技术和数据安全审计具有鲜明的技术性、综合性、风险导向性和持续性特征。技术性方面，信息技术和数据安全审计涉及企业信息技术的各个领域，要求审计人员具有专业的技术背景和知识储备，能够深入理解和评估企业的信息系统架构、数据安全管理措施等。综合性即信息技术和数据安全审计需要审计人员了解企业的整体业务运作，结合企业的实际情况，对信息技术和数据安全进行全面的审计和评估。风险导向性即审计人员在进行信息技术和数据安全审计时，重点关注企业的信息安全风险，通过识别、评估和控制风险，确保企业信息系统的稳定性和数据的安全性。持续性主要体现在更新上，随着信息技术的不断更新和发展，企业的信息系统和数据安全环境也在不断变化，信息技术和数据安全审计需要持续进行，以确保企业信息系统和数据安全的持续优化和提升。

信息技术和数据安全审计同样具有一定的实施步骤。首先，明确审计目标和范围，即审计人员首先需要明确信息技术和数据安全审计的目标和范围，包括审计的具体内容、时间跨度、重点关注领域等。而后，收集和分析信息，主要收集企业的信息技术基础设施、数据安全管理措施以及信息技术治理体系等相关信息，并进行深入的分析和研究。接着，评估信息系统和数据安全状况，运用专业的审计技术和方法，对企业的信息系统和数据安全状况进行全面的评估，包括系统安全性、数据完整性、隐私保护性等方面。在评估过程中，审计人员需要识别出企业在信息系统和数据安全方面存在的风险和问题，如系统漏洞、数据泄露风险、安全策略不完善等。针对识别出的风险和问题，审计人员将提出具体的改进建议，如加强安全控制、优化系统配置、完善数据安全管理制度等。最后，整理审计过程中的相关数据和结果，并编写审计报告，详细记录审计的目标、范围、过程、发现的问题和改进建议等信息，为企业决策层提供关于信息技术和数据安全状况的全面、客观的信息。

信息技术和数据安全审计有助于企业识别和控制信息安全风险，保护企业资产和数据安全。而且，通过信息技术和数据安全审计，企业可以优化其信息系统和数据安全管理制度，提升整体的信息安全水平，帮助企业更好地应对信息技术和数据安全挑战。

（五）合规性和法律风险审计

合规性和法律风险审计是内部审计人员对企业遵守法律法规、行业准则以及内部政策等各类规范的情况进行的独立、客观、系统的审查和评价。该审计旨在评估企业在经营活动中的合规性和法律风险状况，为企业提供关于合法合规情况的信息和建议，以确保企业的合法合规经营。

合规性和法律风险审计具有精确性、前瞻性、跨部门协作性、灵活性和教育性等特点。精确性方面，合规性和法律风险审计要求内部审计人员对法律法规有深入的理解，并能够精确地将其应用于企业的具体业务场景。审计人员需要准确判断企业的经营活动是否符合相关法律规定，确保企业在法律的框架内稳健运营。前瞻性方面，合规性和法律风险审计不仅关注企业当前的合法合规情况，还需要预测和识别未来可能出现的法律风险。审计人员通过分析行业趋势、法律变化以及企业内部运营模式的调整，提前预警潜在的法律风险，帮助企业及时做出应对策略。跨部门协作性方面，合规性和法律风险审计往往涉及企业内部的多个部门，如法务、财务、运营等，审计人员需要与这些部门紧密合作，共同分析和解决合规性和法律风险问题。这种跨部门的协作有助于形成企业内部的合力，提高整体的风险应对能力。灵活性方面，随着法律环境的不断变化，合规性和法律风险审计也需要不断调整其审计重点和方法。审计人员需要保持高度的灵活性，随时根据新的法律法规和行业要求更新审计策略，确保审计工作的有效性和针对性。教育性方面，合规性和法律风险审计不是一次性的审查活动，而是一个持续的教育过程。通过审计，内部审计人员可以向企业员工普及法律知识，提高他们的法律意识和合规意识。这种教育性有助于构建企业的合规文化，从根本上降低法律风险的发生概率。

合规性和法律风险审计的实施步骤涵盖多个关键阶段。首先，审计人员需明确审计的具体目标和范围，界定审计内容、时间跨度及重点关注的风险领域。随后，通过广泛收集与企业及其业务领域相关的法律法规、行业准则、内部政策及经营活动信息，审计人员将进行深入的分析研究，以识别企业在合规性和法律风险方面的潜在问题。接下来，审计人员将运用专业的审计技术和方法，全面评估企业的合规性和法律风险状况，包括对其经营流程和内部管理制度的深入分析，以判断企业在合法合规性方面是否存在不足之处。针对识别出的问题，审计人员将提出具有针对性的改进建议，旨在优化企业内部管理制度、增强合法合规性，进而降低合规性和法律风险。最后，审计人员将整理审计过程中的所有相关数据和信息，形成全面、客观的审计报告，为企业决策层提供关于合规性和法律风险状况的重要参考。

合规性和法律风险审计有助于企业识别和控制合规性和法律风险，避免法律纠纷和行政处罚。通过合规性和法律风险审计，企业可以优化内部管理制度、提高运营效率、增强竞争力。同时，合规性和法律风险审计还可以为企业提供关于法律法规和行业准则的最新信息和建议，帮助企业更好地适应法律环境的变化。

三　研究型内部审计与利益相关者的联系扩大

在研究型内部审计的广度中，内部审计与利益相关者的关系是一个重要的研究方面。企业的利益相关者包括股东、债权人、管理层、员工、政府监管机构、供应商、客户等。这些利益相关者在不同的阶段和场景下，对内部审计有着不同的需求和期望。

（一）股东与债权人

股东和债权人是企业资金的重要提供者，他们对企业的财务状况和经营成果有着极高的关注度。内部审计在这方面的作用尤为突出，内部审计需要通过对企业财务报告、内部控制等方面的审计，为股东和债权人提供准确、可靠的财务信息，帮助股东和债权人做出更为明智的决策。

1. 股东

对于股东而言，内部审计是他们获取企业财务和经营信息的重要途径，股东主要关注企业的财务透明度、风险管理和治理架构。

财务透明度方面，股东是企业的所有权者，非常关注公司的财务状况和经营绩效。股东希望内部审计能够通过审查财务数据和流程，确认财务报告的真实性，以便他们基于准确的信息做出投资决策。而内部审计通过对财务报表的详尽审查和验证，确保信息的真实性和公正性，为股东提供了评估企业价值、预测未来趋势的坚实基础。这种信息的透明度不仅增强了股东对企业的信任，还为他们提供了有力的决策支持。

风险管理方面，股东同样非常关注企业面临的各种风险，包括市场风险、财务风险、法律风险等。股东期望内部审计能够及时发现、应对各种潜在风险，并提供相应的建议和解决方案。而内部审计通过评估和监督公司的内部控制体系，在发现并及时纠正财务管理问题方面发挥着关键作用。通过持续监控和改进，内部审计有助于降低股东的投资风险，保护他们的利益。这种前瞻性的风险管理方法使股东能够更加安心地投资于企业，也能降低企业风险发生的可能性，保护股东的利益。

治理架构方面，股东关注企业的治理结构是否健全，包括董事会的独立性、监督机制的有效性等。股东期望内部审计能够发现潜在的治理问题，并提供改进措施，以确保公司长期发展的稳定性。而内部审计可以通过评估公司的治理结构和内部控制机制，结合人力资源政策等，为股东提供关于公司治理的信息和建议。

2. 债权人

债权人是企业债务的债权持有者，企业的运营情况关乎其还款能力和偿债能力，债权人相对股东而言，更关注企业的偿债能力、资产保值能力和合规情况。

内部审计对于评估企业的财务稳定性和偿债能力至关重要。债权人希望内部审计能够审查公司的财务状况和现金流量，确认公司有足够的能力按时偿还债务。通过深入了解企业的偿债能力、运营效率和风险控制情况，内部审计为债权人提供了评估贷款风险的重要参考。这种风险评估不仅能帮助债权人制定更为合理的信贷政策，还能为他们决定是否继续向企业提供资金支持提供关键依据，使其能够根据内部审计提供的信息，及时调整信贷政策和资金投放策略，降低不良贷款的风险。同时，内部审计也能通过债权人的反馈，不断完善风险评估模型和方法，提高企业的风险识别和应对能力。同时，内部审计在资金监督方面发挥着重要作用。它确保企业按照合同规定合理使用贷款资金，降低了资金挪用或不当使用的风险。这种监督机制增强了债权人对企业的信心，维护了双方的长期合作关系。

资产保值方面，债权人关注企业的资产保值能力，希望公司能够保持良好的资产质量和价值。这涉及资产的实物状况、技术状况、市场竞争力等多个方面。内部审计通过检查资产的使用情况、维护保养记录以及更新换代计划等来评估资产质量的保持情况。例如，在制造业行业，内部审计可能会审查设备的维修记录，以确保设备在高效运转的同时，其使用寿命能够延长，其价值能够保持。同时，内部审计还可以对公司的投资决策进行审查，以确保投资项目的合理性和可行性。债权人希望企业的投资能够带来长期稳定的回报，并有助于增加资产的价值。而内部审计人员会分析公司的投资策略、投资项目的预期收益，评估投资项目的风险等，以确保投资的方向和规模符合公司的财务状况和长远发展目标。

合规性方面，债权人关注企业是否遵守相关法律法规和债务协议，也关注公司的合规性水平，期望内部审计能够发现潜在的合规问题，并提供改进措施，以降低合规风险。内部审计在这方面扮演着关键的角色，通过评估和监督公司的内部控制和合规性制度，帮助确保公司的经营活动符合法律要求和债务协议。在这一方面，内部审计主要审查企业遵守法律法规、债务协议的情况。内部审计会审查公司的各项业务活动是否符合国家和地方的法律法规，如劳动法、环境保护法、税务相关法律法规等，避免因违反法律法规而面临的法律风险和处罚，确保公司的经营活动在法律框架内进行。此外，债权人与企业签订了债务协议，约定了借款的金额、利率、还款期限等具体条件。内部审计会审查公司的财务记录和借款合同，确保公司按照协议的要求履行还款义务。内部审计还会评估公司的现金流情况，以确保公司有足够的资金来履行债务。

（二）管理层与员工

在企业内部，管理层和员工作为两类重要的利益相关者，在内部审计过程中都扮演着关键角色。管理层和员工是企业的主要运营者，他们关注企业的运营效率、管理水平和员工的福利待遇。研究型内部审计需要关注企业的业务流程、内部控制以及人力资源管理等方面，为管理层和员工提供有关改进管理和提高效率的建议，以支持企业的持续发展。

1. 管理者

管理层是企业的领导者和决策者，对于管理层而言，内部审计不仅是其治理企业的重要工具，更是其战略决策和风险防控的得力助手。内部审计通过深入企业运营的各个环节，为管理层提供全面、准确的信息和数据支持，帮助其更好地了解企业运营状况，把握市场动态，从而做出更为明智的决策。

战略决策方面，研究型内部审计通过收集、整理和分析企业内外部信息，为管理层提供有关市场趋势、竞争对手、客户需求等方面的深入见解。这使得管理层能够在充分了解市场状况的基础上，制订出更具针对性和前瞻性的战略计划。同时，内部审计还可以对战略计划的执行情况进行跟踪和评估，及时发现并纠正偏差，确保企业战略目标的顺利实现。

风险防控方面，管理层已然认识到有效的风险管理和预防是公司长期稳定发展的关键，因而管理层期望内部审计能够帮助他们全面了解公司面临的各类风险，并提供有效的风险管理策略和措施。而内部审计通过对企业各项业务流程的审查和监督，及时发现潜在的风险点和漏洞，为管理层提供风险预警和防范建议。这使得管理层能够在风险发生之前就采取有效的应对措施，降低企业的运营风险。同时，内部审计还可以协助管理层建立完善的风险管理体系，提高企业的风险抵御能力。

运营效率方面，管理层希望内部审计能够帮助优化公司的业务流程，提高工作效率和生产力。他们意识到，优化业务流程是提升公司整体绩效和竞争力的关键。而在内部审计中，内部审计人员通过全面审查公司的业务流程，能够发现存在的问题和瓶颈，并提出改进建议。通过与内部审计团队的合作，管理层可以更好地了解公司业务流程的运作情况，及时调整和优化业务流程，以适应市场的变化和需求的变化，提高公司的竞争力和盈利能力。

2. 员工

在研究型内部审计的实践中，员工这一利益相关者群体的重要性不言而喻。员工是企业运营的基础，其积极性、工作效率和满意度直接影响着企业的整体绩效。对于员工而言，内部审计是其权益保障和职业发展的重要支持力量。内部审计通过确保企业人力资源管理政策的公正性和透明度，保护员工的合法权益不受侵犯。无论是对员工的薪资待遇、晋升机会还是工作环境，内部审计都会进行严格的审查和监督，确保企业遵循相关法律法规，为员工提供公平、公正的待遇。

研究型内部审计首先是员工权益的坚定守护者。通过审查企业的人力资源管理政策和实践，内部审计能确保员工的薪资、福利、工作时间、工作环境等符合国家法律法规和企业内部规定。当员工面临不公正的对待或权益受损时，内部审计能够提供一个中立的平台来调查和解决问题，从而保护员工免受不公平待遇。除了基本的权益保障，内部审计还关注员工的职业发展。通过与员工进行深入交流，了解他们的职业规划、技能提升需求以及遇到的职业发展障碍，内部审计可以为员工提供有针对性的建议和支持。例如，推动企业设立更完善的培训体系，提供专业技能培训和领导力发展计划，帮助员工提升自身能力，实现职业成长。内部审计不仅关注员工的权益和发展，还对企业的规章制度和操作流程进行监督。这种监督作用既是对员工行为的约束，也是对员工努力工作的激励。通过确保制度的公平性和执行的严格性，内部审计可以营造一个公平竞争的工作环境，让每一个员工的努力都能得到应有的回报。

研究型内部审计还扮演着员工与管理层之间沟通与反馈桥梁的角色。员工在工作中遇到的困难和挑战，往往需要通过有效的渠道向上反馈。内部审计可以提供一个安全的途径，让员工能够表达自己的观点和关切，同时确保这些信息能够准确、及时地传递给管理层。这种沟通与反馈机制不仅有助于解决员工面临的实际问题，还能增强员工的归属感和参与感。

研究型内部审计在塑造和维护企业文化方面也发挥着积极作用。通过参与企业文化的建设和推广活动，内部审计可以帮助员工更好地理解和认同企业的价值观、使命和愿景。同时，内部审计还可以倡导诚信、透明和负责任的工作态度，从而营造一个积极、健康的工作环境。

（三）政府监管机构

在研究型内部审计的实践中，内部审计部门与政府监管机构的联系尤为重要。政府监管机构作为重要的外部利益相关者，在维护市场秩序、保障公众利益、监督企业行为等方面发挥着不可替代的作用。内部审计部门作为企业内部监督和控制的重要力量，与政府监管机构之间建立良好的合作关系，不仅有助于企业合规经营，还能够提升企业的透明度和公信力。

政府监管机构是负责监督、管理和规范特定行业或领域的企业和活动的政府机构。其职责主要包括制定和执行相关法律法规、监督企业的合规经营、维护市场秩序、保护公众利益等。政府监管机构通过监管手段，确保企业在法律框架内运营，防范和打击违法违规行为，保护消费者权益和社会公共利益。政府监管机构对内部审计的需求和期望主要体现在以下几个方面。首先，确保企业的合规经营，即希望内部审计能够发挥监督作用，确保企业在法律框架内运营，纠正违法违规行为。其次，提高企业的透明度和公信力，即希望内部审计能够揭示企业的真实情况，包括财务状况、业务运营和风险状况等，提高企业的透明度和公信力，增强公众对企业的信任度。最后，协助政府监管机构进行监管，即希望内部审计能够成为其监管工作的有力助手，提供有关企业的信息、数据和报告等，协助其制定监管政策和实施监管行动。

研究型内部审计在政府监管机构监管中发挥着重要作用。首先，内部审计作为企业内部的第一道防线，通过对企业的业务流程、内部控制和风险管理等进行审查和评估，能及时发现和纠正问题，防止违规行为的发生。这有助于企业实现合规经营，减少因违法违规行为而面临的法律风险和声誉损失风险。其次，内部审计作为企业与政府监管机构之间沟通的桥梁，可以将企业的实际情况、存在的问题和改进措施等信息及时、准确地传递给政府监管机构。这有助于政府监管机构更好地了解企业的经营状况和风险状况，为制定更加精准有效的监管政策提供依据。最后，内部审计还可以协助企业应对政府监管机构的检查和审计。当政府监管机构对企业进行检查或审计时，内部审计人员可以配合检查或审计团队的工作，提供必要的资料和信息，解释企业的运营情况和内部控制情况。这有助于减轻企业的负担，提高检查或审计的效率，改善检查或审计的效果。

（四）供应商与客户

供应商和客户是企业的重要合作伙伴。作为企业的关键外部利益相关者，供应商和客户在企业价值链中占据重要地位，直接影响着企业的运营成本和市场竞争力。供应商与客户也分别对内部审计的运作和效果提出了特殊的需求和期望。

1. 供应商

供应商是企业供应链的重要组成部分，其稳定性直接影响到企业的生产运营。供应商期望内部审计能够对采购和供应链管理进行审计，以确保合同履行、交付准时、产品质量达标，从而维护供应商与企业之间的稳定合作关系。

内部审计在供应商管理中发挥着重要的监督、评估和改进作用。首先，内部审计通过对采购和供应链管理流程的审计，确保企业与供应商之间的合同得到严格履行，保障双方的权益不受损害。其次，内部审计关注供应商的交付及时性，通过定期审计和绩效评估，确保供应商能够按照约定的时间交付产品，减少生产中断和延误的风险。最后，内部审计对供应商的产品质量进行审计，确保供应商提供的产品符合企业的质量标准和客户要求，从而提升企业产品的竞争力和客户满意度。

同时，内部审计部门积极回应供应商的期望，加强与供应商的沟通与协作，共同推动采购和供应链管理的优化。首先，内部审计部门应定期与供应商进行面对面的沟通，了解供应商的需求和困难，共同探讨解决方案。其次，内部审计部门应邀请供应商参与内部审计过程，共同制订审计计划和评估标准，增强供应商的参与感和归属感。最后，内部审计部门应及时向供应商反馈审计结果和改进建议，帮助供应商识别问题、制定改进措施，并跟踪改进效果，确保问题得到及时解决。

内部审计在维护供应商稳定合作关系中发挥着关键作用。首先，内部审计通过严格的审计程序和公正的评估标准，确保供应商在合同履行、交货准时和产品质量等方面达到企业的要求，增强了供应商与企业之间的信任关系。其次，内部审计部门通过加强与供应商的沟通与协作，共同推动采购和供应链管理的优化，提高了供应链的协同效率和响应速度，降低了企业运营成本和风险。最后，内部审计部门及时关注供应商的困难和挑战，积极提供帮助和支持，共同应对市场变化和挑战，巩固了供应商与企业之间的稳定合作关系。

2. 客户

内部审计不仅是企业内部管理和控制的重要工具，也是企业与外部利益相关者之间建立信任和合作关系的重要桥梁。内部审计不仅是为了企业内部管理和控制，也是为了满足外部利益相关者的需求和期望。客户作为最终消费者和企业的收入来源，他们对产品质量、服务水平、价格合理性以及信息安全等方面有着极高的关注度，他们关注的不仅是产品和服务，更是企业的整体运营和管理情况。通过研究型内部审计职能的发挥，企业能够更好地满足客户的需求和期望，提升产品质量和服务水平，增强客户满意度和黏性，从而实现可持续发展的目标。

首先，内部审计在提升客户信任方面具有不可替代的作用。通过深入、全面的审计程序，内部审计能够确保企业的财务报表准确、合规，运营流程高效、透明。这些都有助于企业在客户心中建立起负责任、可信赖的形象。当客户了解到企业有着严格的内部审计制度，并真正落实执行时，他们会更加放心地选择该企业的产品和服务。其次，内部审计在优化客户体验方面也发挥着积极作用。通过对企业运营流程的审计，内部审计可以发现并改进那些可能影响客户满意度的环节。例如，审计可以通过揭示出客户服务流程中的瓶颈或低效环节，推动企业进行优化，提高客户服务质量。这样的改进不仅能够提升客户满意度，还能提高客户的黏性。再次，内部审计在风险管理和防范方面也起着关键作用，这间接地保护了客户的利益。通过定期的风险评估和审计，内部审计可以帮助企业及时发现并解决潜在的风险问题，从而避免或减少可能对客户造成的不良影响。例如，在数据安全和隐私保护方面，内部审计的严格把关能够确保客户信息的安全，防止数据泄露等严重事件的发生。从次，内部审计还可以促进企业与客户的沟通和互动。在审计过程中，内部审计人员会积极收集客户的反馈和意见，了解他们的需求和期望。这些信息可以为企业战略规划和产品改进提供宝贵的参考。同时，通过与客户保持开放、透明的沟通，企业可以及时解决客户的问题和疑虑，进一步增强与客户的联系和互信。最后，内部审计还有助于提升企业的社会责任感和可持续发展能力，这也是越来越多客户所关注的重点。通过审计企业的环境、社会和治理（ESG）实践，内部审计可以确保企业在追求经济效益的同时，也兼顾社会和环境。这样的企业更有可能赢得那些注重可持续发展和道德消费的客户的青睐。

可以说，内部审计在提升客户信任、优化客户体验、风险管理和防范、促进企业与客户沟通互动以及提升企业社会责任感和可持续发展能力等方面发挥着重要作用。随着市场环境的变化和客户需求的升级，内部审计的角色和职能也将不断扩展和深化，以更好地满足企业和客户的共同需求。

第二节 研究型内部审计的力度

研究型内部审计的"广度"得以扩展同时，通过深入挖掘数据、精准识别风险等，其"力度"也在深入拓展。研究型内部审计的"力度"代表了内部审计在实施过程中的权威性和实际影响力，是保障审计效果的关键。从独立性与专业性、发现问题与提出建议的针对性，到审计结果对企业战略决策的影响力，研究型内部审计的"力度"都能为企业的稳健发展提供有力保障。

一　研究型内部审计的独立性与专业性

研究型内部审计的独立性是其核心特性之一，也是完成内部审计工作的基础。这种独立性不仅体现在审计部门的组织架构上，还体现在其工作方式和结果报告上。内部审计部门在企业中通常具有相对独立的地位，这使其能够客观地评估企业的运营状况和风险，而不受其他部门的干扰。同时，随着企业对内部审计重要性认识的加深，研究型内部审计的关注度也在不断提升。这种关注度的提升主要体现为企业管理层越来越重视内部审计的结果和建议，并将其作为决策的重要依据。

（一）独立性的强化

随着研究型内部审计的发展，内部审计的独立性得以进一步强化。研究型内部审计独立性的强化是一个多维度的过程，涉及组织结构、职能权限、预算资源、审计工具和方法等多个方面，这些强化措施共同确保了内部审计部门能够在企业中保持高度的独立性，从而更有效地履行其审计职责。这种独立性的进一步强化主要体现在以下方面。

首先，组织隔离，即组织结构的独立性。内部审计部门通常直接隶属企业的最高管理层或董事会，这种高层级的隶属关系确保了审计部门在组织结构上的独立性。它不属于任何其他业务部门，从而避免了潜在的利益冲突和干扰。例如，在一些大型企业中，内部审计部门直接向 CEO 或董事会审计委员会报告，这种架构使得内部审计部门能够保持高度的独立性。

其次，职能和权力的独立性。研究型内部审计部门拥有独立的审计职能和权力，能够独立地制订审计计划、执行审计程序、出具审计报告，并对发现的问题提出改进建议。同时，在研究型内部审计理念的影响下，越来越多的企业重视内部审计，内部审计部门在行使职权时能够不受其他部门的干涉，有权访问企业的所有相关记录和资料，以确保审计的全面性和准确性。

再次，预算和资源的独立性，这点也是研究型内部审计的"力度"提升的显著表现。为了保证审计的独立性，内部审计部门通常拥有独立的预算和资源分配权。这意味着审计部门在资金、人员和设施等方面不会受到其他部门的制约，减少了对其他部门的经济依赖。独立的预算和资源支持使得内部审计部门能够根据需要自由地调配资源，以高效地完成审计工作。

最后，独立的审计工具和方法。为了避免与其他部门使用相同的系统或方法可能产生的偏见，研究型内部审计开始采用更为独立的审计工具和方法，这不仅包括使用专业的审计软件，还包括开发独特的审计流程和技巧，以确保审计结果的客观性和独立性。

（二）专业性的提升

研究型内部审计的独立性是确保其客观公正的基础，而其专业性的提升，则是内部审计质量不断提高的关键。研究型内部审计的专业性是其有效发挥功能、为企业带来价值的关键所在。研究型内部审计在传统审计模式的基础上提高了对审计人员的要求，需要审计人员强化专业技能、增强数据分析能力等，以提升内部审计的"力度"。研究型内部审计专业性的提升主要体现在以下方面。

首先，专业技能的熟练掌握和专业理解的全面深化。内部审计人员通过系统学习和实践，不断深化对审计理论、方法和技术的掌握，熟练掌握风险评估、内部控制评价、数据分析等核心技能，并能够根据企业的实际情况，灵活运用这些技能进行审计工作。特别是在数据分析领域，内部审计人员通过运用先进的数据分析工具和技术，能够更高效地处理和分析大量数据，从而更准确地识别出潜在的风险和问题。通过参加专业培训、研讨会和学术交流等活动，内部审计人员不断更新知识、提高技能，以满足复杂多变的审计需求。在审计实践中，内部审计人员注重将理论知识与实践经验相结合，不断总结和提炼审计技巧和方法，提高审计效率和质量。

其次，行业知识的专业化。内部审计人员通过深入研究所在行业的市场动态、政策法规、业务流程等，形成了丰富的行业知识储备。通过深入研究行业知识、参与行业交流活动、与行业专家建立联系等方式，内部审计人员能不断扩充自身专业知识。这使得他们在进行审计时，能够更准确地把握审计重点，发现潜在的问题和风险点，提出更具针对性的审计意见和整改建议。

再次，数据分析能力的提升。随着企业信息化程度的提高，数据分析在内部审计中发挥着越来越重要的作用。通过加强数据分析能力的培训和实践锻炼，内部审计人员的数据分析能力和数据处理技巧可以得到提升。运用数据分析工具和技术对企业数据进行深入的研究型挖掘和分析，能够更有效地识别数据中的异常、关联和趋势，从而发现潜在问题和风险。

最后，团队协作和沟通能力的强化。内部审计工作通常需要审计人员与其他部门和人员进行密切合作和沟通，同时，审计人员更需要与自身团队内部的不同技术人员进行有效沟通，因此，研究型内部审计对审计人员的团队协作和沟通能力的要求在不断提高，内部审计人员应当能够与不同背景、不同需求的人员进行高效的沟通和协作。通过加强团队协作和沟通能力的培训和实践锻炼，内部审计人员能够更好地与其他部门和自身部门人员建立合作关系、促进信息共享和协作共赢。

二　研究型内部审计发现问题与提出建议的针对性

有效识别问题和提出有针对性的建议是研究型内部审计提升"力度"的核心工作。一针见血地指明缺陷并就该缺陷提出整改建议，对企业防风险、提效益具有积极意义。这种针对性的提升，主要表现为问题发现机制的深化、问题分析的针对性和专业性以及建议的针对性和实效性增强。

（一）问题发现机制的深化

1.引入先进的数据分析技术以发现深层次问题

信息技术的快速发展下，为了更深入地挖掘问题，研究型内部审计紧跟时代步伐，积极引入先进的数据分析技术。其中，大数据分析技术的运用，使得内部审计能够对企业海量的运营数据进行深度挖掘；机器学习技术的应用可以使问题发现更为精准，通过对历史数据的训练和学习，机器学习模型能够自动识别出与正常模式不符的数据，从而帮助审计人员快速定位问题。

通过这些技术，审计人员可以迅速识别数据中的异常模式、趋势变化，从而精准地定位到可能存在问题的区域。这种数据分析技术的引入，大大提高了审计效率。更关键的是，它能够帮助审计人员发现传统方法难以触及的深层次问题。例如，通过大数据分析，审计人员可以揭示出某些看似不相关的数据之间的潜在联系，进而发现可能存在的舞弊行为或管理漏洞。此外，数据分析技术的运用还使得研究型内部审计在问题的预判和预警方面更具前瞻性。通过对历史数据的分析，审计人员可以建立预测模型，对企业未来可能出现的问题进行提前预警，降低企业的运营风险。

总的来说，通过引入先进的数据分析技术，研究型内部审计在问题发现机制上实现了质的飞跃，其执行力也因此得到显著提升。这种执行力的强化，使得研究型内部审计在保障企业运营安全、提高管理效率方面发挥了重要的作用。

2. 加强与业务部门的合作和信息共享

研究型内部审计注重与业务部门的紧密合作和信息共享。通过与业务部门建立定期沟通机制，内部审计人员能够更深入地了解企业的业务流程和运营情况，从而发现潜在的风险和问题。同时，内部审计人员也积极向业务部门提供审计建议和反馈，促进问题的及时解决和改进。为了更全面地了解企业运营状况，及时发现潜在问题，并提出切实可行的改进建议，在研究型内部审计理念的指导下，内部审计部门可以采取如下措施加强与业务部门的合作和信息共享。

首先，内部审计部门可以与业务部门建立固定且高频的沟通机制。双方约定每月至少进行一次业务沟通会议，确保信息的及时交流和问题的及时发现。在这些会议上，业务部门会详细介绍最新的市场动态、销售策略、客户反馈等信息，为内部审计部门提供丰富的第一手资料。同时，内部审计部门也会分享近期的审计发现、风险评估及改进建议，为业务部门提供有价值的参考。

其次，双方共同构建一个高效的信息共享平台。该平台应当整合企业内部的各类数据和信息，包括销售数据、库存情况、客户反馈、市场动态等，为内部审计部门提供全面的数据分析基础。通过这个平台，内部审计人员可以实时监控业务数据，迅速识别异常和风险点，进而提出有针对性的审计建议。

再次，内部审计人员还可以通过实地走访、参与业务部门内部会议等方式，深入了解业务流程和操作细节。他们不仅能观察业务人员的实际操作，还能与业务人员进行深入的交流，共同探讨业务过程中可能存在的问题和改进措施。这种沉浸式的参与使得内部审计人员能够更准确地把握业务脉络，提出更为精准的审计建议。

最后，内部审计部门还可与业务部门联合开展多项培训活动。这些培训活动旨在提升双方人员的专业素养和业务理解能力，确保双方在共同的工作中能够配合得更加默契。通过培训，业务部门人员对内部审计的流程和目的有了更深入的了解，而内部审计人员也对业务流程和市场需求有了更准确的把握。

通过与业务部门的紧密合作和信息共享，研究型内部审计部门得以更深入地了解企业的实际运营情况，及时准确地发现潜在问题，并提出富有建设性的改进建议。这种合作模式不仅提高了内部审计的效率和准确性，更展现了研究型内部审计在发现问题和提出建议方面的强大执行力。这种执行力的提升为企业的稳健运营和持续发展提供了有力保障。

3. 定期评估审计流程和方法的有效性

研究型内部审计始终关注审计流程和方法的有效性，通过定期评估和改进，确保审计工作能够紧跟企业发展的需要。在评估过程中，内部审计人员会关注审计流程是否顺畅、审计方法是否科学有效、审计资源是否合理配置等，以便及时发现问题并进行改进。这种持续改进的态度，有助于提升内部审计工作的质量和效率。审计流程和方法的有效性对于确保审计工作的质量和效率至关重要，为了提升问题发现的准确性和审计工作的效率，内部审计部门应当定期评估审计流程和方法的有效性，并建立细致且全面的评估机制。

为了从专业角度审视并优化现有的审计流程，内部审计部门会定期组织内部研讨活动。在这些研讨会上，部门不仅会邀请行业内的审计专家，还会召集部门内的资深审计人员共同参与。研讨的内容涵盖审计流程的每一个环节，从审计计划的制订到审计报告的撰写，仔细剖析每一个步骤。通过专家指导和集思广益，内部审计团队能够识别出流程中存在的效率瓶颈和非必要环节，从而有针对性地进行优化。同时，这些专家还会带来行业内最新的审计理念和技术，让内部审计团队能够紧跟时代步伐，不断提升自身的专业素养。

内部审计部门非常注重审计方法的实时调整和优化。企业运营环境的变化、法规政策的更新以及内部审计实践中的新情况，都可能对审计方法提出新的要求。因此，内部审计部门会密切关注这些动态，并根据实际情况对现有审计方法作出相应的调整。例如，在数字化转型背景下，大数据技术迅猛发展，内部审计部门积极拥抱先进技术，将其融入审计方法中。通过利用大数据分析工具，内部审计部门能够更高效地处理和分析海量的数据，从而提高审计工作的准确性和效率。

为了确保评估工作的全面性和客观性，内部审计部门还会定期邀请外部专业机构进行独立评估。这些外部机构通常拥有丰富的行业经验和专业知识，能够从不同的角度对内部审计工作进行深入分析和客观评价。基于他们的反馈和建议，内部审计部门可以更加全面地了解自身存在的问题和不足，从而进行有针对性的改进。

通过这一系列细致且全面的评估工作，研究型内部审计部门不仅能够及时发现问题并改进，还能确保审计工作始终保持在行业前沿和最佳状态。这种对流程和方法的持续优化和改进，不仅显著提高了内部审计的效率和准确性，更充分展现了研究型内部审计在发现问题和提出建议方面的强大执行力。这种执行力的提升为企业的稳健运营和持续发展提供了有力的支持和保障。

（二）问题分析的针对性和专业性

1. 结合行业趋势和企业实际进行分析

研究型内部审计在问题分析的针对性方面，通过紧密结合行业趋势、深入企业实际业务、精准分析数据等方式，能提出针对性解决方案，充分展现了其强大的执行力。这种针对性不仅提升了审计工作的质量和效率，更为企业的稳健发展提供了有力保障。

研究型内部审计在进行问题分析时，其针对性首先体现在紧密结合行业趋势上。审计团队会定期收集、整理和分析行业动态、政策变化以及市场竞争情况，以此为基础来审视企业内部运营的情况，确保审计工作的前瞻性和有效性。例如，若行业正面临技术革新，审计团队会重点关注企业在新技术应用、研发投入和知识产权保护等方面的管理与风险。此外，针对性还体现在深入企业实际、量身定制审计方案上。审计团队会详细了解企业的组织架构、业务流程、内部控制体系等，识别出关键风险点和薄弱环节。他们通过与各层级员工的深入交流，实地观察业务流程操作，甚至模拟执行关键业务，能够精准地发现潜在问题。

在数据收集和分析过程中，研究型内部审计也展现出极强的针对性。他们不仅关注财务数据，更重视非财务数据如客户满意度、员工流失率等，以全面评估企业的运营状况。通过数据比对、趋势分析和异常检测等手段，审计团队能够精确地锁定问题区域，为进一步的问题分析和解决方案制订提供坚实的数据支撑。

最终，在提出解决方案时，研究型审计部门不仅会针对已发现的问题提出改进措施，还会根据企业的战略目标和市场环境，提出具有前瞻性的建议。这些建议旨在优化企业运营流程、提升内部控制效率、降低潜在风险，从而推动企业持续健康发展。

2. 引入外部专家进行独立评审和咨询

研究型内部审计在追求问题分析的针对性和专业性时，不仅依靠内部团队的力量，也会借助外部专家的智慧和经验。这种跨界合作的方式，使得审计工作的视野更加开阔，分析更加深入，建议更加具有针对性和实用性。为提高问题分析的针对性和专业性，研究型内部审计部门会积极寻求外部专家的支持。这些专家通常是在特定领域具有深厚学术背景或丰富实践经验的权威人士，他们的加入能为内部审计工作注入新的活力和视角。

在引入外部专家的过程中，研究型内部审计部门会进行严格的筛选和评估，根据具体问题和领域的需求，有针对性地挑选相关行业的资深专家，确保所选专家不仅具备相关领域的专业知识，还能与内部审计团队形成互补。这种合作关系的建立，旨在通过专家的独立评审和咨询，进一步提升审计工作的质量和深度。

独立评审环节是外部专家参与的重要环节之一。在这一阶段，专家们会对内部审计团队的工作成果进行全面、客观的评估，运用专业知识和经验，对审计过程中发现的问题进行深入剖析，指出可能存在的遗漏或不足，并提出改进建议。这一环节旨在从第三方角度对审计过程和结果进行客观评价，发现可能存在的疏漏或不足之处，有助于部门进一步完善工作方法和提升工作质量。

在咨询环节，外部专家会与内部审计团队进行深入的交流和讨论。他们不仅会对已发现的问题进行深入剖析，还会根据自身的经验和知识，提出具有针对性的解决方案和改进建议。这些建议往往能够直击问题的要害，为企业带来实质性的改善和提升。通过参考和学习专家们分享的经验和见解，内部审计团队能够得到新的思路和方法。这种跨界的交流和合作，不仅能拓宽内部审计团队的视野，还能提高他们解决问题的能力。

外部专家的引入，还为内部审计部门带来了更多的行业信息和市场动态。专家们通常对所在领域的发展趋势和前沿技术有着深入的了解，他们的加入使得内部审计部门能够更加敏锐地捕捉行业变化，及时调整审计策略和方法。并且，外部专家的权威性也增强了审计建议的说服力。他们的意见往往能够得到企业高层和相关部门的认可和重视，从而推动审计建议的顺利实施。这种自上而下的支持，为内部审计部门提供了强大的后盾，使其在执行审计建议时更加有力、有效。

3. 审计人员的问题发现和解决能力培训力度提升

加强审计人员问题发现和解决能力的培训是研究型内部审计提升问题分析针对性和专业性的重要手段之一。通过有机结合定制化培训、实战模拟训练、行业专家指导以及持续跟踪与反馈等措施，审计人员的问题发现和解决能力得以提高，这能促进研究型内部审计在企业的日常运营中发挥积极作用。

为了确保研究型内部审计在分析问题和提出建议方面的针对性和专业性，审计人员的问题发现和解决能力培训成为不可或缺的一环。这种培训旨在提升审计人员在面对复杂问题时迅速定位核心、深入剖析并提出有效解决方案的能力。培训要紧密结合企业的实际情况和行业特点，制订个性化的培训方案。例如，针对某企业频繁出现的财务问题，可设计专门针对财务报表分析、财务风险识别与应对的课程；对于技术型企业，则可加强信息技术审计、数据安全保护等方面的培训。

理论学习与实际操作相结合，是提升问题发现和解决能力的有效方式。因此，培训中可以引入实践模拟环节，让审计人员在实际案例中模拟操作，锻炼其识别、分析和解决问题的能力。通过模拟训练，审计人员能够更直观地理解理论知识，并在实践中不断巩固和提升自身能力。在此过程中，邀请具有丰富实践经验和专业知识的行业专家进行指导能够显著提升培训效果。行业专家可以从专业角度为审计人员提供建议和指导，帮助他们更快地掌握解决问题的方法和技巧。同时，与行业专家的交流还能为审计人员提供新的思路和视角，有助于他们在未来的工作中更加灵活地应对各种复杂问题。

培训结束后，内部审计部门应当持续跟踪审计人员在实际工作中的表现，并收集反馈意见。通过对比培训前后的工作效果，可以评估培训成果并不断改进培训方案。同时，内部审计部门应针对审计人员在工作中遇到的新问题和新挑战，及时调整培训内容和方法，确保审计人员始终保持最佳状态。

（三）建议的针对性和实效性增强

1. 建议与企业战略目标保持一致

研究型内部审计通过深入理解企业战略目标、提出定制化审计建议、强化战略与审计建议的关联性以及动态调整审计建议以适应战略变化等方式，确保了其建议与企业战略目标的高度一致性。这种一致性不仅提升了审计工作的针对性和实效性，还为企业实现长期稳健发展提供了有力支持。

第一，通过研究型内部审计，内部审计人员能够深入理解企业的战略目标，确保建议与企业战略目标保持一致，包括与企业的长期规划、短期目标以及与之相关的业务重点相一致。通过与企业管理层沟通、审查企业战略规划文档等方式，内部审计人员能够准确把握企业的发展愿景和核心竞争力，为提出与战略目标相契合的审计建议奠定基础。

第二，内部审计人员对企业战略目标进行深刻研究，提出定制化审计建议，以确保建议与企业战略目标保持一致。内部审计人员能够提出有针对性的审计建议，优化关键业务流程、加强风险管理并提升运营效率。例如，若企业战略目标是降低成本、提高效率，研究型内部审计可能会建议关注供应链管理、生产流程优化等方面，提出减少浪费、提高生产自动化程度等建议。

第三，强化战略与审计建议的关联性，确保建议与企业战略目标保持一致。研究型内部审计注重将审计发现和建议与企业的战略目标相联系，确保每一条建议都对企业整体发展具有实际意义。内部审计人员通过明确展示审计建议如何支持企业战略目标的实现，增强了管理层对建议的接受度和实施意愿。

第四，动态调整审计建议以适应战略变化。企业战略可能随着市场环境、竞争态势等因素的变化而调整。研究型内部审计能够灵活应对这些变化，及时更新审计建议以确保与最新战略保持一致。通过持续监控企业战略目标的调整情况，研究型内部审计为企业提供了一种机制，确保内部控制和风险管理措施始终与战略目标相匹配。

2. 具体的实施计划和时间表

研究型内部审计中，制订具体的实施计划和时间表对于确保审计工作的有序、高效和质量至关重要。实施计划和时间表便于明确目标、合理规划时间和资源、提高工作效率、确保审计质量、加强团队沟通、监督评估以及应对风险和不确定性，为研究型内部审计的顺利进行提供了有力保障。

为确保审计建议的有效落地，必须有一个清晰、具体的实施计划和时间表作为指导。实施计划和时间表不仅应涵盖建议实施的各个阶段，还应包括每个阶段的目标和预期成果。通过这种方式，可以更为直观地了解整个实施过程的进度和可能遇到的问题，为后续的跟踪和调整提供有力的依据。

研究型内部审计明确审计目标和范围，确保审计工作的针对性和有效性，合理规划时间和资源，保证审计工作的有序进行。有了具体的实施计划和时间表，审计团队可以更有条理地开展工作，使审计工作全面覆盖所有关键领域，减少遗漏。时间表则能确保每个阶段的工作都得到充分落实和检查，从而提升审计质量。此外，加强团队沟通与协作，使每个人都能明确自己的职责和每一阶段工作的时间节点，从而更好地协作完成审计任务。同时，实施计划和时间表也便于管理层或利益相关者监督和评估审计工作的进展情况，应对风险和不确定性，以确保审计工作的稳定性和可靠性。

3.跟踪建议的执行情况并进行效果评估

研究型内部审计跟踪建议的执行情况与效果评估在确保建议的针对性和实效性方面发挥着关键作用。这不仅有助于验证和提升审计建议的质量，还能为企业管理者提供有价值的决策支持。

审计建议的实施并非终点，而是一个持续跟进和优化的过程。在实施过程中，审计人员需要定期检查和记录各项建议的执行情况，以确保它们按照既定的计划和时间表进行。通过收集和分析相关数据进行研究，审计人员可以更为客观地评估建议实施后的实际效果，从而判断其是否达到了预期的目标。研究型内部审计跟踪建议的执行情况与效果评估对于确保建议的针对性和实效性具有的作用主要体现在以下几个方面。

第一，增强验证建议的针对性。通过跟踪建议的执行情况，审计人员可以验证审计建议是否针对实际问题，是否切中了问题的要害。如果建议得到有效执行，并带来了积极的改变，那么就说明建议是具有针对性的。

第二，加强评估建议的实效性。效果评估是衡量审计建议是否达到预期效果的重要手段。通过对比建议执行前后的变化，审计人员可以量化地评估建议的实效性，即建议是否真正解决了问题、提高了管理效率或减少了浪费。如果审计建议得到了有效执行，那么应该能够看到企业运营情况的改善，如资金使用的合规性提高、生产质量管理更加严格、部门间预算和资源分配更加公平合理等。这些变化都是评估建议实效性的重要依据。

第三，提供反馈与调整依据。对建议执行情况的跟踪和对建议执行效果的评估，可以为审计团队提供宝贵的反馈信息。若发现建议执行效果不佳或存在新的问题，审计团队可以及时进行调整和优化，使建议更加符合实际情况。这种反馈机制有助于审计团队不断提高建议的质量和增强建议的针对性，从而更好地服务于被审计单位和相关利益方。

第四，强化审计的权威性和影响力。当审计建议被证明是有效和有针对性的时,审计的权威性和影响力会得到提升。被审计单位和相关利益方会更加重视审计团队的建议,从而推动问题的真正解决和管理水平的提升。

第五,促进企业内部制度的完善。研究型内部审计通过跟踪建议的执行和效果评估可以促进企业内部制度的完善。通过发现和解决问题,可以为企业管理者提供有价值的决策支持。

三 研究型内部审计结果对企业战略决策的影响力

根据实际情况调整企业战略决策并加以落实,是促进企业高效运营的方式。研究型内部审计的成果能够对企业战略决策产生较大影响,能够指导战略的制定和调整,强化决策的落实和执行。

(一)审计结果对战略制定的指导作用进一步深化

研究型内部审计通过深入剖析企业的财务状况、运营流程和内部控制等多个方面,能得出全面而详尽的审计结果。这些结果不仅能指出企业存在的问题和潜在风险,更重要的是,它们能为企业战略的制定提供宝贵的参考信息。

1.战略方向的调整

审计结果的重要价值之一是为企业提供客观、全面的数据和信息,使企业管理层能够更好地理解当前的经营状况和面临的挑战。基于审计结果,企业可以更加清晰地认识到自身的优势和劣势,以及市场环境的变化。这些信息对于企业调整战略方向至关重要。管理层可以根据审计结果中的发现,对现有的战略方向进行评估,并在必要时做出调整。例如,如果审计结果显示企业在某一领域的市场竞争力下降,企业就可能需要考虑是否应该调整战略重心,转向更具潜力的市场或业务领域,以更好地适应市场变化和企业内外部环境的变化。同时,审计结果还可以帮助企业识别新的市场机会,从而指导企业拓展新的业务领域。此外,研究型内部审计还能揭示企业内部运营的不合理之处,如资源的浪费、管理流程的烦琐等。这些问题都可能导致企业战略执行不畅,因此,根据审计结果进行调整,可以确保企业战略更加贴合实际,更具可操作性。

2. 资源配置的优化

审计结果不仅揭示了企业现有战略的有效性，还提供了关于资源配置的宝贵建议。研究型内部审计通过详尽的数据分析，可以揭示出企业在资源配置方面存在的问题，如资源分配不均、利用效率低下等。基于这些问题，企业可以有针对性地进行资源配置的优化。

具体来说，审计结果可以帮助企业识别出哪些部门或业务线是资源消耗的主要领域，以及哪些领域存在资源浪费的情况。例如，审计可能会发现某个部门或项目的资源使用效率低下，导致了资源的浪费，此时管理层可以根据审计结果调整资源配置，将资源重新分配到更具有战略意义和价值的领域，以最大程度地发挥资源的效益，提高企业整体运营效率和竞争力。这样，企业就可以根据实际需求，重新分配资源，确保关键部门和业务线得到足够的支持。同时，通过优化资源配置，企业还可以提高资源的利用效率，从而降低运营成本，提升整体盈利能力。

3. 决策流程的改进

审计结果的重要性不仅在于审计能揭示问题，更在于审计能提供改进方案。内部审计过程中发现的问题和不足之处通常反映了企业决策流程的缺陷或不完善之处。因此，内部审计结果常常推动着企业对决策流程进行改进和优化，以确保未来的决策更加科学、有效。

决策流程的改进主要体现在两个方面。一是将审计结果纳入决策流程。传统的决策流程可能更多地依赖于直觉、经验或有限的市场调研。然而，研究型内部审计结果的引入，为决策提供了更为坚实的数据基础。企业可以在决策之初，就充分利用审计结果来评估各种战略选项的可行性和潜在风险。这样，企业在决策过程中就能够明确地识别出哪些策略是可行的，哪些可能存在隐患，从而做出更为明智的选择。

二是审计改进决策流程的方式。首先，研究型内部审计能够揭示出决策流程中的瓶颈和不足之处，例如信息传递不畅或决策权责不明确等问题。通过识别这些障碍，企业能够重新设计决策流程，优化信息传递路径，明确决策职责，以提高决策效率。其次，内部审计结果为决策提供了丰富的数据和信息支持，有助于建立更加科学的决策支持系统，包括风险评估模型和绩效指标体系等。这些系统可以确保决策的科学性和准确性。最后，内部审计结果也为决策的监督和评估提供了重要依据，有助于企业建立健全的决策监督机制，及时跟踪决策执行情况，发现和解决问题，确保决策的有效执行和成果实现。通过改进决策流程，企业能够提高决策的科学性和准确性，降低决策的风险和不确定性，从而更加有效地实现战略目标和推动企业发展。

通过战略方向的调整、资源配置的优化和决策流程的改进，审计结果进一步深化了对企业战略决策的指导作用。管理层能够更加清晰地认识到当前的经营状况和面临的挑战，更加明确地制定出适应市场变化和企业发展需求的战略方向和资源配置策略，从而提高企业的竞争力和长期发展能力。

（二）审计结果在决策执行中的应用与跟踪进一步加强

研究型内部审计不仅在战略制定的层面发挥重要作用，其成果在决策执行过程中的应用和跟踪也至关重要。研究型内部审计的精准分析和深入洞察，在企业执行战略决策时提供了指引和有力的支持。通过将审计结果有效融入决策执行，并对执行效果进行持续的跟踪和反馈，企业可以确保战略决策的有效实施，并不断优化调整执行策略，以应对市场变化和风险挑战。

1. 决策执行中的具体应用

研究型内部审计结果为战略决策提供了丰富的数据和深刻的洞察，这些成果在决策执行中发挥着重要作用。在执行战略决策前，研究型内部审计结果有助于明确执行目标和优先级。审计报告中详尽的数据分析和风险评估，使得企业能够清晰地识别出关键问题和关键领域。基于此，企业可以设定明确的执行目标，确保在资源有限的情况下，优先处理对企业发展至关重要的事务。同时，企业可以将审计结果作为执行战略决策的参考依据，指导具体行动计划的制订和实施。审计结果中针对内部控制缺陷提出的建议，还可以用于加强企业内部管理，提升运营效率。

在具体执行过程中，企业需要关注审计结果与实际执行情况的对比和验证。通过将审计结果作为执行效果的衡量标准，企业可以及时发现执行过程中的偏差和问题，并采取相应的措施进行纠正和改进。对比和验证的过程不仅有助于提升执行效果，还可以不断完善和优化审计结果本身，提高其对企业战略决策的支撑作用。

研究型内部审计结果还具备风险预警功能。审计过程中发现的问题和潜在风险，都会在报告中得到体现。这使得企业在执行战略决策时，能够提前预知并应对可能出现的风险，确保决策的顺利实施。

2. 决策执行效果的跟踪与反馈

为了确保战略决策的有效实施和持续改进，企业需要对决策执行效果进行跟踪和反馈。研究型内部审计结果为这一过程提供了有力的支持。企业可以定期对战略决策的执行效果进行评估和审查，并将评估结果与审计结果进行对比和分析，以审计结果作为衡量执行效果的标准之一，通过定期收集和分析相关数据，实时了解战略决策的执行情况，包括进度、效果及遇到的问题等。通过对比和分析，企业可以了解战略决策的实施效果是否达到预期目标，以及哪些方面仍有改进的空间。

反馈与调整环节是确保战略决策持续有效的关键。研究型内部审计的反馈机制，能够将评估结果和发现的问题及时反馈给相关部门和人员，并共同讨论改进措施。这种反馈机制有助于加强企业内部沟通和协作，形成企业内部的良性循环，促进信息共享和知识积累。通过共同分析和解决问题，企业可以不断优化和改进战略决策的执行过程，提升企业的运营效率和竞争力。

第三节　研究型内部审计的深度

研究型内部审计的"广度""力度"的拓展能够反映其"深度"的增加，在研究型内部审计的实践中，审计人员不局限于企业的财务数据，而是致力于深度挖掘企业内部运营的方方面面。研究型内部审计的方法呈现出多维度的特点，包括对企业经营活动的深入剖析、在风险管理中的深层挖掘，以及对企业战略与文化的深入理解。本节将深入探讨这三个方面，揭示研究型内部审计的深度及其对企业管理的重要意义。

一　研究型内部审计对企业经营活动的深入剖析

研究型内部审计关注表面的财务数据，更注重对企业经营活动的深入剖析。通过深入了解企业的运营模式、业务流程以及资源配置情况，识别出潜在的问题和优化空间。分析企业的内部运作机制是否高效、是否存在资源浪费或者流程不畅的情况，有助于提出切实可行的改进建议，帮助企业提升经营效率和降低成本。

（一）业务流程深度优化

研究型内部审计，作为一种强调数据驱动、深入分析以及提出解决方案的审计方式，其深度体现在对企业经营活动的全面、细致和深入的剖析上。研究型内部审计不是简单的合规性检查，而是力求通过深入了解企业的运营模式、业务流程以及潜在问题，为企业提供具有前瞻性和战略性的建议。业务流程作为企业运作的核心，直接影响到企业的效率和绩效。优化业务流程能够进一步帮助企业降低成本、提高效率，并更好地满足客户需求，从而增强企业的竞争力。研究型内部审计通过对业务流程的细致分析，发现其中的问题和潜在改进空间，为企业提供可操作的建议和方案。

研究型内部审计要求审计人员具备专业的知识和敏锐的洞察力，基于对企业业务流程的熟悉，了解行业的前沿实践和先进技术。审计人员的职能不仅在于发现问题，更重要的是提出可行的解决方案，并协助企业实施改进措施。

业务流程深度优化方面，研究型内部审计具有自身的基础实施步骤。具体而言，一是深入了解企业的业务流程，包括生产、销售、供应链、客户服务等各个环节。二是与业务部门的工作人员交流，收集相关资料，并进行实地考察，以全面了解业务流程的运作情况。三是对企业的业务流程进行全面的梳理，了解每个环节的作用、输入输出、关键控制点等信息。四是在全面梳理的基础上，利用数据分析、专家访谈等方法，识别出业务流程中的瓶颈和效率低下的环节，瓶颈具体表现为流程烦琐、重复劳动、信息不透明等。五是对其进行深入的原因分析，对流程设计问题、人为因素、技术限制等进行多方面的考虑，通过原因分析，找出问题的根源，为后续的改进提供有针对性的方向指引。六是在原因分析的基础上，提出针对性优化建议，如简化流程、引入自动化工具、优化信息系统等。同时，审计人员须与企业管理层和相关部门进行充分的沟通和讨论，确保优化建议的可行性和有效性，确定最佳的改进方案。七是协助企业管理层实施改进措施，并监督其执行情况。审计人员须与相关部门密切合作，确保改进措施能够顺利实施，并达到预期的效果。此外，业务流程优化是一个持续的过程。优化建议实施后，审计人员须持续监控业务流程的运行情况，并根据市场变化和企业发展需求进行持续改进。

优化业务流程有助于企业提高运营效率、降低成本，增强市场竞争力；帮助企业识别潜在风险，及时采取措施进行防范和应对；促进企业适应市场变化，灵活调整经营策略，实现可持续发展。

（二）经济效益深度评估

经济效益深度评估是研究型内部审计的重要环节，审计人员通过对企业的财务数据、市场表现、运营效率等进行多方面的深入分析，全面评估企业的经济效益，旨在发现潜在的问题和机会，为企业提供改进和发展的方向。

经济效益深度评估具有一定的全面性、数据驱动性和前瞻性，涉及企业的财务数据、市场分析、客户满意度、产品创新等多个维度，可以全面反映企业的经营状况。评估过程依赖于大量数据的收集和分析，能确保评估结果的客观性和准确性。通过分析历史数据、行业趋势和市场动态，评估可以预测企业未来的发展前景。

在评估过程中，审计部门首先需要收集企业的财务数据，涵盖收入、成本、利润等关键财务指标，同时获取市场数据、客户满意度调查等非财务信息。随后，审计部门要利用数据分析工具和方法，对收集到的数据进行深入挖掘和分析，识别出经济效益的关键影响因素。接着，审计部门要基于数据分析的结果，评估企业的经济效益水平，如盈利能力、运营效率、市场竞争力等。而后，审计部门针对评估中发现的问题，需要进行深入的原因分析，确定影响经济效益的关键因素。最后，根据问题诊断的结果，审计部门会提出具体的改进建议，旨在提高企业的经济效益和市场竞争力。

经济效益深度评估也能够帮助企业确定投资回报率，从而评估改进方案的投资价值，对企业在有限的资源下进行决策具有重要意义，避免资源的浪费和投资的盲目性。在评估中，通常采用财务指标评估、成本效益分析和绩效评估的方法。财务指标是评估企业经济效益的重要指标，包括利润率、资产回报率、投资回报率等。对其进行评估，能够直观地了解改进方案对企业经济效益的影响。成本效益分析是经济效益深度评估的重要方法，其核心在于比较改进方案的成本与收益。通过对成本效益的分析，可以确定改进方案的实施是否具有经济可行性。绩效评估是对企业整体绩效的评估，其包括财务绩效、运营绩效、市场绩效等多个方面。通过对绩效的评估，企业可以全面了解改进方案实施后的效果，并对未来的发展做出规划。

借助多种工具和方法对经济效益进行深度评估后，企业管理层可以获得更全面、准确的信息，从而做出更明智的决策，同时，评估结果有助于企业识别出高效和低效的业务领域，进一步优化资源配置，提高整体运营效率。此外，通过提前识别潜在的经营风险，企业能及时调整策略，最终降低风险对经济效益的影响。

（三）内部控制深度评价

内部控制深度评价是研究型内部审计的另一重要环节，旨在评估企业内部控制体系的有效性、完整性和适应性，以确保企业经营活动的合规性，保护资产安全，提供真实的财务数据，并促进经营效率和效果的提升改善。

内部控制深度评价具有一定的系统性、风险导向和持续改进性，涉及企业各个方面的控制活动，涵盖财务、运营、合规等环节，是一个完整的评价体系。评价过程以识别和管理风险为核心，确保内部控制体系能够有效应对各种潜在风险。同时，内部控制体系也是一个动态发展的系统，深度评价不仅关注当前的控制效果，还着眼于未来的改进方向。

对内部控制进行深度评价，主要指标是合规性、有效性和可靠性。合规性指的是企业的内部控制制度必须符合相关法律法规和行业标准，确保企业经营活动合法合规。有效性是评价内部控制质量的重要标志，有效的内部控制能够减少错误和失误的发生，提高工作效率，保护企业资产。可靠性是评价内部控制稳定性和持续性的重要指标，可靠的内部控制能够在不同环境下保持其有效性，确保企业长期发展的稳定。

内部控制评价的实施步骤包括以下五个。一是了解内部控制环境。了解企业的组织结构、管理哲学、人力资源政策等，以评估内部控制的环境基础。二是识别控制活动。详细列出企业各个关键业务流程中的控制活动，包括授权审批、职责分离、资产保护等。三是测试控制有效性。通过抽样、观察、询问等方法，测试各项控制活动的有效性，识别存在的缺陷或不足。四是评估信息与沟通。评价企业内部控制相关信息的收集、处理和报告机制，以及内部沟通的效率和效果。五是提出改进建议。根据评价结果，提出具体的内部控制改进建议，如完善控制活动、加强信息沟通等。

有效的内部控制可以防止资产被盗窃、滥用或遭受损失，确保企业资产的安全完整。对内部控制的深度评价，能够保障资产安全，提高企业财务报告的准确性和可靠性，增强投资者和利益相关者的信心，提高运营效率并降低企业因违规而面临法律风险和声誉损失风险的可能性。

二 研究型内部审计在风险管理中的深层挖掘

研究型内部审计在风险管理领域的深层挖掘功能日益受到企业的重视。研究型内部审计通过系统、深入的研究和对企业运营过程中各种风险因素的分析，能够发现潜在问题、提供解决方案，并为企业持续改进风险管理机制奠定坚实基础。

（一）风险识别与评估

风险管理是企业管理中至关重要的一环，而研究型内部审计在这个过程中扮演着关键角色。风险管理的第一步——风险识别与评估——决定了后续风险控制和应对策略的制定。除了关注企业财务报表的准确性和合规性外，研究型内部审计更侧重于通过数据分析、业务流程审查以及风险评估等手段，深入挖掘企业运营中的潜在风险和问题。其核心在于"研究"，即审计人员会运用专业知识，对企业运营中的各个环节进行深入细致的研究，以发现可能存在的风险点和改进空间。

这一过程主要体现的是数据驱动的风险识别。研究型内部审计借助数据分析技术，对企业各项业务活动进行全面梳理和分析，从大数据中发现潜在风险。如通过对财务数据、交易记录、客户信息等大量数据的挖掘和分析，审计人员可以识别出可能存在的异常交易、内部欺诈等问题，从而及时采取措施进行调整和应对。研究型内部审计将重点放在业务流程的分析上，通过深入了解企业的各项业务流程，识别出可能存在的漏洞和风险点。例如，在采购流程中可能存在的供应商垄断风险、采购员贪污风险等，通过对业务流程的分析，可以及时发现这些潜在风险，并采取相应措施进行防范。

在方法上，研究型内部审计可通过情景模拟的方式，对企业可能面临的各种风险进行评估和分析。例如，通过构建不同的风险情景，并对其可能造成的影响进行模拟和评估，审计人员可以帮助企业更全面地认识风险，并及时采取相应措施进行应对和防范；运用 SWOT 分析、PEST 分析等战略工具，以及风险矩阵等评估方法，审计人员可以全面识别企业面临的市场风险、信用风险、操作风险等；通过定量和定性分析，评估风险的可能性和潜在影响，审计人员可以确定风险的大小和紧急程度。研究型内部审计还可以通过监测关键风险指标的方式，对企业的风险状况进行实时监测和评估。通过设定关键风险指标，并定期对其进行监测和分析，企业可以及时发现潜在风险，并采取相应措施进行应对和防范。

研究型内部审计在风险管理中的深层挖掘主要体现在对数据的深度分析和业务流程的全面审计上。通过深入挖掘数据、分析业务流程，收集审计证据，进行情景模拟和风险评估，以及监测关键风险指标，研究型内部审计可以帮助企业更全面、准确地识别各种潜在风险，并评估其对企业经营活动的影响程度，为企业的风险管理提供重要支持和保障。

（二）风险监控与报告

风险管理不是一次性的工作，而是持续性的过程。在风险识别与评估之后，企业需要建立有效的风险监控机制，以及及时准确的风险报告系统，以

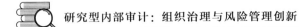

便及时发现并应对新出现的风险。研究型内部审计在这一过程中发挥着至关重要的作用，能通过深入挖掘和分析数据，持续监控企业的风险状况，并及时向管理层报告，为企业的风险管理提供有效支持。

这一过程同样以数据驱动的监控为主，研究型内部审计借助先进的数据分析技术，持续监控企业的各项业务活动。通过实时收集、整理和分析大量的业务数据，研究型内部审计可以及时发现各种异常情况和潜在风险。例如，在财务数据中发现的异常交易、在员工行为数据中发现的违规行为等，都可能暗含着潜在的风险，研究型内部审计可以通过数据分析及时发现这些异常，并及时采取相应的措施进行应对。除了数据分析外，研究型内部审计还需要对企业的业务流程进行持续监控。通过深入了解企业的各项业务流程，并建立相应的监控机制，研究型内部审计可以及时发现业务流程中可能存在的漏洞和风险点。例如，在采购流程中可能存在的供应商垄断风险、在销售流程中可能存在的违规销售风险等，都需要通过业务流程监控及时发现并采取相应的措施进行应对。

在风险管理的学术框架内，及时且精确的风险报告构成了风险监控流程的关键终端产出。其核心在于对企业风险状况进行全面的披露，并将之准确传达至管理层。风险报告旨在助力管理层实时掌握企业的风险动态，从而迅速且有针对性地采取相应的风险应对策略和措施。风险报告应详尽地反映企业当前所面临的风险，包括已发生的风险以及潜在的风险，同时，还需包含针对这些风险所制订的具体应对策略和行动计划。

通过数据驱动的风险监控、业务流程监控、审计证据的持续收集与分析、情景模拟与风险评估的持续更新，以及及时准确的风险报告，研究型内部审计可以帮助企业全面了解和有效管理各种潜在风险，为企业的持续发展提供有力支持。

（三）风险应对与改进

研究型内部审计通过对企业风险的深入了解和分析，可以为企业制定有针对性的风险应对策略。这些策略可以是预防性的，旨在减少风险发生的可能性；也可以是应急性的，旨在减少风险发生后的损失。例如，针对市场风险，企业可以制定多样化经营策略以分散风险；针对操作风险，企业可以建立健全的内部控制机制以及应急预案等。

这一环节中，研究型内部审计的核心工作包括以下几个阶段。一是策略制定，即依据风险的本质和潜在影响，协助企业构建具体的风险应对策略，包括风险规避、风险降低、风险转移或风险承担等多种方式。二是措施设计，结合企业的实际情况，设计出一系列切实可行的改进措施，涉及流程优化、制度完善、人员培训以及技术革新等多个方面。三是实施与追踪，即监督改进措施的执行过程，并定期评估其效果，以确保措施的有效实施，并及时发现和解决实施过程中遇到的问题。四是反馈与调整，定期向企业管理层报告改进进展和效果，并根据实际情况对措施进行必要的调整和优化，以达成最佳的风险管理成效。

在评估企业绩效时，研究型内部审计不仅关注风险管理绩效，还深入剖析风险管理流程和机制中的问题和不足，并提出相应的改进建议。例如，可以建立风险管理的关键绩效指标（KPIs），定期对其进行评估，并根据评估结果制定改进措施。在风险应对方面，内部控制是防范和管理风险的关键环节。通过对内部控制的严格评估和审计，可以揭示其中存在的缺陷和不足，针对流程优化、权限分配以及信息系统更新等多个方面提出相关建议。例如，在财务风险方面，通过加强财务审计流程，确保财务报表的真实性和准确性；在信息安全风险方面，强化网络安全防护，对敏感信息进行加密处理。此外，及时有效的应急预案是企业面对风险时的重要保障。研究型内部审计在帮助企业构建完善的应急预案并进行定期演练和评估方面发挥着关键作用，可以确保预案的及时性和有效性。应急预案涉及危机管理、灾难恢复以及业务中断等多个方面，研究型内部审计通过深入分析企业的风险状况，为应急预案的制订和实施提供有力支持。

三　研究型内部审计对企业战略与文化的深入理解

企业文化作为企业内部控制的基础环境要素，对企业的发展具有重大影响。研究型内部审计除了要关注企业的经营活动和风险管理，还需要致力于深入理解企业的战略与文化，通过深入了解企业的战略目标、价值观和文化理念，为企业制定符合企业实际的发展战略，提升员工对企业文化的认可度等。

（一）战略匹配度评估

战略匹配度评估是指研究型内部审计人员通过系统的方法，评估企业的战略目标、计划与实际运营活动之间的对齐程度。这种评估旨在发现战略实施过程中的偏差和问题，从而确保企业战略的有效执行和预定目标的达成。

战略匹配度评估具有全局性、系统性和动态性的特点，该评估涉及企业整体战略方向和各项经营活动的匹配程度，因此，需要全面考虑企业战略、组织结构、资源配置、市场环境等多方面因素。并且，由于企业战略和经营环境可能随时变化，匹配度评估需要定期或不定期进行，以适应新的情况。

战略匹配度评估重点在于以下方面。第一，战略目标的明确性和可实现性，即审计企业战略是否清晰、具体，以及是否有可实现的路径和规划。第二，资源配置的合理性，即评估企业资源（人力、物力、财力等）是否根据战略需求进行了合理分配。第三，组织结构的适应性，即检查企业的组织结构是否支持战略目标的实现，是否存在阻碍战略执行的层级或流程问题。第四，执行效果的监控与反馈，即审计企业是否有有效的战略执行监控系统和反馈机制，以便及时调整战略实施过程中的偏差。

在这一过程中，审计人员需先进行初步分析与信息收集，收集企业战略文档、运营报告等相关资料，了解企业战略目标和当前运营状况。在此基础上，根据企业战略和运营特点，制定具体的评估指标和评价体系。而后通过访谈、观察和数据分析等方式，深入了解企业战略实施的实际情况。接着识别战略执行中的问题和风险点，评估其对企业目标实现的影响。最后汇总分析结果，编写战略匹配度评估报告。通过评估，审计人员可以及时发现战略执行中的问题，确保企业战略按照既定方向推进。

战略匹配度评估具有重要价值。首先，优化资源配置。根据评估结果调整资源配置，能使其更加符合企业战略需求，提高资源使用效率。其次，提升组织效能。通过优化组织结构和流程，能减少战略执行中的阻碍，提升企业整体运营效能。最后，增强风险管理。及时发现和应对战略执行中的风险，能降低企业经营的不确定性。总之，研究型内部审计中的战略匹配度评估是确保企业战略与实际运营协同一致的关键环节，对于企业的稳健发展和长期成功具有重要意义。

（二）文化适应性分析

企业文化是企业的灵魂，是企业内部员工行为、价值观念、工作氛围等的总和，是企业发展和执行战略的重要保障。文化适应性分析是研究型内部审计中的一个重要环节，是审计人员对企业内部文化与外部环境的匹配程度进行深入分析和评估的过程，旨在确保企业文化不仅与企业的战略目标相一致，还能够适应不断变化的市场环境和客户需求，从而促进企业的长期稳定发展。

文化适应性分析具有显著的动态性、综合性和指导性特征。企业文化不是静态的，而是随着企业发展和市场环境的变化而不断调整的。捕捉动态变化，是为了确保企业文化的时效性和前瞻性。同时，文化适应性分析不仅关注企业内部的文化氛围和价值观，还涉及企业与外部环境的互动关系，包括与市场、客户、竞争对手等的互动。此外，分析结果应为企业提供明确的文化调整方向和改进建议。文化适应性分析的重点在于以下几个方面。首先，企业文化的核心价值观，即审计企业文化的核心价值观是否与企业战略目标相一致，是否能够引导员工行为并支持企业长期发展。其次，文化的适应性和灵活性，即评估企业文化在面对市场变化、技术进步和竞争态势时的适应能力和调整速度。再次，员工文化认同感，即考察员工对企业文化的认同程度，以及企业文化在员工中的渗透和影响。最后，文化与绩效的关联，即分析企业文化与企业绩效之间的关联，探究文化因素对企业业绩的直接影响。

在进行文化适应性分析之前，首先需要识别和理解企业的文化类型。根据文化学者霍夫斯泰德的文化维度理论和斯普林格的文化框架理论，企业文化可以被划分为不同类型，如权力文化、角色文化、任务文化和人员关系文化等。通过对企业内部的价值观、沟通方式、决策风格等进行观察和分析，可以确定其所属的文化类型。

研究型内部审计需要评估企业的战略目标与当前文化之间的契合度。如果企业的文化与制定的战略目标相一致，则该文化有利于战略的顺利执行和达成。反之，则可能会出现战略执行困难、员工存在抵触情绪等问题。通过对企业文化和战略目标进行深入比较和分析，审计人员可以评估二者之间的契合度，及时发现不匹配之处，并提出调整建议。

在进行文化适应性分析时，研究型内部审计需要重点关注文化障碍对战略执行的影响。文化障碍可能表现为员工对新战略的不理解、不接受或不配合，以及组织结构、沟通机制等方面的阻碍。通过深入了解企业的文化特点和员工的心理状态，审计人员可以识别出潜在的文化障碍，并提出相应的解决方案，包括加强沟通、改善员工参与度、激励员工积极性等，以促进文化的适应和转变。

在进行文化适应性分析时，研究型内部审计需要考虑如何引导和支持企业进行文化变革。文化变革是一个复杂而漫长的过程，需要领导层的坚定决心和员工的积极参与。研究型内部审计可以通过开展培训、制订文化变革计划、建立文化变革的监控和评估机制等方式，为企业的文化转型提供支持和指导，确保变革的顺利实施。

最后，研究型内部审计需要分析企业文化与绩效之间的关联性。企业文化对绩效有着重要的影响，良好的文化可以激发员工的工作热情和创造力，提高组织的执行效率和竞争力。通过深入理解企业文化，并将其与绩效指标进行关联分析，审计人员可以帮助企业更好地利用文化优势，提升绩效水平。

在具体实施中，审计人员需要首先做好文化审计准备，即明确审计目标，收集企业文化相关的文档和资料，了解企业文化的历史和现状。而后通过问卷调查、员工访谈、观察等方式收集数据，深入分析企业文化的各个方面。接着研究企业所处的市场环境、行业特点、竞争对手等外部因素，分析它们对企业文化的潜在影响。在此基础上，结合企业战略目标和外部环境，评估企业文化的适应性和有效性，并根据分析结果，制订企业文化调整和改进的详细计划，明确实施步骤和时间表。最后定期跟踪改进计划的执行情况，收集反馈并持续优化，确保企业文化与企业战略保持高度一致。

文化适应性分析具有多重意义。首先，确保企业文化与战略的匹配，可以提高员工对战略的认同感和执行力，从而更有效地实现企业的战略目标。其次，与战略相适应的企业文化能够增强员工的归属感和团队精神，进而提升组织的整体凝聚力和战斗力。文化适应性分析还有助于企业及时发现和解决文化层面的潜在问题，为企业的长期稳定发展提供有力保障。最后，积极、健康且适应性强的企业文化有助于塑造良好的企业形象，提升企业在市场和客户中的信誉和影响力。

（三）战略与文化融合建议

战略与文化融合是企业长期成功的关键因素，研究型内部审计基于对企业战略和文化状况的深入分析，能够提出促进战略实施与文化培育相互融合、共同发展的具体建议。战略与文化融合建议旨在确保企业战略目标的实现得到企业文化的有力支撑，同时企业文化的塑造又能反映和支持企业的战略愿景。

在此过程中，审计人员主要应把握以下三个重点。首先是战略目标的文化支撑，即审计企业战略是否与文化理念相契合，以及文化是否能为战略实施提供必要的支持。其次是文化对战略的反映，即评估企业文化是否准确反映了企业的战略方向和愿景，以及员工是否普遍理解和认同这些战略目标。最后是文化与战略的协同发展，即考察企业文化在战略执行过程中的作用，以及战略调整对企业文化可能产生的影响。

审计人员主要遵循以下基本实施步骤。首先是战略与文化现状评估，即通过内部审计，全面了解企业的战略定位、文化特点以及两者的融合程度。在此基础上识别战略与文化之间存在的脱节之处或冲突点，分析其原因和影响。而后结合企业的实际情况，制定具体的战略与文化融合策略，明确融合的目标和路径。接着根据融合策略，设计详细的实施方案，包括具体的行动计划、时间表和资源需求等，按照实施方案推进战略与文化的融合工作，并定期监控融合的进展和效果。最后收集员工的反馈意见，根据实际情况对融合方案进行必要的调整和优化。

研究型内部审计通过建立一套衡量文化价值观与战略目标契合度的指标

体系，量化评估文化对战略的支持程度。这些指标可以包括员工对战略目标的认同度、对企业文化的理解程度、文化对员工行为的影响等方面。通过定期的评估和反馈，及时发现文化与战略之间的不匹配之处，为调整战略和文化提供依据。通常建议企业将文化培训与战略执行培训相结合，使员工在学习企业文化的同时，也了解企业的战略目标和执行路径。培训内容应涉及企业历史、核心价值观、战略规划、目标分解等，以帮助员工深入理解企业的使命和愿景，并将其转化为具体的行动。

战略与文化的深度融合，可以增强员工对战略的认同感和执行力，从而更有效地实现企业的战略目标。这种融合有助于企业塑造与战略相匹配、独具特色的企业文化，提升企业的核心竞争力。战略与文化的紧密结合还可以为企业创造持续的发展动力，推动企业实现长远、稳定的发展目标。同时，这种融合也有助于提高员工的满意度和忠诚度，进一步巩固企业的市场地位。

第二篇 研究型内部审计与组织治理的融合

第四章 "三度"与组织治理的关系

"三度"即力度、广度与深度，从"三度"出发，可以看出研究型内部审计与组织治理存在密切关系。研究型内部审计的力度直接影响到企业组织治理的效果，研究型内部审计的广度决定了其对企业组织治理的覆盖范围和影响力，研究型内部审计的深度决定了其对企业组织治理问题的洞察力和解决能力。

第一节　研究型内部审计力度与组织治理

一　研究型内部审计力度对组织治理的促进

（一）组织风险识别与应对能力

研究型内部审计的力度主要体现在以下方面。一是深入的数据挖掘与分析，通过运用先进的数据分析工具和技术，审计人员得以对海量数据进行深度挖掘和分析，从而发现潜藏的风险点，强大的数据处理能力使得审计人员能够更准确地识别风险，为组织提供及时有效的风险信息。二是全面的风险评估，由于研究型内部审计不仅关注传统的财务风险，还关注战略风险、运营风险、市场风险等多个领域，因此研究型内部审计能通过对组织各个层面的全面评估，确保风险识别的全面性和准确性。三是持续的监控与评估，研究型内部审计采用动态监控的方式，对组织的风险状况进行实时监控和评估，一旦发现新的风险点或风险变化，能够迅速做出反应，为组织提供及时的风险应对建议。

通过深入的数据挖掘与分析、全面的风险评估以及持续的监控评估，研究型内部审计的力度使得组织能够从以下方面提升自身的风险识别与应对能力。

1. 精确的风险定位

有力度的研究型内部审计在风险识别与定位上的精准性及其对风险应对策略的积极影响，不仅体现在技术工具的先进性上，更在于其对于风险管理的深度理解和精准把握。其力度使得审计人员能够精确地定位风险点，明确风险的性质、来源和影响范围，从而为组织提供更加精准和有效的风险应对策略，显著降低风险损失。利用先进的审计技术和方法，结合对组织业务流程、市场环境、竞争态势等多方面的深入了解，研究型内部审计能够精确地识别出潜在的风险点，该精确性来源于研究型审计人员对于数据的敏感度和分析能力，能够从大量的信息中筛选出关键的风险信号，为组织提供及时的风险预警。

2. 深入的风险分析

组织治理中，有力度的研究型内部审计在风险成因与内在规律分析上发挥着重要作用。研究型内部审计的一大显著特点是不仅关注风险的外在表现，也致力于深入分析和挖掘风险背后的深层次原因和内在规律。也正是对风险成因和内在规律的细致研究，使得审计人员能够为组织提供更为精准、有针对性的风险应对方案。

第一是对风险成因的深入分析，在研究型内部审计的实践中，审计人员不是仅满足于识别风险的存在，而是也追求对风险成因的深入剖析。审计人员通过收集和分析大量的数据和信息，运用专业的分析工具和方法，逐步揭开风险背后的真相。这种深入分析不仅能帮助组织了解风险产生的直接原因，还能揭示出隐藏在背后的系统性、结构性问题，为组织提供更为全面的风险认识。

第二是对风险内在规律的揭示，研究型内部审计不局限于关注单个风险事件，而是更重视从多个风险事件中总结出共同的内在规律。通过对历史风险事件的回顾和比较，归纳风险发生的周期和趋势，以及不同风险之间的关联。通过对风险内在规律的揭示，有助于组织更好地预测和防范未来的风险，提高风险管理的主动性和前瞻性。

3. 高效风险应对

有力度的研究型内部审计在风险事件响应与跨部门合作中发挥关键作用，能够提升组织风险应对能力与效率。研究型内部审计在风险管理中能够快速响应风险事件，并提出有效的应对措施。其迅速响应的能力，不仅依赖于审计团队的专业技能和敏锐洞察，还源自深入剖析风险成因和内在规律后的经验总结。因此面对突如其来的风险事件，研究型内部审计团队能够凭借丰富的经验和专业知识，迅速识别风险性质、评估风险影响，并立即启动应急响应机制。在快速收集和分析相关数据、对风险事件进行全面而深入的了解后，为组织提供即时的风险评估报告。同时，基于前期的深入研究和积累，审计团队结合眼前风险问题、长远风险管理及组织发展，在有针对性、可操作的基础上，迅速提出具有有效性、前瞻性以及系统性的应对措施，帮助组织迅速控制风险，减少损失。在提供风险应对方案后，审计团队并不就此止步，而是会通过持续关注风险的发展变化，对方案进行持续改进和优化。利用收集到的数据信息，审计团队能评估方案的有效性和可行性，及时发现问题和不足，并提出改进建议。持续改进的过程不仅有助于确保风险应对方案的有效性，还能够提高组织的风险应对能力，使组织在面对不断变化的市场环境时保持竞争优势。

另外，审计团队也应与业务部门、风险管理部门、财务部门等建立有效的沟通机制，共同制订风险应对方案，并确保方案的及时落地和执行。通过与各部门的协同合作，研究型内部审计能够充分发挥自身在风险管理中的专业优势，为组织提供全方位的风险保障。在风险事件响应和跨部门合作的过程中，需要不断总结经验教训，推动组织风险管理体系的完善，并对风险应对过程进行反思和总结，发现存在的问题和不足。

（二）组织内部控制与流程设计

对于内部控制，有力度的研究型内部审计可以促使组织建立更加完善、有效的内部控制体系，通过对内部控制的深入分析和评估，审计团队可以发现潜在的风险和问题，并及时采取措施加以改进。同时，研究型内部审计还可以推动组织内部控制的创新和发展，提高内部控制的效率和效果。对于流程设计，有力度的研究型内部审计可以促进组织优化业务流程，提高运营效率，通过对业务流程的深入分析和评估，审计团队可以发现流程中的瓶颈和问题，进一步组织优化业务流程，降低运营成本，提高客户满意度和市场份额。

从力度来看，研究型内部审计主要通过以下方式对组织的内部控制与流程设计产生促进作用。

1. 分析与评估

一方面是全面审视经营管理，对组织的经营管理进行全面的审视，包括对组织战略规划、资源配置、组织架构、人员管理以及文化建设等多个方面的评估。通过深入研究，审计团队可以发现组织经营管理中可能存在的问题，如资源配置不合理、组织架构僵化、人员管理有漏洞等，从而为组织提供有针对性的改进建议。

另一方面是剖析内部控制，研究型内部审计通过详细分析组织的内部控制体系，包括控制环境、风险评估、控制活动、信息沟通以及监督等要素，来评估内部控制的有效性和完整性。研究型内部审计关注内部控制的薄弱环节，如控制活动执行不力、信息与沟通不畅等，并深入挖掘潜在的风险点。基于这些发现，研究型内部审计人员可以为组织提供具体的内部控制改进措施，帮助组织加强内部控制，降低风险。

2. 数据驱动与证据支持

首先是数据驱动带来客观性与准确性，研究型内部审计在力度上通过数据驱动的方法，确保了审计结果的客观性和准确性。传统审计往往依赖人工判断和抽样检查，可能受到主观偏见的影响。而数据驱动的研究型内部审计则通过全面收集和分析数据，减少人为干扰，使得审计结果更加公正、可靠。在数据收集阶段，审计团队系统地收集与组织治理相关的各种数据，包括但不限于财务数据、业务流程数据、风险管理数据等。在数据整理和分析阶段，审计团队运用专业的数据分析工具和方法，对数据进行深度挖掘，发现其中的规律、异常和趋势，分析结果为审计结论提供了强有力的支持，使得审计结果更加客观、准确。

其次是数据驱动提供具体、可操作的改进方案，研究型内部审计的数据驱动方法除了确保审计结果的客观性和准确性，还能为组织提供具体、可操作的改进方案。通过对数据的深入分析，审计团队能够发现组织在治理过程中存在的问题和短板，如内部控制的薄弱环节、业务流程的不合理之处、管理决策的失误等。基于这些发现，审计团队会结合组织的实际情况，提出具体的、可操作的改进建议。这些建议多数涉及优化内部控制流程、改进业务操作方式、完善管理决策机制等。由于建议是基于数据的分析和挖掘得出的，因此更加具有针对性和实用性。组织可根据建议，制订具体的改进计划，并付诸实施，从而提升组织治理的水平和效果。

最后是数据驱动促进组织治理的持续优化，通过定期或不定期地进行数据驱动的研究型内部审计活动，组织可以及时发现并解决在治理过程中出现的问题和不足，持续改进的机制有助于组织不断提升治理的效率和效果，从而保持竞争优势和持续发展能力。而且，研究型内部审计的数据驱动方法还有助于推动组织治理的创新和变革，通过深入分析数据和挖掘其潜在价值，能够为组织提供新的治理思路和方法。创新性的建议往往有助于组织打破传统思维的束缚，实现治理方式的创新和变革，从而更好地适应外部环境的变化和挑战。

3. 综合研究成果

一是研究性成果的多样性。研究型内部审计突破了传统审计的局限，其输出成果不再限于审计报告，而是包括了更为深入、广泛的调研报告和研究报告。报告针对组织内部的特定问题、业务流程或管理决策进行深入分析，为组织提供全面、深入的见解。

二是具体问题具体分析。调研报告和研究报告作为研究型内部审计的重要成果，其核心价值在于对具体问题的深入分析。报告不仅关注问题的表象，更致力于挖掘问题的根源，揭示问题的本质。运用专业的分析工具和方法，审计人员能够发现隐藏在数据背后的规律、趋势和潜在风险，为组织提供有价值的洞见。

三是提供全面的解决方案。与传统审计报告相比，研究型审计调研报告和研究报告更加注重提供全面的解决方案，不仅针对具体问题提出改进建议，更着眼于整个业务流程、管理体系的改进与优化。审计团队会结合组织的实际情况和长远发展需求，提出具有前瞻性和可操作性的建议，帮助组织实现内部控制和流程设计持续改进和可持续发展。

（三）组织运行合规与公开透明

有力度的研究型内部审计在组织运行合规与公开透明方面，主要从强化组织合规意识以及提升信息透明度两个方向上发挥作用。

在强化合规意识上，由于研究型内部审计能够精准地揭示出组织在运营过程中可能存在的合规风险，如法律法规的违反、行业准则的背离以及内部控制体系的漏洞等，因此组织的风险可以被清晰地呈现在组织面前，这将为组织敲响合规性的警钟，引起组织对合规问题的高度重视。并且审计结果的反馈，能够进一步强化组织的合规意识。研究型内部审计不仅揭示问题，更重要的是通过审计结果的反馈，帮助组织认识到合规性的重要性，通过详细分析问题的原因、影响及改进措施，研究型内部审计能够使组织更加清晰地认识到合规性对于组织发展的重要性，从而强化全员的合规意识。此外，研究型内部审计的力度不仅表现在揭示问题和提供建议上，更表现在推动组织建立合规文化上。通过审计活动的宣传和教育，审计团队能够向组织传递合规性的价值观和理念，使合规成为组织文化的一部分。这种文化能够渗透到组织的各个层面和环节中，形成长效机制，确保组织在长期发展过程中始终保持合规性。

在提升信息透明度上，一方面有力度的研究型内部审计能够帮助组织建立健全审计信息公开机制，确保审计结果和相关信息能够及时、准确地传递给组织内部和外部的利益相关者。另一方面通过定期或不定期地公示审计报告、整改报告等审计成果，审计人员也能详细记录审计活动的过程、发现的问题、提出的建议以及组织的整改情况等内容。通过公示这些成果，组织内部和外部的利益相关者能够了解组织的运营状况、合规表现以及潜在风险。审计信息的公开透明能够增强组织的透明度，当组织将审计结果和相关信息公之于众时，其运营状况、管理效率和内部控制体系等都将暴露在公众视野中，这便有助于减少信息不对称现象，使组织受到更多外部监督，从而促使组织更加规范、高效地运营。同时，当组织积极、主动地公示审计成果时，它向外界传递了一个积极、负责任的信号，能够增强外部利益相关者对组织的信任感，提升改善组织的声誉和形象，吸引更多的投资者和合作伙伴，为组织的长期发展奠定坚实基础。

二 组织治理对研究型内部审计力度的影响

组织治理能力的高低从审计独立性、审计目标和范围、审计所需资源与支持以及审计结果的应用与反馈方面直接影响着研究型内部审计力度。

（一）审计独立性

完善的组织治理为审计部门提供了清晰、明确的工作环境。在这样的环境中，审计部门可以依据既定的规章制度和流程，自主开展研究型内部审计工作，而不必担心受到其他部门的干扰或影响。这种独立性确保了审计部门在行使职权时能够保持客观公正，不受外部压力的影响，从而提高研究型内部审计工作的力度。

有效的权力制衡机制也是审计部门权威性的重要保障。在治理结构完善的组织中，各部门之间的权力分配是合理的，相互之间存在有效的制衡关系。这种制衡关系使得审计部门在履行职责时能够拥有足够的权威，确保审计建议能够得到有效执行。同时，审计部门也可以通过监督其他部门的工作，确保组织内部的各项决策和活动都符合法律法规和规章制度的要求，进一步巩固其权威性。

当审计部门具备独立性和权威性时，研究型内部审计的力度便得到了充分保障。审计部门就能以更加强势、强有力的姿态挖掘组织内部的问题和风险，保证审计结果的准确性、细致性，为组织提供更为全面、具体的指导。此外，审计部门的独立性和权威性还能够增强其在组织内部的地位和影响力。

当审计部门的工作得到组织的充分认可和支持时，其他部门会更加重视审计结果和建议，积极配合审计部门的工作，这能够进一步促进审计工作的顺利开展，提高审计工作的效率和效果。

（二）审计目标和范围

当组织治理明确了组织的战略目标、经营计划和风险管理框架时，研究型内部审计的开展便获得了明确和具体的指导，对于增加研究型内部审计的力度具有重要意义。

组织治理的明确性为研究型内部审计设定了清晰的审计目标和范围。战略目标为审计部门指明了组织发展的长期方向，经营计划提供了短期内需关注的具体业务活动和预期成果，风险管理框架则揭示了组织可能面临的各种风险及其影响，为审计部门提供了风险管理的基准。在这些明确的指导下，审计部门能够有针对性地制订审计计划，确保审计工作的方向与组织的整体发展方向保持一致。同时，审计部门可以依据组织治理的要求，确定审计的重点领域。在明确了战略目标、经营计划和风险管理框架后，审计部门可以分析出哪些业务领域对于实现组织目标至关重要，哪些环节可能存在潜在的风险。基于这些分析，审计部门可以将审计资源集中在关键业务和风险领域，确保审计工作的深入性和有效性。

（三）审计所需资源和支持

研究型内部审计力度离不开必要的人力、物力、财力支持。良好的组织治理能够为审计部门配备足够数量的专业审计人员，并确保这些人员具备相应的专业知识和技能。通过合理配置人力资源，审计部门能够拥有足够的力量来开展强有力的研究和分析。同时，在物力支持上，良好的组织治理应能够提供审计所需的各种设备和工具，如计算机、软件、办公设备等，这能够提升审计工作的效率和质量，使审计部门能够更快速、准确地收集和分析数据，发现潜在的问题和风险。此外，充足的资金是开展研究型内部审计的基础。组织治理应确保审计部门有足够的预算来支付审计人员的工资、设备的购置和维护费用等。通过提供财力支持，组织能够确保审计部门不受资金短缺的困扰，保证其工作的力度。

第二节　研究型内部审计广度与组织治理

一　研究型内部审计广度对组织治理的促进

（一）组织风险识别与应对能力

1. 全面风险识别

研究型内部审计的广度不仅体现在审计范围的广泛性上，更在于它能够覆盖组织内外的各个层面，识别出潜在的风险领域。首先，广度确保了研究型内部审计范围的全面覆盖性。在内部层面，研究型内部审计涵盖组织的全业务流程，从源头到终端，逐一梳理可能存在的风险点。无论是财务数据的准确性、供应链的效率，还是员工的行为规范，都将成为审计的内容。同时，审计部门还会对组织的管理决策进行审视，评估决策是否基于充分的信息、是否符合组织的长期战略目标。在外部层面，研究型内部审计则关注组织所处的市场环境、政策变化等外部因素，会聚焦行业动态、竞争对手的动向，以及政策法规的更新和调整。外部因素往往对组织的运营和发展产生重大影响，因此，审计部门需要及时捕捉这些变化，并评估其对组织可能带来的风险。

在审计过程中，审计人员除了关注组织内部的业务流程、管理决策等核心运营环节，还关注这些环节与外部环境的互动和关联。这意味着审计不仅关注组织的内部系统，还将视野拓展到了组织所处的整个生态系统。研究型内部审计的广度使得审计部门能够跨越传统的审计边界，收集和分析来自不同部门、不同领域的数据和信息。通过整合多元化的数据，审计部门能够构建一个更为全面、立体的风险画像。在拥有了丰富的数据和信息之后，研究型内部审计部门会运用专业的分析方法和工具，从多个角度对风险进行深入分析。包括风险的性质、影响范围、发生的可能性、潜在损失等。通过综合考量，更准确地评估风险的严重程度和潜在影响。

此外，研究型内部审计的广度还体现在其跨领域、跨学科的整合能力上。

在风险分析的过程中，审计部门可能会借鉴其他学科的理论和方法，如经济学、管理学、心理学等，以提供更全面、更深入的风险洞察。跨学科的分析方法使得审计部门能够更全面地理解风险背后的原因和机制，为组织提供更为科学、合理的风险应对策略。

研究型内部审计的广度是组织风险识别与应对能力的重要保障。它确保了审计范围的全面覆盖，为组织提供了更为全面、深入的风险识别与评估服务。在日益复杂多变的市场环境下，这种广度使得组织能够更好地把握风险、应对挑战，实现稳健的发展。

2. 强化风险预警

研究型内部审计的广度在强化组织风险预警能力方面发挥着至关重要的作用。这不仅体现在审计部门对风险的全面识别和深入分析上，更在于研究型内部审计能够构建一套持续、动态的监控和评估机制，从而及时发现和预测潜在的风险因素。一方面，研究型内部审计通过其广泛的审计范围，能够全面梳理组织内部和外部的风险因素，构建一个完善的风险预警体系。这个体系不仅涵盖了组织运营的各个环节，还包括了市场环境、政策法规、技术趋势等外部因素。另一方面，研究型内部审计的技术和工具具有广泛性，通过采用数据分析、模型预测、人工智能等先进的监控技术和工具，审计人员能对风险进行实时、动态的评估，从而更加准确地预测风险的发展趋势和潜在影响。当审计部门发现某些指标出现异常或偏离预期时，能够迅速发出预警信号，提醒组织采取相应的应对措施。当组织面临潜在风险时，研究型内部审计的广度使得其预警信息覆盖面也正向扩大，能够帮助组织提前制定调整业务策略、优化管理流程、加强内部控制等应对措施，从而帮助组织降低风险带来的损失，保障组织的稳健运营。

3. 推动风险管理体系完善

研究型内部审计的广度使得其全面、深入的风险识别和应对实践为组织提供了宝贵的风险管理经验和教训，为组织完善风险管理体系、提高风险管理科学性和有效性奠定了重要基础。

首先，由于研究型内部审计的广度确保了风险识别的全面性，审计部门能够跨越组织的各个部门、业务领域和流程，对潜在风险进行全覆盖，进而使得组织能够清晰地了解自身面临的风险状况，这为风险管理体系的构建和完善提供了重要的参考依据。

其次，研究型内部审计在风险应对实践中积累了丰富的经验和教训。通过调查、分析和评估，审计部门能够提出有针对性的风险应对建议，并帮助组织制定有效的应对策略，不仅有助于降低风险带来的损失，还能够为组织提供宝贵的风险管理经验，同时也可供组织内部的其他部门所借鉴和学习，推动整个组织风险管理水平的提升。

再次，研究型内部审计的广度促进了组织内部各部门之间的沟通与协作。在风险管理和应对过程中，审计部门需要与组织内部的其他部门密切合作，共同应对风险，跨部门的沟通与协作有助于加强组织内部的风险意识，促进风险信息共享和风险管理经验的交流，还能够推动组织内部各部门之间的协作和配合，提高组织应对风险的协同性和效率。

最后，研究型内部审计的广度有助于组织不断完善自身的风险管理体系。通过总结和提炼风险管理经验和教训，组织可以不断完善自身的风险管理体系，提高风险管理的科学性和有效性。例如优化风险管理流程、完善风险管理政策和制度、提高风险管理人员的素质和能力等。

（二）组织内部控制与流程设计

有广度的研究型内部审计能够为内部控制与流程设计提供全面、细致和深入的指导。在内部控制上，研究型内部审计的广度有助于组织建立全面、有效的内部控制体系。审计部门通过全面的审计，能够识别出组织在内部控制制度、内部控制制度执行、内部控制人员素质等方面存在的缺陷和不足，从而有针对性地提出解决问题的措施，进一步加强内部控制的有效性，降低风险发生的概率，提高组织的运营效率并改善组织的运营效果。在流程设计上，研究型内部审计的广度有助于组织优化业务流程，提高业务运作的效率和可靠性。审计部门通过对业务流程的全面分析和评估，可以发现流程中的不合理之处和瓶颈，提出简化流程、优化流程环节、加强流程监控等改进建议，进而优化组织业务流程，降低业务成本，提高业务运作的效率和可靠性。

研究型内部审计的广度体现在审计范围的广泛上，即它不是局限于某一特定领域或部门，而是深入触及组织的各个角落。广泛的审计范围意味着审计部门需要对组织的财务、运营、人力资源、信息技术等各个领域进行全面的审视和评估。在财务领域，研究型内部审计会仔细核查组织的财务报表、会计记录、预算编制等，以确保财务信息的准确性和合规性。通过对财务数据的分析，审计部门能够发现潜在的财务风险，如资金流动异常、成本超支等。在运营领域，研究型内部审计重视组织的业务流程、运营效率、质量控制等方面。通过对运营活动的全面审查，审计部门能够识别出流程中的瓶颈、资源浪费或效率低下等问题。在人力资源领域，研究型内部审计关注组织的招聘、培训、绩效管理等人力资源活动。通过对这些活动的审计，审计部门能够评估组织在人力资源管理方面的效果，发现潜在的风险和漏洞，如员工满意度低、培训效果不佳等。在信息技术领域，研究型内部审计聚焦组织的信息系统、数据安全、网络安全等方面。通过对信息技术的审计，审计部门能够评估组织在信息技术方面的安全性和可靠性，发现潜在的信息技术风险，如数据泄露、系统崩溃等。

（三）组织运行合规与公开透明

从审计内容的广度来看，研究型内部审计不仅关注财务报表的准确性和合规性，也将触角延伸至组织的各个方面，包括业务流程、风险管理、内部控制、公司治理等。采取全面的审计视角，有助于发现组织在运营过程中可能存在的各种合规风险，从而及时采取措施进行纠正和防范。

从审计思维和方法来看，研究型内部审计注重运用跨学科的知识和方法，如数据分析、风险评估、业务模拟等，对组织进行深入的剖析和研究。综合性的审计方法能够更准确地识别出组织在合规方面存在的问题，并提出更具针对性的合规改进措施。

从应用来看，通过定期的内部审计报告、专项审计调查、审计咨询等方式，研究型内部审计能将审计结果和建议传达给组织管理层和相关业务部门，推动组织在合规方面的持续改进。同时，研究型内部审计还会积极参与组织对外公开透明度的提升工作，如参与编制和审核组织的年度报告、社会责任报告等，这能提高组织的公开透明程度，增强组织与外部利益相关者之间的沟通和信任。

二 组织治理对研究型内部审计广度的影响

（一）风险管理的全面性

全面的风险管理理念会深刻地影响研究型内部审计在风险管理领域的审计广度。在这样一个治理框架下，研究型内部审计不再局限于对已发生风险事件的回顾和分析，而是更加积极地参与到风险管理的全过程中，从而显著提升了其在风险管理方面的审计广度。

首先，研究型内部审计在风险识别阶段，通过对组织运营环境、业务流程、市场趋势等多方面的深入研究和分析，能够协助组织识别出潜在的风险点。前瞻性的风险识别不仅要求审计人员具备丰富的专业知识和敏锐的洞察力，还需要他们具备跨领域、跨学科的综合分析能力，以确保能够全面、准确地捕捉到各种潜在风险。其次，在风险评估阶段，研究型内部审计运用专业的风险评估工具和方法，对识别出的风险进行量化分析和评估。包括对风险的可能性、影响程度、发生频率等进行考量，以确定风险的优先级和应对策略。通过风险评估，内部审计部门能够为组织提供客观、准确的风险信息，帮助组织制定科学合理的风险管理策略。最后，在风险应对阶段，研究型内部审计积极参与风险应对方案的制订和实施过程，会根据风险评估的结果，提出有针对性的风险应对措施和建议，并跟踪和监督这些措施的实施情况。同时，内部审计部门还会对风险应对的效果进行评估和反馈，以确保风险得到有效控制和降低。

（二）战略目标的关联性

组织治理通常与组织的战略目标紧密相关，这种紧密的关联不仅指导着组织的整体运营和发展方向，也密切关系着研究型内部审计的广度。在治理完善的组织中，内部审计部门不再局限于传统的财务审计或合规性检查，而是更加关注审计活动与组织战略目标的关联性。审计活动与战略目标之间关联性的提升，意味着内部审计部门在履行职责时，需要更多地从战略角度出发，对组织的业务流程、资源配置、组织结构等进行深入审计和评估。具体来说，内部审计部门会关注以下几个方面。

1. 业务流程的战略适应性

研究型内部审计评估组织的业务流程是否能够有效支持战略目标的实现。审计部门会分析业务流程的各个环节，查找可能存在的瓶颈或浪费，并提出优化建议，以确保业务流程的高效、灵活，并与组织的战略目标保持高度一致。

2. 资源配置的战略合理性

资源是组织实现战略目标的基础。研究型内部审计主要关注组织在资源分配上是否合理，是否能够将有限的资源投入对战略目标实现有重大影响的领域。同时，审计部门会评估资源的利用效率，确保每一份投入都能带来最大的回报。

3. 组织结构的战略支撑性

组织结构是组织战略实施的重要载体。研究型内部审计通过评估组织的结构设置是否合理、是否能够有效支撑战略目标的实现，分析组织的决策机制、沟通机制、激励机制等，从而确保这些机制能够高效运转，为战略目标的实现提供有力保障。

在组织治理有明确战略指引的情况下，通过从以上三个角度出发，对组织的业务流程、资源配置、组织结构等进行审计和评估，研究型内部审计能够确保组织的运营与战略目标保持一致。这种战略关联性的提升，不仅使得研究型内部审计的广度有所拓展，还使得内部审计部门成为组织战略实施过程中的重要参与者和推动者。

第三节　研究型内部审计深度与组织治理

一　研究型内部审计深度对组织治理的促进

（一）组织风险识别与应对能力

1. 深入理解和研究组织风险

有深度的研究型内部审计如要促进组织风险识别与应对，就需要审计人员具备丰富的行业知识和敏锐的洞察力，能够全面深入地了解组织的战略目标、业务流程和内外部环境变化，从中识别出可能存在的风险，并为组织提供有针对性的改进建议和风险管理策略。这种深度的理解和洞察是研究型内部审计的核心价值所在，也是其区别于传统审计的重要标志。

研究型内部审计在关注财务报表的同时，也要深刻理解组织的战略目标。这意味着审计人员需要熟悉组织的长期发展规划、短期经营目标以及关键业绩指标。通过将这些目标与组织的实际运营情况进行对比，审计人员可以识别出因战略执行不当或目标设置不合理而产生的风险。研究型内部审计要深入组织的业务流程中，了解每一个业务环节的操作细节和潜在风险点。这要求审计人员具备丰富的行业知识和经验，能够准确判断业务流程中的风险点和风险程度，通过对业务流程的全面梳理和深入剖析，审计人员可以发现组织日常运营中的潜在风险。研究型内部审计还需要关注组织的内外部环境变化。外部环境的变化如政策调整、市场竞争、技术进步等都会对组织的运营产生影响，进而引发风险。内部审计人员需要密切关注这些外部环境的变化，并评估其对组织可能产生的风险。同时，内部审计还需要关注组织的内部环境变化，如组织架构调整、人员变动、文化变革等。

2. 深度分析风险成因和影响

在识别出潜在风险后，研究型内部审计进入了一个至关重要的阶段——深度分析风险的成因和潜在影响。这一阶段的工作不仅要求审计人员具备扎实的专业知识，还需要他们拥有出色的逻辑分析能力和前瞻性思维。

第一步，研究型内部审计人员深度剖析风险的来源。风险的来源包括内部因素，如管理不善、流程缺陷、技术落后等；也包括外部因素，如市场变化、政策调整、自然灾害等。审计人员需要研究因素如何相互作用，共同构成风险的根源，进而更准确地定位风险，为后续的应对策略制定提供有力依据。

第二步，研究型内部审计人员深入分析风险的影响因素。包括风险的大小、发生的概率、对组织目标的影响程度等。审计人员需要运用定量和定性分析方法，对风险因素进行量化评估，从而更准确地判断风险的重要性和紧迫性，这有助于组织更好地把握风险的全貌，为制定应对措施提供科学依据。

第三步，研究型内部审计人员持续关注风险的发展趋势。随着内外部环境的不断变化，风险的状态和性质也可能随之发生变化。因此需要审计人员密切关注风险的变化，及时评估风险的变化趋势，以便为组织提供预警和应对建议，前瞻性的分析有助于组织在风险爆发前做好准备，降低潜在损失。

3. 制定深度应对策略和措施

在深度分析了风险的成因和影响后，研究型内部审计进入了下一个阶段——制定有针对性的应对策略和措施。这一阶段的深度不仅体现在对风险本质的深入理解上，更体现在对策的精准性和实施的有效性上。

首先，研究型内部审计制定的应对策略和措施必须具有高度针对性。这意味着审计人员需要根据每个风险点的具体成因和影响，量身定制相应的解决方案。不仅要能够直接针对风险根源，还要能够综合考虑组织的实际情况和外部环境因素，确保对策的可行性和适用性。深度的定制化策略，能够更精准地解决组织面临的风险问题，提高风险应对的效率。

其次，策略和措施必须具备高度的可操作性和实效性。研究型内部审计人员需要确保所制定的策略能够被组织内部各个部门和人员所理解和执行。策略的制定过程要充分考虑组织内部的运作机制和人员能力，确保策略能够在实际操作中得以有效实施。同时，还需要关注策略的实施效果，通过定期检查和评估，确保策略能够实现预期的降低风险和提升运营效率的目标。

最后，研究型内部审计在策略制定和实施过程中，还需要保持高度的灵活性和适应性。由于组织内外部环境的不断变化，风险的状态和性质也可能随之发生变化。因此，在密切关注风险的变化情况下，及时调整和完善应对策略和措施，动态的调整和完善，能够确保风险始终得到有效控制，为组织的稳健运营提供有力保障。

（二）组织内部控制与流程设计

1. 战略层面的深度融入

研究型内部审计在促进内部控制与优化流程设计时，首先会从战略层面进行深入分析。研究型内部审计不仅关注当前的操作层面问题，更会从组织的长期发展目标、市场竞争态势以及行业趋势等角度出发，审视内部控制与流程设计是否与组织的战略目标相一致。通过深入的战略分析，研究型内部审计能够提出与组织战略紧密结合的内部控制与流程设计建议，确保组织的运营管理始终与战略目标保持一致。

2. 业务流程的深度剖析

研究型内部审计对业务流程的深度剖析不仅包括流程的表面环节，更包括从流程的本质、关键控制点以及潜在风险等方面进行的深入分析。通过详细梳理业务流程的各个环节，研究型内部审计能够发现流程中的瓶颈、冗余和潜在风险点。深度的剖析有助于组织优化业务流程，提高运营效率，降低风险。

3. 风险管理的深度识别与评估

研究型内部审计要求审计人员在风险管理方面具有深厚的专业知识和实践经验，能够从多个角度对组织面临的风险进行深入识别与评估，包括市场风险、财务风险、运营风险等。通过对风险成因、影响以及发展趋势的深入分析，研究型内部审计能够为组织提供更全面、更准确的风险信息。同时，研究型内部审计还能够根据风险评估结果，制定有针对性的风险管理策略和措施，帮助组织有效应对风险。

4. 内部控制的深度优化与完善

研究型内部审计在内部控制方面也具有强大的促进作用。能够对组织的内部控制体系进行全面、深入的评估，发现内部控制中的薄弱环节和潜在风险点。通过深入分析内部控制问题的成因和影响，研究型内部审计能够提出有针对性的改进建议，帮助组织优化内部控制体系，提高内部控制的有效性。同时，还能够关注内部控制的实施效果，及时进行调整和完善，确保内部控制体系始终与组织的运营管理相适应。

5. 跨部门协同的深度推进

研究型内部审计在促进内部控制与流程设计时，注重跨部门协同的深度推进。它不局限于审计部门的工作范围，而是与其他部门紧密合作和沟通。通过与业务部门、管理层以及外部专家等的深入交流和协作，研究型内部审计能够更全面地了解组织的运营管理和内部控制状况，从而提出更具针对性

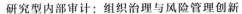

和实效性的改进建议。这种跨部门的协同推进有助于形成组织内部的合力，共同推动内部控制与流程设计的优化和完善。

（三）组织运行合规与公开透明

1. 深入解读合规要求，确保组织合规运行

研究型内部审计在深入理解和分析国家的法律法规、行业标准以及组织内部的规章制度的前提下，确保组织在运营过程中严格遵守规定。通过深度解读合规要求，审计人员能够更准确地把握合规的边界和关键点，为组织提供合规性建议和指导。同时，研究型内部审计关注合规要求的动态变化，及时调整审计策略和方法，确保组织始终保持在合规的轨道上运行。

2. 深度挖掘潜在风险，预防违规事件发生

研究型内部审计除了关注已经发生的违规事件，还注重通过深度挖掘潜在风险，预防违规事件的发生。在深入了解组织的业务流程、内部控制以及外部环境等因素后，识别出可能存在的违规风险点，并提前制定预防措施。深度的风险识别和预防工作，有助于组织及时规避潜在风险，减少违规事件的发生，保护组织的声誉和利益。

3. 促进信息披露的完整性和准确性

研究型内部审计关注组织信息披露的完整性和准确性，确保组织向外界提供的信息真实、完整、准确。审计人员通过对组织财务报表、业务报告以及其他相关信息的审查和分析，发现可能存在的信息失真或遗漏问题，并提出改进建议。同时，研究型内部审计还会关注信息披露的及时性，确保组织能够及时向外界披露重要信息，满足投资者、监管机构以及其他利益相关者的信息需求。

4. 推动组织治理结构的完善和优化

研究型内部审计深入评估组织的治理结构，发现可能存在的缺陷和不足，并提出改进建议。审计人员还关注组织内部的权力分配、决策机制、监督机制等方面的问题，推动组织建立科学、合理、高效的治理结构。深度的治理结构评估和优化工作，有助于提升组织的治理水平，增强组织的透明度和公信力。

二 组织治理对研究型内部审计广度的影响

（一）决策透明度与审计深度

组织治理的一个重要方面是决策过程的透明度。当组织具有明确的决策流程、充分的信息披露和有效的监督机制时，研究型内部审计的深度会得到增强。这是因为审计人员可以更容易地获取决策过程中的关键信息和数据，从而进行更深入的分析和评估。

（二）风险管理水平与审计深度

组织治理的另一个重要方面是风险管理。健全的风险管理体系可以帮助组织识别、评估、控制和监测风险。在研究型内部审计中，审计人员需要深入了解组织的风险状况，以便确定审计的重点和范围。因此，组织的风险管理水平直接影响研究型内部审计的深度。如果组织的风险管理体系不完善，则审计人员无法全面、深入地了解组织的风险状况，这会影响审计的质量和效果。

（三）内部控制机制与审计深度

作为组织治理的重要组成部分，内部控制可以帮助组织确保资产的安全、信息的准确性和完整性以及业务活动的合规性。在研究型内部审计中，审计人员需要评估内部控制机制的有效性和可靠性，以便确定是否存在潜在的问题和漏洞。因此，组织的内部控制机制越完善，审计人员就越能够深入地进行审计，发现潜在的问题并提出改进建议。

（四）信息技术与审计深度

随着信息技术的不断发展，组织治理也逐渐向数字化、智能化方向发展。在研究型内部审计中，信息技术可以帮助审计人员更高效地获取、处理和分析数据，提高审计的效率和准确性。因此，组织在信息技术方面的投入和应用程度也会影响研究型内部审计的深度，如果组织能够充分利用信息技术手段进行审计，审计人员就可以更深入地了解组织的运营情况和潜在问题。

第五章 力度维度下的组织治理

在组织治理的框架下，研究型内部审计的力度体现在其权威性、主要方法与推动企业决策优化三个方面。权威性确保了内部审计部门在揭示问题、提出改进建议时能够保持独立性和公正性，不受干扰。主要方法是确保审计发现和建议得以有效实施的关键，通过整体研究、纵向历史研究和横向比较研究，研究型内部审计要求组织建立并维护一套完善的整改和跟踪机制。推动企业决策优化则意味着随着组织环境和业务的变化，内部审计部门需要不断学习和创新，以适应新的审计需求，优化企业决策，提升审计效果。这三个方面的紧密结合，共同构成了研究型内部审计在组织治理中的核心力量，为组织的稳健发展提供有力保障。

第一节 研究型内部审计在组织治理中的权威性

一 保障机制

（一）制度完善

从研究型内部审计的力度维度来看，其制度保障不仅为审计工作提供了明确的法律依据和操作规范，更在多个方面强化了其在组织中的权威性和公正性。

1.制度设计的精细化与系统性

研究型内部审计的制度保障经过精心设计和系统规划，确保审计工作的每一个环节都有章可循。制度详细规定了审计的目标，确保审计活动始终围绕组织的战略目标和风险点展开；明确了审计的范围，避免了审计的盲目性和遗漏；详细列出了审计的职责和权限，使得审计人员能够在明确的权限范围内独立、公正地开展工作。此外，制度还明确规定审计过程中的各种程序和规则，确保审计工作的标准化和规范化。

2. 制度的动态更新与适应性

研究型内部审计的制度保障不是静态的，而是随着组织的发展和外部环境的变化而不断更新的。动态更新的制度能够确保审计工作的时效性和针对性，使审计始终与组织的实际运营情况相契合。同时，制度的适应性也体现在对新技术、新方法的快速响应上，确保审计工作能够充分利用最新的技术和方法来提高审计效率和质量。

3. 制度的权威性与强制性

研究型内部审计的制度保障在组织中具有较高的权威性和强制性，往往经过组织高层的批准和认可，成为组织内部的法规性文件。一旦制定并公布，所有相关人员都必须严格遵守和执行。其权威性和强制性使得审计制度在组织中具有威慑力，能够有效地约束和规范相关人员的行为，确保审计工作的顺利开展。

4. 制度对审计独立性的保障

研究型内部审计的制度保障强调对审计独立性的保障。通过明确规定审计机构的独立地位、审计人员的独立职责和权限，以及确保审计过程不受其他部门的干扰和影响，制度为审计工作的独立性提供了有力的保障。这种独立性使得研究型内部审计能够客观地评估组织的运营状况和风险水平，为组织提供独立的意见和建议。

5. 制度对审计质量的保障

研究型内部审计的制度保障还体现在对审计质量的保障上。通过规定审计工作的标准、程序和质量控制要求，制度确保了审计工作的规范性和一致性。同时，制度规定审计结果的报告和反馈机制，确保审计结果能够及时、准确地传递给相关决策者，为组织的决策提供支持，对审计质量的保障使得研究型内部审计在组织中具有较高的可信度和影响力。

（二）独立性保障

从研究型内部审计的力度维度来看，其独立性是权威性的核心要素，通过设立独立的审计机构、配置独立的审计人员、赋予独立的审计权限和职责、保障独立的审计过程以及报告独立的审计结果，在进一步保障审计工作的客观性、公正性和有效性方面发挥着至关重要的作用。

1. 独立的审计机构设置

研究型内部审计的独立性往往体现在独立的审计机构设置上，一个独立的审计机构能够确保审计工作不受其他业务部门的干扰和影响，保持其专业性和客观性。审计机构通常拥有独立的预算、独立的办公场所和独立的组织架构，使其能够自主决策、独立运作。

2. 独立的审计人员配置

除了独立的机构设置，研究型内部审计还需要确保独立的审计人员配置。审计人员需要具备独立的专业能力和职业道德，能够不受外界干扰地执行审计任务，拥有足够的权限和职责，能够自主调查、取证和报告审计结果，而不受其他部门的干扰或影响。

3. 独立的审计权限和职责

独立的审计权限和职责是指审计人员被赋予明确的审计权限，包括查阅相关资料、询问相关人员、进行现场检查等，以确保能够全面、深入地了解组织的运营状况和风险水平；同时，审计人员还应当拥有独立的审计职责，能够客观地评估组织的内部控制、风险管理等，为组织提供独立的意见和建议。

4. 独立的审计过程保障

审计过程的独立性包括三个方面：一是确保审计计划的独立性，避免受到其他部门的干扰和影响；二是确保审计过程中的信息保密性，防止信息泄露和滥用；三是确保审计结果的独立性，避免受到外部因素的干扰和左右。以上保障措施有助于维护审计工作的客观性和公正性，提高审计结果的可信度和影响力。

5. 独立的审计结果报告

独立的审计结果报告是指审计报告应当客观、公正地反映组织的运营状况和风险水平，不受其他部门的干扰和影响。审计人员应当独立地撰写审计报告，对审计结果负责，并向组织高层报告审计结果。独立的报告机制有助于确保审计结果的客观性和公正性，为组织提供有价值的参考和建议。

（三）资源保障

从研究型内部审计的力度维度来看，资源保障与审计质量密切相关，是确保研究型内部审计高效、高质量开展工作的关键因素，充足的人力、物力和财力支持能够使审计部门更加专注于研究和分析工作，进一步提升研究型内部审计力度。同时，资源保障还能确保审计人员获得更多的学习和培训机会，不断提升自身专业素质和综合能力，进一步增强研究型内部审计的权威性和影响力，使其在组织治理中发挥更加重要的作用。

1. 高素质的专业人才

研究型内部审计的核心在于其研究和分析能力，因此，拥有高素质的专业人才至关重要。这些人才不仅需要具备扎实的审计知识和丰富的实践经验，还需要具备跨学科的思维能力，如数据分析、风险管理、信息技术等。组织为审计部门提供这样的专业人才，能够确保审计工作的专业性和深度，从而增强研究型内部审计的权威性和影响力。

2. 先进的审计技术和设备

随着信息技术的快速发展，审计技术和设备也在不断更新换代，先进的审计技术和设备，如大数据分析工具、云计算平台、自动化审计软件等，能够极大地提高审计工作的效率和质量，帮助审计人员更加快速、准确地获取和分析数据，发现潜在的风险和问题，为组织提供更加精准的建议和解决方案。

3. 必要的经费支持

研究型内部审计需要一定的经费支持来保障其正常运作，包括支付人员薪酬、设备购置费用、培训费用、差旅费用等，从而确保审计工作的顺利进行，避免因经费不足而影响审计质量和效率。同时，必要的经费支持还能够鼓励审计人员积极探索新的审计方法和技术，增强审计工作的创新性和前瞻性。

二 审计过程

（一）深入研究

在力度维度下，审计过程中的深入研究和全面分析对于提升审计的权威性和有效性至关重要。研究型内部审计不是仅仅对组织运营进行表面审查，而是也深入地挖掘组织的运营状况、风险水平和管理情况，从而确保审计工作的坚定落实。

1. 深度研究组织的运营状况

在审计过程中，审计人员将对组织的运营状况进行深入的研究，包括全面了解组织的业务模式、市场定位、竞争环境以及内部运营流程等，收集有关方面的关联数据和信息，进行深入的分析和解读，以揭示组织运营中的实际情况和潜在问题。

2. 全面评估风险水平

研究型内部审计致力于全面评估组织的风险水平。审计人员通过专业的风险评估工具和方法，对组织面临的各种风险进行识别和评估，包括市场风险、操作风险、合规风险等。通过进行风险的综合分析，研究型内部审计可以了解组织的风险敞口和可能的影响。

3. 细致审视管理情况

研究型内部审计对组织的管理情况进行细致的审视，包括对组织的内部控制体系、管理决策过程、资源利用效率等方面的分析，关注管理活动中是否存在缺陷或不足，以及是否存在潜在的改进空间。

4. 数据和信息收集与分析的重要性

研究型内部审计的深入研究离不开大量的数据和信息支持。审计人员会运用调查问卷、访谈、现场观察等方法和手段，来收集与组织运营、风险和管理相关的数据和信息，对数据和信息进行细致的分析和解读，以发现潜在的问题和风险。数据和信息收集与分析的过程，使得研究型内部审计能够全面了解组织的实际情况，提高审计的准确性和有效性。

5.审计建议的针对性和实用性

研究型内部审计的审计建议同时具有针对性和实用性。审计人员根据对组织运营、风险和管理情况的深入研究和分析，提出具体的、可操作的改进建议，旨在帮助组织解决潜在的问题和风险，提升管理水平和运营效率。同时，审计人员关注建议的可行性和实施效果，确保其能够被组织有效地采纳和执行。

（二）精准定位

研究型内部审计不仅运用专业的审计技术和方法，如数据分析、风险评估等，对组织的日常运营进行深度审视，还积极利用现代科技手段，如人工智能、大数据等，来提高审计的效率和准确度。审计人员会深入挖掘数据背后的故事，通过数据分析和模式识别，发现可能被传统审计方法忽视或隐藏的问题和风险点。研究型内部审计的精准定位能力并非一蹴而就，而是源于审计人员扎实的专业素质和丰富的实践经验。审计人员需要具备丰富的会计、审计、金融、法律等学科知识，能够熟练运用各种审计技术和方法；同时，通过长期的实践积累，对组织的业务模式、市场定位以及内部运营流程有了深入的了解，能够敏锐地捕捉到组织运营中的潜在漏洞和不足。更重要的是，研究型内部审计团队需要具备前瞻性的思维，不仅要关注组织当前的运营状况，还要时刻关注行业趋势和竞争环境的变化，通过对外部环境的深入研究，更好地理解组织面临的挑战和机遇，为组织提供更具前瞻性的审计建议。

研究型内部审计的精准定位能力，使得审计不再仅仅是一种合规性检查的工具，而是成为组织战略决策的重要支持。通过揭示潜在的问题和风险，研究型内部审计在推动组织持续、健康发展方面发挥着越来越重要的作用。因此，组织需要高度重视研究型内部审计的发展，为审计团队提供必要的支持和资源，确保研究型内部审计能够充分发挥其强大的研究和分析能力，为组织的稳健发展提供有力保障。

（三）客观评估

在研究型内部审计的实践中，审计人员应当始终坚守客观、公正的原则，不受任何外部因素的干扰，始终将组织的实际情况作为审计的出发点和落脚点。在审计过程中，审计人员应当严格遵循审计准则和职业道德规范，确保审计活动的每一步都符合专业标准。在评估组织的运营状况和风险水平时，研究型内部审计团队应采取科学、系统的方法，收集和分析大量的数据和信息，还应运用专业的审计技术和工具，对组织的运营状况进行全面、细致、深入的剖析，不受主观情感的影响，完全基于事实和数据，确保评估结果的客观性和公正性。客观评估的态度在确保了研究型内部审计的力度的同时，也在组织中建立了更高的权威性和公信力，组织的管理层和决策层能够信任研究型内部审计的结果，将其作为制定战略和决策的重要依据。同时，研究型内部审计的客观评估也会得到外部监管机构、投资者和其他利益相关者的检验，获得其认可。

研究型内部审计在审计过程中展现出的客观、公正态度，无疑是其核心价值之一，不仅确保了审计结果的准确性和可靠性，还使得研究型内部审计在组织中具有更高的权威性和公信力。这有利于促进组织充分重视研究型内部审计的作用，为其提供更多的支持和资源，以推动其不断发展和完善。

三　审计结果

（一）权威报告

研究型内部审计在组织治理中的权威性不仅体现在其审计的专业性和独立性上，更体现在其出具的具有权威性的审计报告上。审计报告不仅是审计工作的反馈，更是组织治理的重要支撑和依据。

研究型内部审计的审计报告，其权威性首先体现在审计报告内容的全面性和细致性上。报告会详细记录审计的全过程，包括数据的收集、分析、评估以及审计方法的运用等，确保审计的透明度和可追溯性。

其次，其权威性体现在审核和确认的严谨性上。审计人员应当严格遵循审计准则和职业道德规范，对审计报告的内容进行认真的审核和确认，对报告中的数据和信息进行反复核对，确保其准确性和可靠性。这不仅能增强审计报告的权威性，也能提高其在组织中的认可度。权威的审计报告在组织治理中发挥着至关重要的作用，为组织提供客观、公正的审计证据，帮助组织全面了解自身的运营状况和风险水平。同时，报告中的改进建议也为组织提供了明确的改进方向，有助于组织优化内部管理、提升运营效率。因此，研究型内部审计的审计报告在组织治理中具有不可替代的权威性。

最后，研究型内部审计的权威性还体现在其所出具的报告对组织决策的影响力上。组织的管理层和决策层在制定战略和决策时，往往会参考研究型内部审计的审计报告，为管理层提供重要的参考依据，有助于其更好地把握组织的实际情况和发展趋势。报告中的问题和建议也会为管理层提供新思路，促使管理层更加重视组织的内部管理和风险防控，提高组织的整体治理水平。

（二）公开透明

首先，研究型内部审计通过公开审计报告，向组织和社会公众展示其审计工作的成果。报告内容通常包括审计的目的、范围、方法、发现的问题、改进建议以及整改落实情况等关键信息。通过公开这些信息，更多内外部利益相关者能够了解审计工作的具体情况，从而增加审计工作的透明度。

其次，公开透明的审计结果有助于组织接受社会监督。社会公众和利益相关者可以通过公开的审计报告，对审计工作的质量和效果进行评估。社会监督的压力会促使研究型内部审计在审计过程中更加严谨、公正，确保审计结果的客观性和准确性。同时，社会监督还能促使组织更加重视审计结果的整改落实，推动问题的真正解决和改进的实现。

再次，通过公开透明的方式报告审计结果，不仅能增强审计自身的透明度和公信力，还能提高其在组织治理中的权威性和影响力。一方面，公开透明的审计结果有助于组织管理层更加清晰地了解组织的运营状况和风险水平，为制定战略和决策提供更准确的依据。另一方面，公开透明的审计结果还能增强组织的声誉和信誉，提高其在社会公众中的信任度和认可度。

最后，研究型内部审计在公开透明方面还可以进一步加大其力度。例如，可以通过建立在线审计报告发布平台，实时更新审计信息，方便社会公众查阅和了解。同时，可以加强与媒体的沟通和合作，通过媒体渠道向社会公众普及审计知识，提高公众对审计工作的认知度和理解度，进一步提升研究型内部审计的透明度和公信力，增强其在组织治理中的权威性和影响力。

第二节　研究型内部审计在组织治理中的主要方法

一　系统整体的研究

整体研究强调内部审计在组织治理体系中的核心地位和作用，要求内部审计部门具有高度的独立性和权威性，全面发挥其在组织治理中的多重功能，并与其他治理要素保持紧密的沟通和协作，共同推动组织治理的完善。

（一）研究型内部审计的定位与功能

1. 研究型内部审计的定位

内部审计作为组织治理体系中的重要组成部分，其定位直接决定了其在组织中的影响力和作用范围。系统整体研究强调内部审计应被视为一个独立的、客观的评价和监督机构，能够全面审视组织的运营状况，为管理层和治理层提供有价值的信息和建议。内部审计部门需要具有高度的独立性和权威性，能够自主开展审计工作，不受其他部门的干扰和影响。

2. 研究型内部审计的功能

研究型内部审计在组织治理中发挥着多重功能，共同构成了内部审计在组织治理中的价值体系。系统整体的研究型内部审计，功能主要包括以下几个方面。

（1）监督功能

与传统审计相同，研究型内部审计的监督功能是其最基础且核心的职责之一。涉及对组织各个层面的财务活动、运营流程和合规性进行持续或定期的监督与检查。通过审查财务报表、财务记录、业务流程和合规性文件等，确保组织的所有活动都符合法律法规、行业标准和组织内部政策的要求。此外，通过监控关键业务流程和内部控制体系的有效性，研究型内部审计也能及时发现并防止潜在的舞弊、错误和不合规行为，保障组织的资产安全和经营稳定。

（2）评价功能

研究型内部审计的评价功能侧重于对组织治理结构和流程的评估。通过分析组织的治理结构、决策机制、管理流程和内部控制体系等，评估其是否健全和高效。研究型内部审计关注组织目标的实现情况、资源分配的合理性、风险管理的有效性等方面，并提出有针对性的改进建议，有助于组织优化治理结构、提升管理效率、降低运营成本，从而推动组织治理的完善。

（3）咨询功能

研究型内部审计的咨询功能体现在为管理层和治理层提供专业的咨询和建议上。由于审计人员具备丰富的专业知识和经验，能够深入了解组织的运营状况和潜在风险，因此，他们通过与管理层和治理层的沟通与交流，提供有关组织治理、内部控制、风险管理等方面的专业意见，有助于管理层和治理层更好地了解组织的运营状况和风险状况，制定更加科学、合理的决策。同时，研究型内部审计能通过协助管理层和治理层解决复杂的问题和难题，提升组织的整体运营效率和竞争力。

（4）风险管理功能

研究型内部审计在风险管理方面发挥着至关重要的作用，通过识别、评估和管理组织面临的各种风险，帮助组织建立有效的风险管理体系。审计人员关注组织的战略风险、财务风险、运营风险、合规性风险等方面，通过收集和分析相关信息和数据，评估风险的可能性和影响程度。基于评估结果，内部审计会提出相应的风险应对策略和措施，帮助组织降低风险损失、保障组织稳健运营和可持续发展。同时，内部审计还会对组织的风险管理体系进行持续监控和评估，确保其有效性和适应性。

（二）与其他治理要素的互动

内部审计在组织治理中不是孤立的，与其他治理要素之间存在着密切的互动。系统整体研究强调审计需要与其他治理要素如董事会、监事会、管理层等保持紧密的沟通和协作，共同推动组织治理的完善和提升。

1. 与董事会的互动

审计部门需要向董事会报告工作，提供有关组织治理和运营状况的审计意见和建议。董事会则通过审计报告了解组织的运营状况和风险状况，为制定战略和决策提供依据。

2. 与监事会的互动

监事会作为组织的监督机构，对内部审计部门工作具有重要的指导和监督作用。审计部门需要向监事会报告工作，接受其监督和指导，确保审计工作的规范性和有效性。

3. 与管理层的互动

内部审计部门与管理层之间需要保持密切的沟通和协作，共同推动组织治理的完善和提升。通过提供咨询和建议，帮助管理层更好地了解组织的运营状况和潜在风险，制定更加科学、合理的决策。同时，管理层也需要为内部审计提供必要的支持和保障，确保审计工作的顺利开展。

（三）内部审计的制度建设

研究型内部审计的制度建设，是确保组织工作能够高效、规范运行的关键环节。一个强有力的研究型内部审计体系应当建立在一套完善的制度体系之上，涉及审计流程、质量控制、人员配置等多个方面。

1. 审计流程

审计流程是内部审计工作的基础，规范了审计工作的步骤和程序，确保审计活动的有序进行。完善的审计流程应包含以下几个关键环节。

第一，审计计划，根据组织的风险状况和战略目标，制订年度审计计划，明确审计的目标、范围、时间表和责任人。

第二，审计准备，收集审计所需的资料和信息，了解被审计单位的业务情况和内部控制状况，制订详细的审计方案。

第三，审计实施，按照审计方案进行实地审计，通过查阅文件、访谈、观察等方式收集审计证据，对审计事项进行核实和评估。

第四，审计报告，根据审计结果，编写审计报告，提出审计意见和建议，向管理层和治理层报告审计结果。

第五，后续跟进，对审计报告中提出的整改建议进行跟踪和督促，确保被审计单位及时、有效地落实整改措施。

2. 质量控制

质量控制是确保内部审计工作质量的重要手段。建立有效的质量控制体系，可以确保审计工作的规范性和有效性。以下是质量控制体系的主要组成部分。

第一，制定审计质量控制标准和程序，明确审计工作的质量要求和控制方法。

第二，设立质量控制部门或委员会，负责对审计工作进行监督和评估，确保审计工作的质量符合标准。

第三，实行审计复核制度，对审计报告和审计结果进行复核，确保审计结果的准确性和可靠性。

第四，定期对内部审计人员进行培训和考核，提升他们的专业素质和技能水平，确保他们具备胜任审计工作的能力。

第五，建立与外部的沟通合作机制，及时了解和借鉴行业最佳实践和监管要求，不断改进和完善内部审计工作。

3.人员配置

人员配置是研究型内部审计工作的重要保障。一个强有力的研究型内部审计体系需要配备足够数量且高质量的内部审计人员。首先，要根据组织的规模和业务需求，合理配置内部审计人员数量，确保审计工作的覆盖面和深度。其次，招聘具备丰富经验和专业技能的内部审计人员，提升整个团队的专业素质和技能水平。再次，建立内部培训机制，定期对内部审计人员进行培训和提升，确保他们掌握最新的审计理念和方法。从次，鼓励内部审计人员参与行业交流和学术研究活动，拓宽他们的视野和知识面。最后，建立激励机制和考核机制，对表现优秀的内部审计人员进行表彰和奖励，激发他们的工作积极性和创造力。

二 纵向历史的研究

纵向历史研究在组织治理中具有无可替代的价值。研究型内部审计的纵向历史研究不仅关注组织内部审计的发展历程，还深入剖析其演变趋势，并提炼出宝贵的经验教训，为之后组织治理提供丰富的历史参照和实践指导。

在纵向历史的研究中，研究型内部审计系统地跟踪组织或重点项目的审计情况，逐年分析其审计实践的变化和趋势。通过深入研究，可以清晰地看到审计在组织结构、管理体系、风险控制等方面的作用和影响。这种研究有助于更加全面地理解内部审计在组织治理中的功能和价值。

在探讨研究型内部审计的基本内涵时，要明确审计的本质、目的和范围，以及审计在组织中的定位和作用。同时，还要关注审计主体和客体的变化，包括审计机构的设置、审计人员的配备以及被审计单位的类型和特点等。

在审计目标、内容、重点的探讨中，审计人员会结合行业特点和项目需求，分析审计的具体目标和内容，以及审计的重点领域和关键环节，旨在更加准确地把握审计的重点和方向，提高审计的针对性和有效性。

在评价指标、审计方法、组织方式和技术手段的研究中，审计人员会关注审计评价体系的完善、审计方法的创新、组织方式的优化以及技术手段的应用等，这不仅提高了审计的质量和效率，还推动了审计工作的现代化和智能化。

通过对问题的分类归纳和原因分析，审计人员可以发现审计实践中存在的普遍性和特殊性问题，并提出具有前瞻性的建议，以更好地应对未来的挑战和机遇，推动审计工作的持续改进和发展。

并且，在研究型内部审计开展的纵向历史研究中，审计人员会撰写调研报告、科研论文，并召开研讨会，总结经验教训，获得的成果不仅能为审计实践提供理论支持和实践指导，还能为组织后续的学习和参考提供宝贵的资源。

立足审计实践，审计人员也可以编写内部审计操作指南及其配套办法，汇编优秀审计案例供组织后续参考学习。这能为审计人员后续工作提供具体的操作指南和参考案例，有助于更好地理解和应用审计理论和方法，提高审计工作的规范性和专业性。

三 横向比较的研究

横向比较研究在研究型内部审计的领域具有独特的价值和意义。这种研究方法专注于对比不同组织、行业或地区内部审计在组织治理中的异同点和优劣势，旨在通过对比找出各自的特点、差异和优势，为本组织实践提供更为全面和深入的洞察。

（一）不同组织的比较研究

通过选取不同行业、不同规模、不同治理结构的组织并进行比较研究，审计人员能够深入剖析这些组织的内部审计在组织治理中的异同点和优劣势，进而为提升内部审计的执行力提供有力的借鉴和参考。

1. 研究框架

（1）行业选择

选择具有代表性的行业进行比较，如制造业、金融业、信息技术业等，选取与本行业在运营模式、风险特点、治理需求等方面存在差异的对照组进行比较，有助于揭示内部审计在不同行业背景下的特点和规律。

（2）组织规模与治理结构

在同一行业内，进一步选择不同规模和不同治理结构的组织进行比较。包括大型国有企业、跨国公司、中小民营企业等，以分析内部审计在不同组织规模和治理结构下的运作方式和效果。

2. 异同点分析

（1）内部审计模式与结构

相同点：无论行业、规模、治理结构如何变化，内部审计都普遍承担着风险防控、内部控制改善、合规性提升等核心职责。

不同点：不同组织在内部审计的组织结构、职责权限、人员配置等方面存在差异。例如，大型企业可能拥有更为完善的内部审计体系和更高水平的审计人员，而中小企业则可能更注重内部审计的灵活性和实用性。

（2）审计目标与内容

相同点：各行业和各组织的内部审计都致力于保障组织的稳健运营和合规性。

不同点：不同行业和组织的审计目标和内容各有侧重。例如，金融业更注重风险管理和合规性审计，而制造业则更关注生产流程控制和成本效益审计。

（3）审计方法与技术

相同点：随着信息技术的发展，各行业和各组织都在积极探索和应用新的审计方法和技术手段，如数据分析、云计算等。

不同点：不同组织在审计方法和技术手段的应用上存在差异。大型企业可能拥有更先进的审计技术和更丰富的数据资源，而中小企业则可能更注重审计方法的实用性和成本效益。

3. 研究型内部审计的优劣势分析

（1）优势分析

行业优势，不同行业在内部审计方面可能形成各自独特的优势。例如，金融业在风险管理和合规性审计方面积累了丰富的经验和技术手段。

组织优势，大型企业和跨国公司可能拥有更为完善的内部审计体系和更高水平的审计人员，能够提供更全面、深入的审计服务。

（2）劣势分析

行业劣势，某些行业可能面临特定的审计挑战和风险。例如，新兴行业在法规和监管方面可能尚不完善，这会给内部审计带来一定的困难。

组织劣势，中小企业可能面临资源有限、人员不足等问题，导致内部审计的执行力受限。

（二）优秀案例与经验借鉴

在研究型内部审计的实践中，挖掘和分享优秀内部审计案例与经验，提炼其成功的关键因素和做法，对于提升内部审计在组织治理中的执行力具有重要意义。通过深入剖析这些成功案例，可以汲取其中的智慧和经验，为内部审计工作提供有力的指导和借鉴。

1. 案例挖掘的重要性

研究型内部审计强调对审计实践的深入分析和总结，案例挖掘则是这一过程中不可或缺的一环。通过挖掘具有代表性、典型性和启发性的内部审计案例，审计人员可以了解不同组织在内部审计方面的创新做法和成功经验，从而拓宽内部审计工作的视野和思路。

2. 案例分享与学习的价值

案例分享和学习是提升内部审计执行力的有效途径。通过分享成功案例的经验和做法，审计人员可以学习到先进的审计理念、方法和技巧，掌握内部审计的最新发展趋势和动态。同时，通过学习这些成功案例，审计人员也能了解到不同组织在内部审计方面的差异和优势，为自身的发展提供有益的参考和借鉴。

3. 提炼成功的关键因素和做法

在挖掘和分享优秀内部审计案例的过程中，需要提炼出其成功的关键因素和做法。这些关键因素和做法可能包括但不限于以下几个方面。

（1）明确的审计目标和定位

成功的内部审计案例往往具有明确的审计目标和定位，能够准确把握组织的战略需求和治理风险，为组织提供有针对性的审计服务。

（2）创新的审计方法和技术

随着信息技术的发展，内部审计也需要不断创新审计方法和技术手段。成功案例往往能够积极应用新技术和新方法，提高审计的效率和效果。

（3）良好的团队协作和沟通

内部审计工作需要团队协作和沟通，成功案例中的审计团队往往能够保持良好的沟通和协作，确保审计工作的顺利进行。

（4）深入的风险分析和控制

成功的内部审计案例通常能够深入分析和识别组织面临的风险，并采取相应的控制措施，减少风险对组织的影响。

（5）持续改进和学习

成功案例中的内部审计部门往往能够保持持续改进和学习的态度，不断总结经验教训，提升审计工作的质量和水平。

4. 如何应用成功案例的经验和做法

学习和借鉴成功案例的经验和做法需要注重四点。一是结合实际情况，在应用成功案例的经验和做法时，需要充分考虑自身组织的实际情况和需求，避免生搬硬套。二是注重实践探索，成功案例的经验和做法需要在实践中不断探索和完善，才能更好地适应组织治理的需求。三是培养审计人才，通过学习和借鉴成功案例的经验和做法，可以培养出一批具备高素质、强专业能力的内部审计人才，为提升内部审计执行力提供有力的人才保障。四是建立长效机制，成功案例的经验和做法需要建立长效机制进行推广和应用，确保内部审计工作能够持续发展和改进。

第三节　研究型内部审计在组织治理中推动企业决策优化

一　深入洞察与全面分析优化决策

作为一种现代审计方法，研究型内部审计独特的力度在于其深入洞察和全面分析企业运营的能力，不是局限于简单的财务数据审核，而是深入企业的运营细节，通过系统的数据收集、分析和解读，为企业决策者提供全面而深入的信息支持。研究型内部审计收集分析的信息不仅涵盖企业的内部运营情况，还包括了外部市场环境和竞争对手的动态。企业决策者可以基于这些信息，更加精准地把握市场趋势、评估投资风险、优化资源配置，从而实现决策的优化。因此，企业应当高度重视研究型内部审计的作用，加强对其的投入和支持，以充分发挥其在推动企业决策优化方面的作用。

（一）系统的数据收集

研究型内部审计首先会对企业的各类数据进行全面而系统的收集，数据不仅包括财务报表、经营报告等传统的财务数据，还包括市场数据、客户数据、供应链数据等非财务信息。全面的数据收集为后续供企业决策参考的分析提供了坚实的基础。

（二）深入的数据分析

在数据收集的基础上，审计团队会运用各种分析工具和模型，对数据进行深入的分析和解读。通过对数据的对比、趋势预测、关联性分析等，审计团队能够揭示出企业运营中的风险点、薄弱环节和潜在机会。深入的分析能力使得审计团队能够为企业提供更为精准且有价值的建议。

（三）全面的信息支持

研究型内部审计的深入分析和洞察，为企业决策者提供了全面的信息支持。审计工作不仅涵盖了企业的财务状况和经营成果，还包括了市场趋势、竞争对手动态、客户需求变化等外部信息。企业决策者可以基于这些信息，更准确地把握市场趋势、评估投资风险、优化资源配置，从而实现决策的优化。

（四）决策优化的具体表现

1. 市场趋势的精准把握

研究型内部审计提供的信息支持，使得企业决策者能够更准确地预测市场趋势，从而制定更为精准的市场策略和产品规划。

2. 投资风险的有效评估

通过对各类投资项目的深入分析和评估，研究型内部审计能够帮助企业决策者识别潜在的风险点，从而避免盲目投资带来的损失。

3. 资源配置的合理优化

基于全面的信息支持，企业决策者可以更加合理地配置资源，确保资源的有效利用和最大化产出。

二 精准定位与靶向发力不断优化决策

（一）深化精准定位与靶向发力

研究型内部审计不会仅停留在表面的数据核查和流程检查，而会深入企业运营的各个层面，进行精准定位。审计团队会针对企业的核心业务、关键风险点、重要投资项目等，运用专业的审计技术和方法，进行深入、细致的研究。通过对比分析过去与现在的数据、行业趋势与内部表现，审计团队能够揭示问题的本质和根源，为企业决策者提供真实、准确的信息支持。

靶向发力则体现在审计团队能够针对揭示出的问题，提出具有针对性的建议和解决方案。这些建议不仅关注短期问题的解决，更着眼于企业长期的发展和战略目标的实现。通过靶向发力，审计团队能帮助企业决策者更加精准地制定对策，优化决策过程。

（二）促进决策的科学性与前瞻性

研究型内部审计通过精准定位和靶向发力，为企业决策者提供了丰富的信息和数据支持。这使得企业决策者在制定决策时，能够基于更加全面、深入的分析，提高决策的科学性和前瞻性。一方面，研究型内部审计揭示的问题和趋势，能够帮助企业决策者更好地了解企业的运营状况和市场环境，从而制订出更加符合实际、切实可行的决策方案。另一方面，研究型内部审计提出的建议和解决方案，往往具有前瞻性和创新性，能够引导企业决策者关注未来趋势、把握发展机遇，实现企业的可持续发展。

（三）优化决策流程与提升决策效率

研究型内部审计在促进企业决策优化的过程中，能够优化决策流程、提升决策效率。首先，研究型内部审计通过精准定位和靶向发力，能够为企业决策者提供更加明确、具体的决策需求。这使得企业决策者能够更加聚焦于关键问题，减少不必要的决策环节和时间成本。其次，研究型内部审计通过专业的审计技术和方法，能够为企业提供更加高效、准确的决策支持，使得企业决策者能够更快地获取所需信息、分析数据、制定对策，提高决策效率。最后，研究型内部审计还能够通过与企业内部其他部门的协作和配合，形成决策合力。通过共享信息、交流经验、协同工作等方式，推动企业内部各部门之间的沟通和协作，形成更加高效的决策机制。

（四）增强决策执行的力度与效果

研究型内部审计在促进企业决策优化的过程中，能够增强决策执行的力度与效果。一方面，研究型内部审计通过揭示问题的本质和根源，能够帮助企业决策者更好地理解问题的严重性和紧迫性，从而增强决策执行的决心和力度。另一方面，研究型内部审计提出的建议和解决方案往往具有可操作性和可实施性，能够为决策执行提供具体的指导和支持。这使得企业决策者能够更加顺利地推进决策执行工作，确保决策目标的实现。

三 强化监督与持续改进不断优化决策

在监督企业运营、推动改进方面，研究型内部审计通过定期的审计检查、专项审计等方式，能及时发现企业运营中的问题和不足，并提出改进意见和建议。持续的监督和改进机制，有助于企业决策者及时纠正错误、优化决策，推动企业实现可持续发展。

（一）强化监督

研究型内部审计在监督企业运营时，其监督力度远超传统的财务核查，实现了对企业运营全过程的深度挖掘。通过定期的审计检查和专项审计，审计人员采用诸如数据分析、风险识别模型等先进的审计技术和方法，确保对企业运营的每个环节都能进行全面、精准的审视。全面的监督覆盖财务、市场、生产、供应链等多个领域，深入企业管理的各个层面，从而能够及时发现潜在的风险和问题。其监督的精准性不仅体现在对问题的准确识别上，更体现在对问题根源的深入挖掘上。审计人员运用专业的知识和经验，结合企业的实际情况，对发现的问题进行深入分析，揭示其背后的原因和逻辑关系。利用精准的分析进而促使企业决策者更加清晰地认识问题的本质，从而制定出更有效的解决策略。

此外，由于研究型内部审计具备前瞻性的监督特点，审计人员并非仅关注企业当前的运营状况，而是通过对企业运营数据的深度分析，结合行业趋势、市场动态、政策法规等多方面的信息，预测企业未来可能面临的挑战和机遇。这种前瞻性的监督能够为企业决策者提供及时、准确的预警信息，帮助他们提前制定应对策略，优化企业决策，确保企业在未来的发展中能够保持领先地位。

（二）推动改进

当研究型内部审计发现企业运营中的问题和不足时，不会仅停留在揭示问题的层面，而是会推动改进。审计人员会针对每个问题进行深入的研究和分析，找出问题的根源和关键因素，提出能够直接针对问题的根源和关键因素的建议或切实可行的解决方案。同时，审计人员会为企业决策者提供明确的实施路径和时间表，确保改进措施能够得到有效执行。

研究型内部审计强调改进措施的可持续性，通过关注改进措施的长期效果和影响，确保改进措施不仅能够解决当前的问题，还能够为企业带来长期的效益。为了实现这一目标，审计部门会与企业内部相关部门进行紧密的沟通和协作，共同制订改进措施的实施计划，并跟踪改进措施的执行情况，确保改进措施能够得到有效落实。

（三）实现可持续发展

研究型内部审计在强化监督与推动改进的过程中，不仅能促进企业决策的优化，更有助于企业实现可持续发展。通过及时发现问题和推动改进，企业能够降低运营风险、提升运营效率，从而增强企业的竞争力和盈利能力。竞争力的提升不仅有助于企业在市场上取得更好的成绩，还能够为企业带来更多的商业机会和合作伙伴。

同时，研究型内部审计密切关注企业的社会责任感和环保责任。审计人员会通过评估企业在社会责任和环保方面的表现，包括企业在员工福利、消费者权益保护、环境保护等方面的投入和成效，发现企业在这些方面存在的问题和不足，并提出改进意见和建议，进而促使企业积极履行社会责任、保护环境、实现绿色发展。通过履行社会责任和环保责任，企业不仅能够提升自身的品牌形象和声誉，还能够获得更多消费者的信任和支持，从而创造更大的价值。

第六章 🔍 广度维度下的组织治理

习近平总书记在二十届中央审计委员会第一次会议上指出，"坚持依法审计，做实研究型审计，发扬斗争精神，增强斗争本领，打造经济监督的'特种部队'，把问题查准、查深、查透"。在当前复杂多变的经济环境下，组织的治理效率直接关系到组织的长期发展和竞争能力。研究型内部审计作为一种新型的审计思维与模式，其广度维度下的审视为企业提供了前所未有的视角和工具。从组织结构的优化，到企业业务流程的精细管理，再到利益相关者共治模式的构建，研究型内部审计在企业经营的各个环节均能发挥重要作用，推动实现"研为先导、研以致用、以研促改、研学相长"的效果，从而更有效地提升组织治理效率。

第一节　研究型内部审计与组织结构的优化

在全面贯彻党的二十大精神的时代背景下，内部审计作为组织内部治理的核心机制，其重要性愈发凸显。随着国家对于审计工作的日益重视和审计实践的深入发展，研究型内部审计作为一种新兴的审计范式，正在逐步展现出其在组织结构优化中的独特价值和关键作用。

一　内部审计与组织结构的关系

（一）内部审计对组织结构的合规性保障

内部审计作为组织内部治理的重要组成部分，首要任务是确保组织遵循法律法规、行业准则和内部政策，从而维护组织结构的合规性。在组织结构中，各部门、岗位和流程都需要按照既定的规章制度运作，而内部审计则通过定期的审查、评估和监督，确保这些规章制度得到严格执行。当内部审计发现组织存在违规行为时，会及时提出整改建议，防止问题扩大，从而保护组织的声誉和利益。这种合规性保障不仅有助于维护组织的稳健运行，还能为组织创造一个公平、公正、透明的工作环境，进一步增强组织成员对组织的归属感和忠诚度。

（二）内部审计对组织结构的优化推动

内部审计在审查过程中，不仅关注组织的合规性，还注重发现组织结构中存在的问题和瓶颈，如部门协作不畅、流程烦琐、资源分配不合理等。针对以上问题，内部审计会进行深入的分析和研究，找出问题的根源和症结所在，并提出有针对性的优化建议。这些建议将涵盖调整组织结构、优化流程、改进管理制度等方面，旨在帮助组织消除障碍、提高运行效率。通过内部审计的推动，组织结构可以更加合理、高效，为组织的长期发展提供有力支持。

（三）内部审计对组织结构变革的支持与引导

随着外部环境的变化和内部需求的发展，组织可能需要进行变革以适应新的挑战和机遇。在这个过程中，内部审计扮演着重要角色。内部审计可以通过对组织现状的深入分析和评估，为管理层提供变革的决策依据；同时，还能通过参与变革方案的制订和实施过程，确保变革顺利进行并达到预期效果。在变革过程中，内部审计会对变革的进展和效果进行监督和评估，及时发现问题并提出改进措施，以有力的支持与引导，促使组织更好地应对变革带来的挑战和机遇，实现可持续发展。

二　研究型内部审计在组织结构优化中的关键作用

（一）数据驱动与深度分析

研究型内部审计在组织结构优化中的关键作用首先体现在其数据驱动与深度分析的能力上。随着信息技术的快速发展，组织内部产生了海量的运营数据。研究型内部审计通过运用先进的数据分析技术和工具，如大数据分析、机器学习等，对这些数据进行深入的挖掘和剖析，以揭示组织运营的深层次规律和问题。基于数据驱动的分析方法，不仅能够发现传统审计难以察觉的潜在风险和问题，还能够为组织结构的优化提供精准的数据支持。例如，通过数据分析，研究型内部审计可以识别出组织内部流程中的瓶颈环节，进而提出有针对性的优化建议，帮助组织提升整体运行效率。

（二）前瞻性思考与战略规划

研究型内部审计在组织结构优化中的另一个关键作用是前瞻性思考与战略规划。在快速变化的市场环境中，组织需要不断适应新的挑战和机遇。研究型内部审计通过对外部环境、行业趋势和内部需求的深入研究，为组织提供具有前瞻性的建议和战略规划，使得组织能够提前预见并应对未来可能面临的风险和机遇，从而保持竞争优势。同时，研究型内部审计还可以结合组织的战略目标，对组织结构进行战略性评估，提出符合组织长期发展目标的优化建议。这些做法不仅有助于解决当前问题，还能够推动组织结构的创新和升级，为组织的可持续发展奠定坚实基础。

（三）创新解决方案的提出

研究型内部审计在组织结构优化中的关键作用还体现在其提出创新解决方案的能力上。传统的审计方法往往仅关注发现和纠正问题，而研究型内部审计则更加注重分析问题的根源和提出具有创新性的解决方案。在提出优化建议时，研究型内部审计注重结合专业知识和创新思维，提出更为创新和实用的解决方案。涉及组织结构调整、流程优化、资源重配等方面，旨在从根本上解决组织面临的问题。通过引入新的理念和方法，研究型内部审计能够推动组织结构的创新和升级，使组织更加适应未来发展的需要。同时，这些创新解决方案的提出也体现了研究型内部审计在组织结构优化中的独特价值和贡献。

第二节　研究型内部审计与企业流程管理

内部审计是组织治理框架中不可或缺的一部分[①]，是组织经济决策科学化、

---

① 鲍国明、刘力云主编《现代内部审计（修订版）》，中国时代经济出版社有限公司，2021。

防控风险常态化、内部管理规范化的一项重要制度安排[①]。在市场竞争日趋激烈的环境下，内部审计与企业流程管理相辅相成。内部审计通过风险评估、合规性监督与优化建议，推动企业流程管理的精细化；而流程管理的规范化为内部审计提供了清晰的审计对象和准确的数据。在这种关系的基础上，研究型内部审计凭借其深入分析和研究的能力，在流程管理中发挥着突出的作用。它不仅能通过风险评估和合规性监督优化流程，还能为企业提供精准的诊断、创新的优化策略，以及持续的监控和风险评估。

一　研究型内部审计与企业流程管理的关系梳理

内部审计作为企业内部管理的重要组成部分，其职能不局限于财务审计，而是扩展至对企业运营流程的审查与评估。与此同时，企业流程管理作为确保企业高效、合规运营的关键环节，与内部审计之间存在着密切的联系。具体而言，内部审计在风险评估与预防、流程合规性监督、流程优化建议等方面对企业流程管理起到推动作用。相应的，企业流程管理在提供审计对象、增强数据可靠性、推动内部审计与流程管理的协同以及提供改进动力等方面对内部审计开展工作提供支持。

（一）研究型内部审计对企业流程管理的推动作用

1. 风险评估与预防

内部审计通过对企业流程的深入审查和细致分析，能够精准地识别出潜在的风险点，如流程设计的不合理、执行过程中的偏差或外部环境的变化等。内部审计团队会运用专业的风险评估方法，对这些潜在风险进行量化评估，明确风险的性质、可能性和影响程度。基于评估结果，内部审计团队会提出相应的风险管理策略和建议，帮助企业制定风险应对措施，提前预防潜在风险的发生，确保流程的稳定性和可靠性。

2. 流程合规性监督

内部审计在企业中具有独立的监督职能，能够确保企业流程符合相关的法律法规、行业标准和企业内部规章制度。通过定期或不定期的审计活动，

①　侯金平：《内部审计领域推进研究型审计的认识与思考》，《会计之友》，2024 年第 8 期。

内部审计团队会对企业流程进行全面、细致的审查，发现并纠正流程中的不合规行为，确保企业流程的合规性，避免企业因违反法律法规或行业标准而面临法律风险和声誉损失。同时，内部审计还能够促进企业流程管理制度的完善和执行，提高企业管理的规范性和有效性。

3. 流程优化建议

内部审计团队在审查企业流程时，会关注流程的效率、效果和适应性等方面，对流程进行全面的分析，识别出流程中的瓶颈、浪费和冗余环节，以及流程中不适应企业发展的部分。基于审计结果，内部审计团队会提出有针对性的优化建议，帮助企业改进流程设计，提高流程的执行效率和效果。优化建议会包含流程重组、引入新技术或管理工具、优化资源配置等方面。这有利于促使企业改进现有流程，提高运营效率和质量，进一步增强企业的竞争力和适应能力。

（二）企业流程管理对研究型内部审计的支持作用

1. 提供清晰的审计对象与范围

企业流程管理的规范化和系统化，为内部审计提供了明确的审计对象和范围。通过流程管理，企业可以清晰地描绘出各个业务流程的走向、关键控制点以及与其他流程的交互关系。这使得内部审计在开展工作时，能够迅速定位审计重点，明确审计目标，提高审计效率。

2. 增强审计数据的准确性和可靠性

企业流程管理通过制定和执行一系列的标准操作程序，确保业务流程的稳定性和可重复性。稳定性和可重复性使得内部审计在收集和分析数据时，能够获得更加准确和可靠的信息。信息的获取为内部审计提供了有力的证据支持，使得审计结论更加具有说服力和可信度。

3. 促进内部审计与流程管理的协同作用

企业流程管理与内部审计在目标上具有一致性，都是为了提高企业的运营效率和管理水平。因此，两者之间存在天然的协同作用。内部审计通过加强与流程管理的沟通和协作，可以与后者共同发现流程中存在的问题和不足，提出改进措施和建议，推动企业流程的不断优化和完善。协同作用不仅有助于提升内部审计的效果和价值，也有助于提高企业的整体竞争力。

4.为研究型内部审计提供持续改进的动力

企业流程管理是一个持续改进的过程，通过不断地优化和完善流程，提高企业的运营效率和管理水平。持续改进的精神也为内部审计提供了动力，内部审计可以通过对企业的流程进行定期或不定期的审计，发现流程中存在的问题和不足，并推动企业进行改进。这种持续改进的过程不仅有助于提高内部审计的效果和价值，也有助于提高企业的整体运营水平和管理能力。

二 研究型内部审计在企业流程精细化管理中的突出作用

在当今快速变化的市场环境中，企业流程精细化管理已成为提升企业竞争力和应对市场挑战的关键。研究型内部审计作为一种先进的审计方法，其在企业流程精细化管理中的作用日益凸显。通过深入研究和分析，研究型内部审计不仅能够准确识别流程中的问题和风险，还能提出具有前瞻性和创新性的优化策略，为企业流程的持续改进提供有力支持。

（一）精准的问题诊断与根源挖掘

研究型内部审计不是仅仅停留在表面问题的识别上，而是侧重于挖掘问题的根源。通过运用专业的审计技术和工具，如数据分析、流程建模等，审计团队能够深入剖析企业流程中的每一个环节，从而发现隐藏在流程背后的深层次问题。精准的问题诊断与根源挖掘能力，使得企业能够更准确地把握流程优化的关键点，为后续的改进措施提供有力支持。

（二）创新性的优化策略与解决方案

研究型内部审计在提供优化策略时，注重创新性和实用性。审计团队不仅关注当前流程的运行状态，还关注行业趋势、技术发展等外部因素，以及企业自身的战略目标和市场环境。通过综合考虑这些因素，审计团队能够提出具有前瞻性和创新性的优化策略，帮助企业实现流程的优化和创新。优化策略涉及流程重组、引入新技术或管理工具、优化资源配置等方面，能够显著提升企业的运营效率和竞争力。

（三）持续的流程监控与评估

研究型内部审计强调对企业流程的持续监控与评估。通过定期的审计活动，审计团队能够及时了解企业流程的运行状况，发现潜在的问题和风险。同时，审计团队能根据企业的发展战略和市场环境的变化，不断调整和优化审计目标和范围，确保审计工作的针对性和有效性。持续的流程监控与评估能力，有助于企业及时发现和解决问题，保持流程的高效运行。

（四）强化风险预警与应对能力

研究型内部审计在风险管理方面具有独特优势。通过对企业流程的深入剖析和风险评估，审计团队能够全面识别流程中的各种风险点，并评估风险发生的可能性及其对企业的影响程度。基于以上分析，审计团队会为企业制定科学的风险预警和应对策略，帮助企业提前做好准备，降低运营风险。此外，根据风险的变化情况，及时调整和优化风险管理策略，也有利于确保企业风险管理的有效性和可持续性。

（五）促进企业学习与知识积累

研究型内部审计在审计过程中，注重知识的积累和学习。不断总结和提炼审计经验和方法，形成具有企业特色的审计知识体系。同时，审计部门会积极与企业其他部门进行交流和分享，推动企业整体学习能力的提升。这种学习和知识的积累，有助于企业不断改进和优化流程管理，提高企业的创新能力和适应能力。

（六）推动企业文化与价值观的融合

研究型内部审计在审计过程中，注重企业文化的融入和价值观的传递，深入了解企业的文化和价值观，并将其贯穿于审计工作的始终。通过审计活动的开展，研究型内部审计能推动企业各部门之间的沟通和协作，增强企业的凝聚力和向心力。同时，审计团队还会积极宣传企业的文化和价值观，推动企业文化与流程管理的融合，提高企业的整体运营效率和管理水平。

研究型内部审计在企业流程精细化管理中发挥着不可替代的作用。通过精准的问题诊断与根源挖掘、创新的优化策略与解决方案、持续的流程监控与评估、强化风险预警与应对能力、促进企业学习与知识积累以及推动企业文化与价值观的融合等多方面的作用，研究型内部审计能为企业的流程优化和运营效率提升提供强有力的支持。因此，企业应高度重视研究型内部审计的应用，加强内部审计团队的建设和培训，确保内部审计工作的专业性和有效性，从而推动企业流程精细化管理的深入发展，提升企业的整体竞争力和市场地位。

第三节　研究型内部审计与利益相关者共治模式的构建

公司治理的主体是以股东为中心的利益相关者，主要分为内部利益相关者和外部利益相关者。内外部利益相关者作为一个整体构筑了企业生存的内外部环境，两者均对内部审计存在不同程度的需求。内部审计在解决信息不对称问题、降低信息传递成本、确保内部控制有效性、强化企业风险管理与战略控制等多方面服务于企业内外部的利益相关者。随着公司治理模式的不断创新和发展，利益相关者共治模式逐渐成为现代企业治理的重要方向。在这一背景下，研究型内部审计以其独特的视角和方法，为利益相关者共治模式的构建提供支持。

一　利益相关者的范围界定及其对研究型内部审计的需求

（一）内部利益相关者及其对研究型内部审计的需求

内部利益相关者主要是指直接从事公司经营管理活动的自然人或法人，如董事会、监事会、经营管理层和公司员工。

1. 董事会

董事会是负责公司经营战略决策、对外代表公司的法定必备常设机关，由股东大会选举产生，是公司治理的核心机构。董事会通常由战略委员会、审计委员会、提名委员会和薪酬委员会等专门机构组成。其中，审计委员会的主要职责有三：一是监控财务报告的形成过程，以确保会计信息的可靠性；二是监督内部控制系统的完整性，明确管理层是否存在控制缺陷；三是监督内外部审计职能的有效性。

显然，审计委员会作为董事会的重要组成部分，一方面存在监督内部审计机构及人员的需求，另一方面又需要内部审计为其提供财务报告质量和内部控制有效性的确认服务。

2. 监事会

监事会本是公司治理结构中专事监督的机构，地位与董事会平行。然而事实上，我国许多公司的监事会难以形成对公司的有效监督。造成监事会监督缺位的主要原因有二。一是监事会下未设置相应的职能部门。由于缺少相应的职能部门，所以监事会大多无法开展日常监督检查工作，难以深入了解和掌握公司真实、一手的信息资料。二是监事会成员并非专职人员。监事大多是公司内部的政工干部、工会干部等，法律、财务、审计、工程人员少，难以履行实际工作[①]。

鉴于这一现状，监事会也非常需要内部审计为其提供公司经营管理、内部控制和财务报告可靠性的确认。可以说，内部审计是监事会可靠的合作伙伴。

3. 管理层

管理层在一般意义上是指对系统或某个单位的活动执行负有管理责任的人员或组织形式。在经济学领域，管理层不仅负责编制财务报表，还要接受治理层的监督。具体到企业，管理层通常指的是企业总经理（也包括副总经理）、董事会秘书、财务总监以及其他对企业有重大影响的高级管理人员。

现代企业管理中，内部控制系统和风险管理过程的合理设计、有效实施、客观评价和不断完善是关键环节。在这个过程中，管理层需要内部审计检查、评价内部控制系统和风险管理过程，并在此基础上提出改进意见，从而实现企业价值增值。

4. 员工

作为企业内部利益相关者的重要组成部分，企业员工的权益与公司绩效及治理质量紧密相联。因此，员工对个人权益的保障、公司运营环境的公正

---

① 谢涤宇：《利益相关者共同治理与企业内部审计的演进》，硕士学位论文，湘潭大学，2007。

性与透明度、公司治理水平以及信息沟通与披露的及时性和准确性极其关注。

因此，企业员工对内部审计的需求尤为显著。具体而言，员工需要内部审计做到四个方面的工作：首先是确保公司运营环境的公正性和透明度，及时发现并且纠正不当行为；其次是监督公司治理结构的运行，确保公司的决策过程合法、合规、透明；再次还要评估公司的财务健康状况、风险管理水平和运营效率，从而帮助公司规避潜在风险，实现可持续发展；最后要能够促进公司信息的有效沟通与披露，确保员工能够及时获取相关信息，增强员工的知情权和参与权。

（二）外部利益相关者及其对研究型内部审计的需求

外部利益相关者则是指虽然不与公司发生直接商事关系，但客观上影响公司或受到公司影响，公司必须对其承担一定社会责任的利益主体，如投资者、债权人、监管者等。

1. 投资者

投资者通常指的是那些将资金或资本投入某一实体（如公司、基金、股票、债券、房地产等）中，以期获得经济回报的人或机构。投资者要确保资本的可获得性和流动性，并将资本成本维持在合理范围内。内部审计对信息和经营过程的确认，一方面有助于降低资本和流动资金紧缩的可能性，另一方面则有助于缓解信息不对称问题、降低投资者决策成本。

具体而言，投资者对内部审计的需求主要体现在确保财务报告的准确性和可靠性、评估企业的风险评估和内部控制体系、监督企业的合规性、评估企业的战略目标和经营计划以及促进企业的公开透明和信息披露等方面。

2. 债权人

债权人参与公司治理的目标在于降低风险，以期获得稳定的利息收入。他们一方面对所借资金能获得稳定的利息收入非常感兴趣，另一方面又为所借资金遭受拖欠或破产损失而担忧，因此他们也有足够的动力和能力参与公司治理。

债权人非常期望公司内部审计能为其提供确认服务，如公司的会计信息是否真实，内部控制是否有效等，为其作出正确的风险对策提供信息支持。

3. 监管者

监管者（如政府监管机构）参与公司治理主要是为了加强对信息披露的监管。公司披露的信息是中小投资者和其他利益相关者了解公司情况并进行决策的主要信息来源，为了保护他们的利益，必须加强对信息披露的监管。监管的重点一是要规范披露的内容，二是要让公司对所披露的信息负责。

公司内部审计披露的信息，是经过公司权威组织审核通过的，它必然会成为监管者首先关注的对象。这不仅有利于杜绝虚假信息的产生，保护利益相关者利益，也有利于证券市场的健康发展。

二 研究型内部审计服务于利益相关者的有效性

在信息经济学中，信息不对称是一个核心问题。这不仅仅是因为人们受限于认知能力，无法知晓所有情况，更因为获取全面信息的成本高昂，使得信息分布和获取存在不公平性。这种不公平性主要源于信息本身的不平等、市场内幕交易以及机会主义行为。在委托代理关系中，信息不对称问题尤为突出，即代理人掌握某些信息而委托人不知晓。若委托人完全了解代理人信息，则能全面监督，防止代理成本问题，但现实情况往往并非如此。

由于信息不对称的普遍存在，所有者对经理人员的约束往往有限，使得经理人员有机会以牺牲所有者利益为代价谋取私利。在现代公司治理中，所有权与管理权的分离使得这一问题更加突出。

为了保障各利益相关者获得准确、公平、真实的会计信息，建立有效的内部审计制度至关重要。内部审计师通过相对独立的审计，既能够约束管理层在会计信息编报上的权力，又能促使其充分披露信息，从而缓解管理层与所有者之间的信息不对称。内部审计的核心目的之一就是通过审计手段提供真实信息，这不仅有助于降低信息不对称的程度，还能间接约束代理人的行为，有效减少逆向选择和道德风险，为公司治理提供坚实的保障。

（一）研究型内部审计能有效地降低组织的信息传递成本

在实际情况中，最高经营者得到的信息有限且容易失真。上级批示须得到基层的理解，才能贯彻执行。同时，下级执行情况需要经过浓缩，反馈到上层。即使每个人心地都很善良，信息只要经过 3~4 层转手传递，便会产生严重的误解、错误或疏忽。当下级回避对其不利的情况时，更加容易产生偏见、扭曲、失真或疏忽。信息每经过一层组织的传递，信息量便被浓缩 50%，而其准确率仅为下一层所传递的 85%。如果一个组织有 6 层机构，自下而上的信息传递到最高层便已经丢失了 98.6%。公司董事会或监事会更不可能得到最准确的信息，这是因为董事会或监事会信息主要来自经营者，经营者得到的信息不仅有限且容易失真，加之经营者具有机会主义倾向，向董事会或监事会汇报时可能玩弄数字游戏，以骗取其信任，这样董事会或监事会所得到的信息就被进一步扭曲或失真。可见，严重的信息失真问题会制约董事会或监事会监督经营者的有效性。而内部审计部门作为深入组织内部的一个常设机构，通过定期或不定期的财务审计、审计调查、离任审计及专项审计等各种审计方式和审计手段，可以深入了解和掌握公司真实的、第一手的信息资料，这样就容易把来自底层的信息真实而及时地反馈到上层，既降低了信息传递的损耗率，又提高了信息的准确率，避免了多重传递所产生的信息损失，有效地降低了信息传递成本[①]。

（二）研究型内部审计有助于确保内部控制的有效性

合理的内部控制制度在公司治理机制中处于关键地位，而内部审计是完善内部控制的关键要素。一般而言，内部控制制度要想充分发挥作用，需有严谨的内部会计控制，专业审计师的查核机制和独立行使职权的董事、监事，三者缺一不可。现代企业制度要求企业各职能部门按照组织的统一目标各司其职、协调一致，形成和实施健全有效的内部管理制度。这不仅需要有内部会计控制、内部管理控制，而且必须有强有力的、居于高层次经济监督地位的内部审计对会计控制和管理控制进行再监督或再控制。从监督系统的有效性出发，内部审计是监督公司内部控制结构，并确定和调查那些可能预示虚假财务报表迹象的最好选择。内部审计通过监督、鉴证和评价，可以明确公司各层次受托人的绩效和责任；内部审计监督的内部性、及时性、经常性、

---

① 朱义坤：《公司治理论》，广东人民出版社，1999。

针对性、全面性，确保其可及时发现公司治理层次、内部控制及管理、投融资活动中存在的漏洞和缺陷，并提出相应的改进措施，从而不断完善公司的内部控制。内部审计可以通过各种审计方式和审计手段对企业进行监督、检查和评价，促使企业建立健全内部管理制度，促使企业加强内部管理。企业只有实现了严格的自我约束，才能实现高质、高产、低耗，以最小的投入获得最大的利润，从而在市场竞争中立于不败之地。内部审计正是现代企业适应市场经济要求的路径，是实现企业自我约束的重要形式和手段。

（三）研究型内部审计是强化风险管理和战略控制的重要手段

随着现代企业经历改组、改造、兼并、重组等变革，以及关联交易、资本运营和筹资渠道的多样化，企业面临的经济结构、产品结构和资本结构等不断变化，这些变化带来了诸多不确定性。为了应对日益增加的生产管理风险，公司需要在治理体系中构建全面的风险管理制度。

国际内部审计师协会将"内部审计"定义为一项独立、客观的保证和咨询活动，旨在通过系统化和规范化的方法，评价和改进风险管理，控制高层管理过程，从而增加组织价值并改进组织运作，帮助组织实现其目标。在风险导向的内部控制中，内部审计发挥着不可或缺的作用。它不仅深入公司管理的各个环节，如采购、生产、销售、财务、人力资源等，寻找管理漏洞，评估风险可能性，还在部门风险管理中起到协调作用，确保各部门共同管理，防范宏观决策风险。

为了在市场竞争中取得优势，现代企业需要确保投资决策和经营决策的正确性和有效性。内部审计通过经营审计、管理审计、绩效审计等工作，整合并反馈大量有用信息，为企业经营管理者提供决策依据。战略控制超越了一般经营管理的范畴，包含鉴证、评价、反馈、建议等功能。内部审计以其全方位、多角度的管理控制能力，实时地监控组织运作过程，为权力机构提供战略控制的重要工具。相较于外部审计和企业管理层，内部审计在战略控制上更具优势，能够站在组织的高度，运用大量信息，对战略目标做出独立判断，为企业的权力机构提供准确的分析依据。

三 研究型内部审计推动利益相关者共治模式构建的机制

（一）提供客观、全面的信息支持

研究型内部审计通过深入审查和分析企业的财务状况、运营流程、风险管理等，能够为企业和利益相关者提供客观、全面的信息支持。这些信息不仅包括了企业的财务状况和经营绩效，还包括了企业面临的风险、潜在的机会以及改进的空间。对于利益相关者来说，以上信息至关重要，不但能够帮助他们了解企业的真实运营状况，还能帮助他们评估企业的价值和潜力，从而做出更加明智的决策。

研究型内部审计通过收集、整理和分析这些信息，将其转化为易于理解和使用的报告和建议。这些报告和建议不仅能为企业的管理层提供决策依据，还能为企业的股东、债权人、供应商、客户等利益相关者提供重要的参考。通过提供信息支持，研究型内部审计促进了利益相关者之间的信息对称和透明化，为利益相关者共治模式的构建奠定了坚实的基础。

（二）促进利益相关者之间的沟通与协作

审计部门在研究型内部审计过程中需要与企业的各个部门和利益相关者进行深入的沟通和协作。沟通和协作不仅有助于揭示企业的运营状况和风险点，还有助于加强利益相关者之间的联系和信任。通过与审计部门的沟通和协作，利益相关者能够更加深入地了解企业的实际情况，发现潜在的问题和改进空间，并共同探讨解决方案。

研究型内部审计还能够为利益相关者提供一个共同的平台，让他们能够就企业的重大问题进行讨论和协商。在这个平台上，利益相关者可以分享自己的观点和想法，共同制定企业的战略规划和政策。通过这种沟通和协作，利益相关者之间的利益关系得到了更好的平衡和协调，为实现企业的持续稳定发展奠定了基础。

（三）强化企业的内部控制和风险管理

研究型内部审计通过对企业的内部控制和风险管理进行审计和评估，能够发现企业存在的漏洞和不足，并提出改进建议。这些审计和评估工作旨在

加强企业内部控制和风险管理，减少潜在的风险和损失。通过强化企业的内部控制和风险管理，研究型内部审计为企业提供了一个更加稳定和可靠的经营环境。

　　在利益相关者共治模式下，企业的成功不仅仅取决于管理层的能力，还取决于所有利益相关者的共同努力。研究型内部审计通过强化企业的内部控制和风险管理，为利益相关者提供了一个更加稳定和可靠的投资环境。这将有助于吸引更多的投资者和合作伙伴，进一步推动企业的持续稳定发展。同时，研究型内部审计还能够推动企业持续改进和创新，提高企业的竞争力和适应能力。

第七章
 深度维度下的组织治理

在当今复杂多变的经济环境中，企业的成功不仅依赖于其产品或服务的竞争力，更依赖于其内部治理的效率和效果。随着内部审计领域的不断发展，研究型内部审计作为一种新兴的审计方法，正逐渐成为推动组织内部治理的关键力量。研究型内部审计通过运用研究型思维，深入挖掘与分析企业内部数据，能够揭示出企业经营中隐藏的深层次问题、推动企业文化的深度塑造并在企业战略决策中实现深度参与。

第一节　研究型内部审计揭示企业经营的深层次问题

一　内部审计与企业经营过程的关联

（一）内部审计与企业经营过程的深度关联

在现代企业经营的复杂环境中，内部审计与企业经营过程之间存在着紧密而深刻的关联，除了体现在内部审计对企业经营活动的直接监督和评价上，也体现在其能够为企业带来深层次的经营效益和管理提升上。具体而言，内部审计与企业经营过程的深度关联体现在监督经营活动的合规性、提供经营决策支持、优化经营流程和提高效率、加强风险管理和控制以及促进公司治理结构的完善等多个方面，不仅能提升企业的内部管理效率和透明度，还能够增强企业的竞争力和可持续发展能力。

1. 监督经营活动的合规性

内部审计的首要任务是确保企业经营活动的合规性。通过对企业各项经营活动进行监督和检查，内部审计能够确保企业遵循相关的法律法规、行业标准和企业内部规章制度，及时发现并纠正不合规的行为，降低企业因违规操作而面临风险的可能性，维护企业的声誉和利益。

2. 提供经营决策支持

内部审计通过对企业经营数据的收集、整理和分析，为企业管理层提供有关经营状况、风险状况、内部控制状况等方面的信息，为企业管理层做出科学、合理经营决策提供重要依据。内部审计的参与有助于提高企业经营决策的质量和效率，这将为企业的稳健发展提供有力支持。

3. 优化经营流程和提高效率

内部审计通过对企业经营流程的全面审计和评估，可以发现流程中的瓶颈、浪费和低效环节，进而可以通过提出改进建议，帮助企业优化经营流程、提高运营效率。这有利于降低企业的运营成本，提升企业的市场竞争力和客户满意度。

4. 加强风险管理和控制

风险管理是企业经营过程中的重要环节。内部审计参与对企业风险的识别、评估、应对和监控等，有助于企业建立健全的风险管理体系。通过对企业风险状况的全面了解和深入分析，内部审计能为企业管理层提供有关风险状况的信息和建议，帮助企业有效应对各种风险挑战，确保企业的稳健发展。

5. 促进公司治理结构的完善

公司治理结构是企业长期稳健发展的基础。内部审计通过对公司治理结构进行审计和评估，可以发现治理结构中的不足和缺陷，提出改进建议，促进企业完善治理结构，提高治理效率，改善治理效果。同时，内部审计还能促进企业各部门之间的协调与配合，提高企业内部管理的整体效能。

（二）内部审计在企业经营过程中的作用

在企业经营的复杂环境中，内部审计扮演着至关重要的角色。内部审计不仅是企业内部监督机制的核心，更是确保企业稳健运营、实现长期发展的关键因素。通过一系列专业的审计活动，深入监督企业经营的各个环节，内部审计能确保企业财务信息的真实性、内部控制的有效性、风险管理的全面性和合规性管理的规范性，在各个环节都发挥着不可替代的作用。

1. 确保财务信息的真实性和准确性

内部审计的首要任务是确保企业财务信息的真实性和准确性。通过对财务报表、账户余额、交易记录等的审计，内部审计可以发现潜在的错误、遗漏或欺诈行为，确保企业的财务数据能够真实反映企业的经营状况和财务状况。

2. 评估和改进内部控制系统

内部控制系统是企业运营的关键组成部分，能确保企业资产的安全、经营活动的合规性和企业整体运营的效率。内部审计通过评估企业内部控制系统的设计和执行情况，可以发现其中的不足和缺陷，以达到完善企业内部控制流程、提高运营效率、降低经营风险的目的。

3. 评估和改进内部控制系统

随着市场竞争的加剧和企业经营环境的复杂化，企业面临着越来越多的风险。内部审计可以帮助企业识别潜在的风险因素，如市场风险、财务风险、运营风险等，并评估这些风险对企业的影响程度。同时，内部审计还可以提出相应的风险管理策略和应对措施，帮助企业有效管理风险，确保企业的稳健发展。

4. 提供咨询和建议

除了监督和检查外，内部审计还可以为企业提供咨询和建议服务。内部审计人员通过对企业经营活动的深入了解和分析，可以发现潜在的改进空间和优化机会，并向企业管理层提出具体的建议，帮助企业优化业务流程、降低成本、提高效率等。

5. 加强企业合规性管理

合规性是企业经营过程中不可忽视的重要方面。通过对企业经营活动的监督和检查，内部审计可以确保企业遵守相关的法律法规和行业标准。这将有助于企业避免因违规行为而面临的法律风险和声誉损失。同时，内部审计还可以帮助企业建立和维护良好的合规性管理体系，提高企业的整体管理水平和竞争力。

（三）内部审计揭示企业经营问题的方法

在企业经营管理的实践中，内部审计作为内部监督与风险管理的核心机制，其揭示经营问题的方法显得尤为重要。在揭示企业经营问题的过程中，内部审计可以采用数据驱动审计法、流程导向审计法、风险评估审计法和合规性审计法等方法。

1. 数据驱动审计法

数据驱动审计法通过收集和分析企业多维度的数据，运用统计和数据分析技术来揭示数据中的异常和趋势，从而发现潜在的经营问题。具体实施时，审计人员会先确定需要分析的数据类型和来源，进行数据清洗和整理，然后运用数据分析技术如趋势分析、关联分析等进行深入分析。这种方法具有精准度高、效率高等优点，但也存在数据依赖性强、技术门槛高等缺点。

数据驱动审计法特别适用于数据密集型、依赖数据分析进行决策的企业，如金融科技、电子商务、大数据分析等领域的企业。这些企业通常拥有海量的用户数据、交易数据和其他业务数据，审计部门应用数据驱动审计法，可以更有效地揭示潜在的经营问题、优化业务流程、提高决策效率。

2. 流程导向审计法

流程导向审计法是针对企业业务流程的系统性审查，旨在识别流程中的缺陷、冗余和潜在风险点，为流程优化提供决策依据。审计人员会首先绘制企业的业务流程图，明确关键环节，然后通过文档审查、现场观察、人员访谈等方式进行系统性审查。这种方法系统性强，直观易懂，但工作量大，可能受到人为干扰，且流程优化效果难以量化评估。

流程导向审计法适用于流程复杂、需要持续优化和改进的企业，如制造业、供应链管理、金融服务等领域的企业。这类企业通常拥有复杂的业务流程和多个业务环节，审计部门应用流程导向审计法可以全面审查业务流程，识别流程中的瓶颈、冗余和潜在风险点，提出有针对性的优化建议，提高流程效率，降低风险。

3. 风险评估审计法

风险评估审计法通过运用风险评估模型和方法，对企业面临的各类风险进行量化评估，揭示主要风险点，为企业风险管理提供策略支持。在实施过程中，审计人员会识别企业面临的主要风险，运用风险评估模型和方法进行量化评估，并确定风险的优先级和应对策略。这种方法客观性强，优先级明确，但评估标准可能存在主观性，且可能难以应对未知或新出现的风险。

风险评估审计法适用于风险较高、需要系统管理和控制风险的企业，如金融、保险、医疗、化工等领域的企业。这些企业通常面临较高的市场风险、操作风险、合规风险等，审计部门应用风险评估审计法可以全面评估企业面临的风险，确定风险的优先级和应对策略，帮助企业建立有效的风险管理体系，降低风险对企业经营的影响。

4.合规性审计法

合规性审计法通过检查企业的经营活动是否符合相关法规、政策和行业标准，揭示潜在的合规风险，促进企业合规经营。审计人员会首先梳理与企业经营活动相关的法规和政策，然后对企业的财务报表、合同文件、业务流程等进行合规性检查。在发现问题后，审计人员会提出整改建议并跟踪整改情况。这种方法有助于确保企业合法合规经营、提升企业信誉，但法规变化较快，需要不断更新审计内容和标准，且可能存在遗漏或未覆盖的法规要求。

合规性审计法适用于对法规和政策要求严格、需要确保合规经营的企业，如金融、医疗、食品、环保等领域的企业。这类企业通常受到严格的法规和政策监管，需要确保自身的经营活动符合相关法规和政策要求。审计人员可以通过合规性审计法检查企业的合规情况，揭示潜在的合规风险，提出整改建议，确保企业合规经营，避免违规行为带来的法律风险和声誉损失。

二　研究型内部审计揭示企业经营深层次问题

（一）研究型内部审计揭示问题的过程

研究型内部审计揭示问题的过程，具有系统、深入、前瞻且持续的特点。通过初步问题识别、广泛的文献和案例研究、精确的审计计划和策略制订、细致的实地审计和证据收集，以及及时的沟通和反馈，研究型内部审计能够为企业揭示出隐藏在复杂运营流程中的关键问题，并提供有效的解决方案。

1. 初步问题识别

在初步问题识别阶段，研究型内部审计人员首先会进行细致的业务模式梳理，包括了解企业的主要业务流程、关键业务环节以及这些环节之间的内在联系。通过这个过程，审计人员能够对企业整体的运营状况有全面的把握。

同时，审计人员会对行业趋势进行深入研究，包括行业的发展动态、政策法规的变化以及竞争对手的策略调整等，以便审计人员预测企业未来可能面临的挑战和机遇，并为审计的重点和方向提供参考。

在完成了业务模式和行业趋势的分析后，审计人员会结合自身的专业知识和经验，对可能存在的问题进行初步识别，并确定审计的重点和方向。

2. 文献和案例研究

在文献和案例研究阶段，审计人员会广泛收集与企业经营问题相关的学术资料、行业报告、政策文件等，以获取对问题的全面理解和深入认识。除了为审计人员提供理论支持外，这些文献资料还能够使其了解其他企业或行业在类似问题上的处理方法和经验教训。

同时，审计人员还会进行案例研究。通过深入研究类似企业或行业的案例，了解它们面临的问题、解决问题的方案以及方案的实施效果等，审计人员能够从实践的角度理解问题，并为企业提供更具针对性的改进建议。

在完成了文献和案例研究后，审计人员会对收集到的资料和数据进行分析和比较，以揭示问题的本质和关键点。

3. 审计计划和策略制订

在审计计划和策略制订阶段，审计人员会根据初步问题识别和文献研究的结果，确定审计的具体范围、方法和时间安排等。这个过程需要审计人员根据问题的性质和特点，选择合适的审计方法和技术，如数据分析、访谈、实地观察等。

同时，审计人员还需要设计详细的审计程序，包括数据收集、分析、验证和报告等步骤。确保审计工作的有序进行，并能够对问题进行深入调查和分析。

在制订审计计划和策略时，审计人员还需充分考虑企业的实际情况和需要，确保审计工作的针对性和有效性。

4. 实地审计和证据收集

在实地审计和证据收集阶段，审计人员按照审计计划和策略进行实地工作。他们会对企业的财务报表、合同文件、业务记录等进行详细的检查和分析，以获取直接的审计证据。

同时，审计人员会对企业员工、管理层和相关部门进行访谈和观察，了解他们的看法和意见，并观察企业的实际运营情况，以便深入了解企业的内部运作机制和管理水平。

在实地审计过程中，审计人员需要保持高度的警惕性和敏锐性，及时发现和记录任何可能存在的问题和异常情况。

5. 沟通和反馈

在沟通和反馈阶段，审计人员需要定期向企业管理层报告审计进展和发现的问题。他们会以清晰、准确的语言描述问题的性质、影响范围和解决方案等，确保管理层对审计工作有充分的了解和掌握。

同时，审计人员还需要与相关部门保持密切协作，共同解决问题和改进工作。他们会及时向相关部门反馈审计结果和建议，并推动相关部门进行改进。

在整个研究型内部审计过程中，审计人员需要保持高度的专业性和客观性，确保审计工作的独立性和公正性。同时，还需要不断学习和更新自己的知识和技能，以适应不断变化的审计环境和需求。

（二）研究型内部审计揭示问题的优势

研究型内部审计在揭示问题方面的优势主要体现在其系统性和全面性、深入分析的能力、前瞻性和创新性，以及持续改进和优化的能力上。

1. 系统性和全面性

研究型内部审计采取系统性的方法，从多个角度、多个维度对企业进行全面的审计，确保揭示出的问题不是局限于表面现象，而是能够深入企业的核心业务流程、管理机制以及风险控制等方面。同时，研究型内部审计还注重对整个行业、市场以及政策环境的分析，以便更准确地把握企业所处的宏观环境，为揭示问题提供更全面的背景信息。

2. 深入分析的能力

研究型内部审计强调对问题的深入分析，不仅要求发现问题，更要求揭示问题的根源和本质。审计人员会运用各种分析工具和方法，对收集到的数据和信息进行深入挖掘，以找出问题的真正原因。深入分析的能力有助于研究型内部审计帮助企业更准确地把握问题的实质，为制订有效的解决方案提供有力支持。

3. 前瞻性和创新性

研究型内部审计注重对未来趋势的预测和判断，通过对行业、市场以及政策环境的深入研究，预测企业未来可能面临的问题和挑战。前瞻的视角有助于企业提前做好准备，规避潜在风险。同时，研究型内部审计还鼓励审计人员提出具有创新性的解决方案，不拘泥于传统的审计方法和思路。创新的思维方式有助于企业找到更有效的解决问题的方法，提升企业的竞争力和适应能力。

4. 持续改进和优化的能力

研究型内部审计是一个持续改进和优化的过程。在审计过程中，审计人员会不断总结经验教训，完善审计方法和流程，提高审计工作的效率和质量。同时，研究型内部审计还注重与被审计单位的沟通和协作，共同推动问题的解决和改进。这种持续改进和优化的过程有助于企业不断提升自身的管理水平和运营效率。

第二节　研究型内部审计推动企业文化的深度塑造

一　企业文化的内涵及其功能

（一）企业文化的内涵

企业文化，或称组织文化，是一个组织由其价值观、信念、处事方式等组成的特有的文化形象。简单来说，企业文化就是企业在日常运行中所表现出的各个方面，包括但不限于企业价值观、企业愿景、企业使命、经营哲学、道德规范等。这些元素共同构成了企业文化的核心，反映了企业的独特性和个性。

1. 企业价值观

企业价值观是企业文化的核心，它反映了企业的基本信仰、追求和判断标准。企业价值观不仅是企业的灵魂，也是企业持续发展的基石。企业价值观通常包括对企业使命的理解、对社会责任的担当、对员工的尊重和关怀、对客户的诚信服务等。这些价值观不仅指导着企业的日常经营行为，也影响着企业的决策制定和战略方向。

企业价值观的形成需要经历一个长期的过程，它随着企业的发展而不断完善和深化。在这个过程中，企业需要明确自己的核心竞争力和长期目标，并将其融入企业的价值观中。同时，企业还需要通过不断宣传和教育，让员工深刻理解并认同这些价值观，从而将其转化为行动的动力。

2. 企业愿景

企业愿景是企业在未来期望达到的一种状态，是企业发展的目标。企业愿景通常包括企业的长期目标、战略定位、市场地位等。清晰的企业愿景能够激发员工的积极性和创造力，引领企业不断向前发展。

企业愿景的制定需要充分考虑企业的实际情况和市场环境，确保目标具有可行性和挑战性。同时，企业还需要将愿景与员工的个人目标相结合，让员工感受到自己的工作与企业的长远发展息息相关。这样，员工就会更加积极地投入工作中，为企业的发展贡献自己的力量。

3. 企业使命

企业使命是企业存在的目的和理由，是企业对社会的承诺和贡献。企业使命通常包括企业的核心业务、社会责任、环境保护义务等方面。明确的企业使命能够让员工清晰地认识到自己的工作意义和价值，从而更加努力地工作。

企业使命的制定需要体现企业的核心价值观和愿景，同时也要符合社会的期望和需求。企业需要认真考虑自己的社会责任和环境保护义务，将其融入企业的使命中。这样，企业不仅能够为社会创造经济价值，还能够为社会创造更多的社会价值。

4.经营哲学

经营哲学是企业在经营活动中所遵循的基本理念和方法论原则。它反映了企业对市场、竞争、创新等的理解和把握。科学的经营哲学能够指导企业做出正确的决策和行动，确保企业的持续发展。

经营哲学的形成需要企业不断总结经验教训，并结合市场环境的变化和企业自身的发展情况来不断完善。企业需要注重市场调研和竞争分析，了解市场需求和竞争态势，以便制定出更加符合实际的经营策略。同时，企业还需要注重创新和学习，不断引进新的管理理念和技术手段，提升企业的竞争力。

5.道德规范

道德规范是企业在经营活动中所遵循的道德标准和行为准则。它体现了企业的社会责任和伦理观念，也是企业文化的重要组成部分。严格的道德规范能够约束员工的行为和决策，确保企业的合法合规经营。

道德规范的制定需要遵循社会公德和法律法规的要求，同时也要结合企业的实际情况和行业特点。企业需要明确员工的职责和权利，规范员工的行为和决策过程，确保企业的合法合规经营。同时，企业还需要加强道德教育和培训，提高员工的道德素质和职业素养，为企业树立良好的社会形象。

（二）企业文化的正功能

企业文化是企业内部形成的独特氛围、价值观念和行为准则的总和。它不仅塑造了企业的形象，更是推动企业发展的关键动力。企业文化的正功能是指企业文化为企业带来的导向、凝聚、激励、约束和辐射等多方面的积极影响[1]。这些正功能共同推动了企业的发展和进步，使企业在激烈的市场竞争中保持领先地位，助力企业实现持续稳健的成长。

1.导向功能

企业文化为全体员工提供明确的价值导向和行为准则，引导员工将个人追求与企业目标相结合，确保企业的行为始终与战略目标保持一致，从而推动企业的稳定发展。

---

① 《管理学》编写组：《管理学》，高等教育出版社，2019。

2. 凝聚功能

企业文化通过塑造共同的价值观和愿景，使员工产生强烈的归属感和认同感，形成强大的团队凝聚力。这种凝聚力使员工更愿意为企业的共同目标付出努力，提升团队的整体效能。

3. 激励功能

优秀的企业文化能够激发员工的积极性和创造力，通过营造积极的工作氛围和提供广阔的发展平台，使员工感受到自己的价值被认可，从而激励员工更加努力地工作、为企业的发展贡献力量。

4. 约束功能

企业文化通过无形的规范和行为准则，对员工的行为进行约束和规范，确保员工的行为符合企业的价值观和规章制度。这种约束功能有助于维护企业的秩序和稳定，保障企业的正常运营。

5. 辐射功能

企业文化不仅在本企业发挥作用，还可以对社会产生辐射和扩散效应。优秀的企业文化能够提升企业的社会形象和品牌价值，吸引更多的消费者和合作伙伴，为企业的发展创造更多的机遇。

（三）企业文化的反功能

1. 阻碍创新

如果企业文化过于强调规范和稳定性，可能会抑制员工的创新能力。在这种环境下，员工可能过分关注维持现状，不愿意尝试新的想法和方法，从而导致企业的创新能力和竞争力下降。

2. 催生沟通障碍

某些企业文化可能催生沟通障碍，导致信息传递不畅，影响员工之间的合作和协调，降低团队的工作效率和质量。此外，缺乏有效沟通还可能导致误解和冲突，进一步损害企业的内部环境。

3. 导致人才流失

如果企业的文化与员工的价值观和需求不符，可能会导致员工的不满和流失。员工的流失不仅会影响企业的运营和发展，还可能损害企业的声誉和形象。同时，流失的员工还可能带走企业的核心技术和客户资源，给企业带来更大的损失。

4.制约员工发展

一些企业文化可能过分强调领导权和控制，限制员工的自主权和发展空间。在这种环境中，员工会感到被束缚，缺乏成长的机会和动力。这种限制不仅会影响员工的个人发展，还可能影响企业的整体创新能力。

5.缺乏多元性

如果企业文化缺乏多元性，即不容忍不同文化和观点的存在，会导致员工感到排斥和歧视，降低员工的工作积极性和创造力，影响团队的合作效率和创造力。同时，缺乏多元性的企业文化还可能限制企业的全球化和国际化发展。

二　内部审计与企业文化的关系探析

企业文化作为组织的核心价值观和行为准则，既在促进企业发展、增强团队凝聚力等方面发挥着正功能，也可能产生阻碍创新、限制多样化等反功能。而内部审计作为企业管理的重要组成部分，其职能的发挥同样受到企业文化的影响，同时也对企业文化的塑造和维持起着重要作用。

（一）企业文化对内部审计的影响

1.塑造审计环境

健康、开放的组织文化对于内部审计环境的塑造起着积极作用。在这样的文化背景下，员工对内部审计工作抱有支持和配合的态度，愿意提供真实、准确的信息，从而帮助内部审计人员更加高效地完成工作，在提高审计效率的同时提高审计结果的可信度。如果企业文化中存在保守、封闭的倾向，则可能对内部审计环境产生负面影响。员工可能对内部审计抱有抵触或怀疑的态度，担心审计会暴露其工作中的不足或问题，从而可能故意隐瞒或歪曲信息。员工不配合甚至对抗的态度会给内部审计工作带来极大的困难，影响审计工作的正常进行和结果的准确性。因此，在构建和发展组织文化时，需要特别关注其对内部审计环境的塑造作用，努力营造健康、开放、支持内部审计工作的企业文化氛围。

2. 风险意识强化

当企业文化强调风险管理和合规性时，内部审计人员会有意识地关注潜在的风险点，并采取相应的措施来降低风险。风险意识的提升有助于企业更好地应对外部环境的挑战和变化，保障企业的稳健发展。如果企业文化过于强调风险规避，可能导致内部审计人员过于保守和谨慎，甚至可能忽略一些具有潜力的项目或机会，从而限制企业的发展潜力和创新空间。

3. 促进审计沟通

开放、透明的组织文化能够促进内部审计部门与其他部门之间的有效沟通。沟通有助于双方更好地理解彼此的需求和期望，从而共同解决问题，提高审计工作的效率和质量。如果企业文化催生了沟通障碍或导致了信息不透明的情况，内部审计人员可能无法及时获取所需的信息和数据，影响审计工作的准确性和完整性。

4. 推动审计创新

鼓励创新、支持变革的组织文化能够激发内部审计人员的创新思维和活力，使他们敢于尝试新的审计方法和工具，以提高审计工作的效率和效果。如果企业文化过于强调稳定和传统，可能会限制内部审计人员的创新思维和尝试新方法的勇气，导致他们更倾向于遵循传统的审计模式和程序，使审计工作变得僵化和滞后。

5. 保障审计独立性

尊重专业、强调独立的组织文化能够保障内部审计部门的独立性和客观性。在这样的文化背景下，内部审计人员能够公正、客观地评价企业的运营和管理情况，为企业的发展提供有价值的建议。如果企业文化催生了对内部审计部门的干预或施压，会削弱内部审计的独立性和客观性，导致内部审计人员因压力而妥协或改变审计结果，进而影响审计工作的公正性和可信度。

（二）内部审计对企业文化的影响

1. 强化合规性与风险意识：双刃剑效应

内部审计通过严格的合规性检查和风险评估，能够强化组织的合规性和风险意识，有助于企业规避法律风险，确保业务运营的稳健性。然而，过强的合规性和风险意识也可能导致组织在决策时过于保守，抑制创新和发展。

2. 促进诚信与透明度：平衡与挑战

内部审计要求组织提供真实、准确的信息和数据，从而促进诚信和透明，有助于建立员工之间的信任、提高组织的凝聚力。但是，当内部审计过于严格或频繁时，也可能使员工感到压力增加，影响工作氛围和效率。

3. 推动持续改进与学习：激励与负担

内部审计不仅关注过去的错误和不足，还致力于推动组织的持续改进和学习。通过审计报告和建议，内部审计为组织提供了改进的方向和动力。然而，如果内部审计的建议过于复杂或难以实施，可能会给组织带来额外的负担和成本。

4. 塑造尊重专业与独立的价值观：权威与质疑

内部审计部门的独立性和专业性得到组织的广泛认可，有助于塑造尊重专业和独立的价值观。然而，如果内部审计部门在揭示问题时过于直接或尖锐，可能会引起部分员工或管理层的质疑和抵触，从而影响内部审计部门在组织中的权威和地位。

内部审计与组织文化之间存在着密切的关系，组织文化对内部审计的影响主要体现在促进审计环境的建立、提供审计参考和影响审计结果等方面；而内部审计对组织文化的影响则体现在揭示文化问题、促进文化变革和强化文化认同等方面。相互作用有助于企业培育更加健康、积极、向上的组织文化，提高企业的管理水平和运营效率。因此，在企业管理实践中，应充分重视内部审计与组织文化的关系，采取有效措施促进两者的协同发展。

三　研究型内部审计推动企业文化的深度塑造

在当今竞争激烈的市场环境中，企业文化成为企业成功的关键因素之一。而研究型内部审计作为一种创新的审计模式，其在企业文化的深度塑造中发挥着不可替代的作用。运用科学的研究方法和手段，研究型内部审计能够揭示企业文化的现状，识别企业文化中的问题，为企业文化引入创新元素，并提供具体的企业文化改进方案，从而为企业文化的健康发展奠定坚实基础。

（一）揭示企业文化现状，明确塑造方向

研究型内部审计通过深入的数据分析和研究，能够揭示企业文化的现状，包括企业文化的优势、劣势、机遇和挑战。对企业文化的全面理解有助于企业明确企业文化塑造的方向和目标，确保文化塑造活动与企业战略和业务发展相契合。

（二）识别企业文化问题，推动问题解决

研究型内部审计能够识别出企业文化中存在的问题和隐患，如价值观冲突、沟通障碍、团队协作不力等。通过对这些问题的深入分析，研究型内部审计能够提出具体的解决方案和改进措施，推动企业文化问题的有效解决，从而为企业文化的健康发展奠定基础。

（三）引入创新元素，引领文化变革

研究型内部审计在审计过程中注重引入新的观点和理念，往往具有前瞻性和创新性。通过将这些创新元素融入企业文化中，研究型内部审计能够引领企业文化的变革和创新，推动企业文化向更加积极、健康的方向发展。

（四）提供综合研究成果，支持文化落地

研究型内部审计不仅关注审计结果的输出，还注重将审计结果转化为可操作的建议和方案。综合研究成果可以作为企业文化落地的重要支持，帮助企业将文化理念转化为具体的行动计划和措施，确保企业文化能够在实践中得到贯彻和执行。

（五）提升审计独立性和专业性，增强文化塑造的权威性

研究型内部审计强调审计的独立性和专业性，通过采用科学的研究方法和手段，确保审计结果的客观性和公正性。独立性和专业性使得研究型内部审计在企业文化塑造中具有更高的权威性和可信度，其提出的建议和方案更容易得到企业的认可和接受。

研究型内部审计在企业文化的深度塑造中，通过揭示文化现状、识别问题、引入创新元素和提供综合研究成果等方式，推动企业文化的健康发展。不仅有助于企业形成更加健康、积极、有活力和有影响力的文化氛围，还能为企业的可持续发展提供有力支持。因此，企业应高度重视研究型内部审计

在企业文化塑造中的作用，并积极运用其成果，推动企业文化的深度塑造和持续发展。

第三节　研究型内部审计在企业战略决策中的深度参与

一　研究型内部审计在企业战略决策中的作用

研究型内部审计在企业战略决策中扮演着至关重要的角色，其作用不局限于传统的审计范畴，而是更加深入地参与到企业战略的制定、实施和评估过程中。具体而言，一方面，研究型内部审计能够提供决策支持、揭示潜在风险、优化资源配置和推动战略创新；另一方面，研究型内部审计能够增强战略执行力并建立持续改进机制，为企业长远发展提供有力保障。

（一）提供决策支持

研究型内部审计通过收集、整理和分析与企业战略相关的各类数据和信息，能够为企业战略决策提供全面、准确的数据支持。数据和信息可以帮助企业更好地了解市场环境、竞争态势、内部运营状况等，从而为企业制定更加科学、合理的战略提供有力支撑。

（二）揭示潜在风险

在制定企业战略的过程中，研究型内部审计通过深入分析和研究，能够及时发现并揭示企业可能面临的各种潜在风险，包括市场风险、财务风险、运营风险等。企业在揭示这些风险的基础上，能够更加全面地了解自身的风险状况，从而制定相应的风险应对措施，降低风险对企业战略决策的影响。

（三）优化资源配置

研究型内部审计通过对企业各个部门和业务流程的审计，可以发现资源配置中存在的问题和不足，如资源浪费、配置不合理等。针对以上问题，研究型内部审计可以提出相应的优化建议，帮助企业更加合理地配置资源，提高资源利用效率，从而为企业战略的实施提供有力的资源保障。

（四）推动战略创新

研究型内部审计强调创新观点的重要性，通过深入研究和分析，可以提出新的观点和见解，为企业战略决策提供新的思路和方向。创新观点有助于企业打破传统思维束缚，开拓新的市场领域和商业模式，推动企业战略的不断创新和发展。

（五）增强战略执行力

研究型内部审计不仅关注企业战略的制定过程，还关注企业战略的实施和执行情况。通过对企业战略执行情况进行定期审计和评估，研究型内部审计可以发现企业战略执行中存在的问题和不足，并提出相应的改进措施和建议，有助于企业加强战略执行力，确保企业战略能够得到有效实施并取得预期效果。

（六）建立持续改进机制

研究型内部审计强调持续改进的重要性，通过对企业战略决策过程进行持续跟踪和评估，研究型内部审计可以发现企业战略决策中存在的不足和需要改进的地方，并提出相应的改进建议，有助于企业建立持续改进机制，不断完善和优化企业战略决策过程，提高企业的竞争力和适应能力。

二 研究型内部审计在企业战略决策中的深度参与方式

研究型内部审计在企业战略决策中的深度参与，不只是提供数据支持或揭示风险，更是在整个战略制定、实施和评估的过程中发挥积极的作用。研究型内部审计在企业战略决策中的深度参与方式多种多样，包括早期参与战略讨论、数据分析与预测、战略执行监控与评估、提供创新建议以及建立持续沟通机制等。

（一）早期参与战略讨论

研究型内部审计团队应尽早参与企业的战略讨论，与高层管理团队一同探讨市场趋势、行业变革、竞争对手动态等关键议题。通过深入了解企业所面临的外部环境，内部审计团队可以为战略的初步构想提供独立、客观的观点和建议。

（二）数据分析与预测

利用先进的数据分析工具和模型，研究型内部审计团队可以对大量的内部和外部数据进行深度挖掘，以发现隐藏在数据背后的趋势和模式。分析结果可以为战略决策提供数据支持以及帮助预测未来市场变化和企业发展动向。

（三）战略执行监控与评估

在战略实施过程中，研究型内部审计团队应定期对企业的战略执行情况进行监控和评估。通过收集和分析相关数据，内部审计团队可以评估战略实施的效果，发现存在的问题和不足，并提出相应的改进措施和建议。这些都有助于企业及时调整战略方向，确保战略目标的实现。

（四）提供创新建议

研究型内部审计团队应密切关注行业发展和新技术动态，结合企业的实际情况，提出具有创新性的战略建议。这些建议可能涉及新的市场领域、商业模式、技术应用等，有助于企业打破传统思维束缚，实现战略创新和突破。

（五）建立持续沟通机制

为了确保研究型内部审计在企业战略决策中的深度参与，内部审计团队应与企业高层管理团队建立持续、有效的沟通机制。通过定期报告、会议讨论、电子邮件等方式，内部审计团队可以及时向高层管理团队反馈战略决策的执行情况、风险状况以及改进建议等信息，确保战略决策的顺利实施。

案例分析：研究型内部审计在组织治理中的成功应用

——以国药集团"432"案例为例

随着企业治理环境的日益复杂，内部审计在保障组织稳健运行和高效治理中发挥着越来越重要的作用。研究型内部审计作为一种创新的审计模式，通过深入研究和探索，为企业提供了更为精准和有效的审计服务。下面将以国药集团"432"案例为例，探讨研究型内部审计在组织治理中的成功应用。

一、案例背景

国药集团始终在努力优化企业的管理结构和运营效率。近年来，鉴于市场竞争的日益激烈以及监管环境的动态变化，国药集团面临的挑战和风险也呈现出增长的态势。为了有效应对这些挑战和风险，国药集团积极寻求改革，实施了创新的"432"研究型审计模式[①]，旨在增强审计工作的科学性和实效性。

二、研究型内部审计模式——"432"

（一）审前研究"四个清单"，聚焦审计重点

对于 A 公司这样一家在国药集团中占据重要位置，在创新研发、工业生产、销售收入等方面均表现突出的子公司，审计组在快速确定审计重点、精准识别企业风险方面进行了深入细致的研究工作。

为了确保集团党委、董事会的决策部署在 A 公司得到切实执行，以及集团管控措施在 A 公司得到有效实施，审计组特别关注了 A 公司原董事长的权力运行轨迹是否与集团的整体策略相符。这一点成为审前调查和审计方案制订的核心要点。

审计组详细查阅了 A 公司历年的审计和巡视报告，同时综合考察了集团运营、纪检等相关部门的关注焦点。在此基础上，审计组对制度清单、权力清单、问题清单、风险清单等"四个清单"进行了认真的思考和分析。通过这些工作，审计组期望能够更全面地了解 A 公司的运营状况，识别潜在的风险点，并据此制订出更加精准有效的审计方案。

1. 研究制度清单

审计组对涉及 A 公司的政策、法规、制度进行了全面而深入的研究，这一研究覆盖了国家、行业、集团和 A 公司自身四个层面。

在国家层面，审计组深入了解并分析了近年来国家对 A 公司所处行业出台的各项政策、重大战略部署和规划。在行业层面，审计组重点研究了行业主管部门制定的政策法规，特别是那些涉及法律红线、底线的

---

① 郭晋红、董阳：《国药集团"432"研究型审计的探索与实践》，《中国内部审计》2023 年第 3 期。

关键制度规定。在集团层面，审计组着重研究了集团的管控要求，对集团的各项制度、文件、通知以及专门针对 A 公司的业务批复进行了系统梳理。在 A 公司自身层面，审计组重点研究了公司的内控制度，识别出关键制度、流程、环节和控制点。特别地，鉴于医药企业营销费用一直是监督检查的重点，审计组特别关注了 A 公司在这方面的制度设计和安排是否合规，是否存在潜在的监管风险，并据此形成了内控重点制度条目。

通过这一全面的研究和分析，审计组为后续的审计工作奠定了坚实的基础，确保能够精准地识别 A 公司的风险点，为集团的稳健发展提供有力保障。

2. 研究权力清单

经济责任审计是对领导干部在其任期内履行经济责任情况进行的全面、客观评价。针对 A 公司原董事长的经济责任审计，审计组特别聚焦了其履职范围，并深入研究了其履职过程中的权力运用情况。

审计组首先参考了 A 公司原董事长与集团签订的一系列绩效合同、责任状、"军令状"等文件，详细分析了其在财务管理、业务运营、廉洁从业等方面的职责和权力。特别地，对于重大经济决策，审计组给予了高度重视。

其次，在重大经济决策方面，审计组重点关注了 A 公司"三重一大"决策事项（即重大决策、重要干部任免、重大项目投资决策、大额资金使用）的集体研究情况。通过对决策内容、决策程序、决策效果等多方面的深入分析，审计组形成了详尽的权力清单，为评价 A 公司原董事长的经济责任提供了有力依据。

此外，审计组还特别关注了 A 公司原董事长的财务收支状况和个人廉洁从业情况，以确保其经济行为的合规性和廉洁性。通过对这些方面的全面审计，审计组能够更准确地评估 A 公司原董事长在任期内的经济责任履行情况，为集团的稳健发展提供有力保障。

3. 研究问题清单

作为国药集团的重要二级单位，A 公司长期受到外部监管机构的严格监督。为确保审计工作的全面性和准确性，审计组对外部监管机构的检查报告进行了深入研究和仔细分析。同时，结合集团内部的巡视、审计报告，审计组将发现的问题按照重要性进行分门别类的整理，形成了详尽的问题清单。

这份问题清单涵盖了财务、内控和风险、违反中央八项规定精神情况等多个方面。审计组对问题清单进行了深入分析，确定出问题多发、易发、频发的具体部门、领域和环节。

在审前调查中，审计组共梳理了内外部检查发现的众多问题，这些问题涉及 14 个不同的方面。通过对这些问题的梳理和分析，审计组明确了常规问题、重点问题和需要突破的关键问题，为后续的现场审计工作打下了坚实的基础。

这样的工作方式不仅有助于审计组更加精准地把握 A 公司的问题所在，也为制订有针对性的审计方案提供了重要参考，从而确保审计工作的有效性和高效性。

4.研究风险清单

内部审计的核心在于风险导向，审计组严格遵循这一原则，对 A 公司面临的财务资金风险、业务风险以及监管合规风险进行了深入研究。在清单梳理的过程中，审计组加强了数据分析的力度，旨在为审计实施阶段的分散核查提供全面而准确的线索。

在财务会计信息方面，审计组从营利能力、经营增长、资产质量三个维度对 A 公司的财会数据进行了集中式分析，深入剖析了公司整体情况以及各业务板块的具体情况，对不符合常理、变化幅度较大的异常指标进行了重点分析，以判断是否存在潜在的重大风险。在业务信息方面，审计组对采集到的采购、销售、生产等关键业务数据进行了深入的分析，编制了数据分析疑点表。在监管合规风险方面，审计组特别关注了其日常业务是否符合监管要求，以及是否存在违反审慎性要求违规放款等行为。这些风险点被详细列入了风险清单，为审计组在后续审计中重点关注和评估提供了指导。

通过这一系列的风险导向审计措施，审计组能够更全面地了解 A 公司的运营状况和风险情况，为集团管理层提供有价值的审计意见和建议，促进 A 公司的稳健发展。

（二）审中研究"三个事项"，深入揭示问题

在审计实施过程中，审计组充分考虑了审计人员的现状，根据他们的知识结构、工作经历和实际能力，精心划分了决策组、财务组、业务组等多个专业小组。为了确保审前调查研究的"四个清单"得到有效执行，审计组将清单内容逐项分解，并落实到各个小组和每位审计人员，要求他们在审计过程中不断学习、研究、落实。

为了保持审计工作的高效推进和信息共享，审计组每周都会编制审计周报，详细记录进展情况，并定期或不定期召开碰头会，在特定范围内集中讨论和分析审计过程中发现的重大问题和线索。在整个审计过程中，审计组紧紧围绕"政治—政策—决策—项目—资金"这条主线，深入研究了以下"三个事项"。

1. 研究重大风险事项

在深入分析 A 公司的成本费用结构时，审计组发现销售费用占据的比例最高，并且在 2022 年还有上升趋势，这一异常情况引起了审计组的高度关注。此外，审计组将营销合规风险列为重大审计风险。为了系统研究和评估这一风险，审计组采取了以下三个关键举措。

一是邀请外部合规专家举办讲座，深入解析医药企业的合规从业要点，明确营销合规的概念和框架，学习借鉴国内外同行的有益经验；二是组织专题研讨会，重点聚焦"反商业贿赂"问题，从营销合规意识、规定及措施、正面营销行为及活动、财务票据报销等四个维度进行了深入的分析和讨论；三是开展访谈与问卷调查，对 A 公司的高管、数名营销管理和业务人员进行了独立访谈，并基于访谈结果和问题发生的可能性设计了调查问卷。通过对问卷的深入分析，审计组确定了线索突破的关键点。

经过细致的穿行测试与对相关证据的比对分析，发现 A 公司在营销

合规管理方面存在以下问题。

①合规体系不够完善，缺乏系统性的合规管理制度和流程。

②合规管理的制度规定不系统，缺乏统一的执行标准。

③合规宣贯及培训不到位，员工对合规要求的理解和执行存在偏差。

④对推广商提供服务的监督管理薄弱，存在潜在的不合规行为。

针对这些问题，A公司进行了全面的业务梳理，完善了包括合规手册、营销制度、劳动合同、岗位职责、正负面清单等在内的各项合规管理规定与流程。

2.研究关键内控事项

在对A公司的内控事项审计中，审计组为了确保审计工作的系统性和一致性，特别针对采购、销售、资金、子公司管控等关键内控环节设计了标准化的审计程序，并制定了详尽的《审计操作指南》。以采购事项为例，审计组通过查阅制度、访谈、穿行测试等方法，全面梳理了采购流程，形成了涵盖采购职能范围、采购需求计划、供应商管理、合同签订、采购过程控制、采购付款等六个关键方面的共计24个审计程序。

在实施审计时，审计组严格按照这些审计程序逐一对照落实，确保了对A公司内控环节的全面覆盖和深入检查。在对A公司10家同业务类型的子公司进行延伸审计时，各审计小组均采用了上述统一的方法、标准和程序，实现了上下联动，确保了审计结果的一致性和可比性。

这种标准化的审计程序和方法带来了显著的效果，汇总反映引起了A公司的高度重视。A公司迅速对这些问题进行了研究和彻查，颁布了相关制度进行管控，实现了立行立改的效果。

通过这次内控审计，A公司不仅发现了自身在内控方面存在的问题，也看到了标准化审计程序和方法带来的巨大价值。

3.研究高质量审计建议事项

针对审计过程中发现的各类问题，审计组提出了有针对性的审计建议。审计组将审计建议的质量视为衡量研究型审计水平高低的重要指标，致力于提供具有建设性和可行性的建议，以推动A公司的持续改进和健康发展。

在审计过程中，审计组与A公司及时进行沟通，既认真倾听领导班子、管理人员和一线员工的意见，又积极介绍其他企业的优秀管理经验，帮助A公司拓宽视野，提升组织管理水平。此外，针对A公司对子公司存在控制力不足的问题，审计组提出了改革组织架构的审计建议。这些建议旨在帮助A公司优化资源配置，提高管理效率，降低经营风险。为了确保审计建议的可行性和可操作性，审计组还与A公司及其所属营销机构，特别是外部专业律师进行了深入的座谈。在座谈中，审计组详细阐述了审计建议的背景、目的和预期效果，并充分听取了各方的意见和建议。通过充分的沟通和讨论，审计组对审计建议进行了进一步的完善和优化，确保其更加符合A公司的实际情况和需要。

通过提出高质量的审计建议，审计组不仅帮助A公司解决了当前存在的问题，还为公司的未来发展提供了有力的支持和指导。这种研究型审计的工作方式不仅提升了审计工作的价值，也赢得了A公司的高度认可和信任。

（三）审后研究"两个方面"，提升审计效果

现场审计后，审计组聚焦审计整改与成果运用，确保整改责任落实，推动整改到位，深入挖掘审计成果，实现成果的多重转化与应用。

1. 研究审计整改方面

审计整改作为审计的"最后一公里"，对于提升审计效果具有重大意义。针对过往存在的整改难题，A公司审计项目结束后，审计组特别重视审计整改环节，并重点研究了以下两项措施。首先，重新设计审计整改台账，针对每个具体问题设定不同的整改标准和期限，确保整改措施更加精准有效。其次，项目主审人定期跟踪检查整改情况，每周更新台账，并对已完成整改的问题进行销号处理，对其余未解决问题则持续跟进，确保所有问题得到妥善解决。

2. 研究审计成果运用方面

要使审计报告充分发挥其价值，关键在于深入研究和总结审计成果。

例如，审计组从集团视角出发，形成了一份全面涵盖集团营销合规情况的调研报告，系统总结了集团现有的多种营销模式，横向对比了各营销机构的合规体系，准确识别了主要风险点。在此基础上，审计组提出了面向合规体系建设、自有销售人员管理、商业合作伙伴合规管理等三个维度的 9 条具体、可操作的审计建议。

三、案例成效

国药集团通过实施"432"研究型内部审计模式，取得了显著的成效。

（一）风险揭示与防控能力显著增强

通过深入研究"四个清单"和"三个事项"，审计组成功揭示了公司面临的关键风险点，特别是营销合规风险。这些风险的及时揭示，为公司提供了风险预警和防控的依据，有助于公司及时采取措施，降低风险损失。

（二）整改效果显著提升

审计组在审后研究中，加强了对审计整改的跟踪和检查。通过重新设计审计整改台账、增加整改标准和期限等措施，审计组确保了整改工作的有效进行。整改效果的显著提升，进一步提升了公司的治理水平和运营效率。

（三）审计成果得到广泛运用

审计组在审后研究中，还加强了审计成果的分析提炼和宣传推广。这些审计成果不仅为公司管理层提供了有价值的参考，也为集团其他所属企业提供了借鉴。通过广泛运用审计成果，整个集团的治理水平得以提升。

四、案例启示

该案例为我们提供了如下启示。

（一）强化研究思维在审计工作中的重要性

该案例强调了研究思维在审计工作中的重要性。审计人员需要具备深入研究和探索的能力，通过收集、整理和分析数据，揭示问题的本质和根源。这种研究思维有助于审计人员提出更具针对性且更有效的审计建议。

（二）注重审计成果的转化和运用

审计工作的最终目的是推动问题的整改和治理的改进。因此，审计人员需要注重审计成果的转化和运用。通过加强与被审计单位的沟通和合作，推动审计建议的落实和整改工作的有效进行。同时，审计人员还需要将审计成果进行提炼和宣传，扩大其影响范围，为整个组织的治理水平提升提供支持。

（三）加强与其他部门的协作和沟通

审计工作不是孤立的，需要与其他部门进行密切的协作和沟通。该案例中的审计人员通过与其他部门合作、共同研究和解决问题，形成了合力共治的良好局面。这种跨部门协作和沟通有助于实现资源共享、优势互补，提升整个组织的治理效率。

（四）培养具备研究能力的内部审计人才

随着企业治理环境的日益复杂和审计工作的不断发展，企业对内部审计人才的要求也越来越高。审计人员需要具备扎实的专业知识和研究能力，能够深入分析和解决问题。因此，在教学过程中需要注重培养学生的研究能力和实践能力，使其能够适应未来审计工作的需要。

第三篇　研究型内部审计与风险管理的融合

第八章
"三度"与风险管理的关系

2009 年召开的中国企业全面风险管理高层论坛指出，随着经济全球化进程的加快，企业面临的各种风险不断增加。企业管理也越来越关注环境变化所带来的风险，加强企业全面风险管理的需求也就越来越迫切。研究型内部审计作为风险管理的有力工具，其力度、广度和深度对风险管理的效果产生重要影响。

第一节　研究型内部审计力度与风险管理

一　风险管理概述

（一）风险管理的内涵与特点

1. 风险管理的内涵

在当今日益复杂多变的市场和社会环境中，企业面临着前所未有的挑战和不确定性。企业需要一种全面、系统的方法，通过识别、评估、应对和控制风险的一系列活动，将风险控制在可接受范围内，从而确保企业的稳定运营和持续发展，这就是风险管理。风险管理并非静态的、孤立的活动，而是一个动态、连续且循环往复的过程，贯穿于企业或项目的全生命周期。通过持续的风险监测与适时的策略调整，风险管理在复杂多变的环境中为组织提供坚实的风险防护，进而实现其长期稳健的发展目标。

2. 风险管理的特点

风险管理是一个复杂而重要的过程，有助于企业在充满不确定性的环境中保持稳健发展。企业需要建立完善的风险管理体系，并注重风险管理的系统性、前瞻性、灵活性、科学性、持续性、综合性和战略性等特点，以提高企业的竞争力和市场地位①。

第一，风险管理具有系统性，是一个系统控制的过程，它要求从整个组织或企业的角度出发，全面考虑各种潜在风险，确保风险管理的全面性和系统性。第二，风险管理具有前瞻性，注重对未来可能发生的风险进行预测和评估，以便企业提前采取应对措施，降低风险发生的可能性和影响程度。这需要企业具备前瞻性的思维和敏锐的风险意识。第三，风险管理具有灵活性，需要根据企业的实际情况和业务需求进行调整和改进。当外部环境或内部条件发生变化时，风险管理策略也需要相应地进行调整，以确保其适应性和有效性。第四，风险管理具有科学性，需要建立在科学的理论和方法基础之上。企业需要通过运用统计学、概率论、金融学等学科知识，对风险进行定量和定性分析，以确保决策的科学性和准确性。第五，风险管理具有持续性，是一个持续不断的过程。企业需要不断地对风险进行评估和监控，并根据情况进行调整和改进。同时，还需要建立长效机制，确保风险管理能够长期有效地发挥作用。第六，风险管理具有综合性，涉及多个领域和部门，需要跨部门的协作和配合。企业需要建立跨部门的风险管理团队或委员会，确保各部门之间的信息共享和协同作战。第七，风险管理具有战略性，不仅是企业日常运营的一部分，更是企业战略的重要组成部分。企业需要将风险管理纳入战略规划中，确保企业在面临不确定性时能够保持竞争优势和可持续发展。

（二）风险管理的流程与方法

1. 风险管理的流程

风险管理的流程是一个具有系统性和连续性的过程，主要包括以下四个步骤。

第一，风险识别。风险识别是风险管理的第一步，也是风险管理的基础，是指通过全面、系统的分析，识别出可能对企业产生影响的潜在风险。这些

---

① 刘昂、许莉:《内部审计防范化解金融风险的作用研究——以 S 公司为例》,《财会通讯》2022 年第 21 期。

风险可能来自内部或外部，可能涉及市场、技术、财务、法律等多个方面。

第二，风险评估。风险评估是风险管理的基础，是企业确定信息安全需求的一个重要途径。通过对识别出的风险进行量化分析，企业可以评估风险发生的可能性和潜在影响程度。风险评估有助于确定哪些风险是关键的、需要优先处理的。

第三，风险应对。根据风险评估结果，企业可以制定相应的风险应对策略并加以实施。制定风险应对策略主要应考虑四个方面的因素：风险的可规避性、风险的可转移性、风险的可缓解性、风险的可接受性。

第四，风险控制。在风险应对策略实施过程中，企业会对风险进行持续的监控和控制。这包括定期评估风险状态、调整应对策略以及应对新的风险挑战等。

2. 风险管理的方法

在风险管理的过程中，企业可以采用多种方法和技术来降低和控制风险。

第一，风险规避，即通过避免涉及高风险的业务或活动来减少潜在损失。例如，企业可以选择不进入某些竞争激烈的市场或避免投资高风险的项目。第二，风险降低，即通过采取措施来减少风险发生的可能性和影响程度。例如，企业可以通过加强内部控制和风险管理培训，提高员工的风险意识和风险应对能力。第三，风险转移，即通过购买保险、签订合同等方式将风险转移给第三方。例如，企业可以购买财产保险、责任保险等来应对可能发生的损失。第四，风险接受，即当风险发生的可能性较低或损失较小时，企业可以选择接受风险并承担可能的损失。这需要在权衡利弊后做出决策。第五，风险对冲，即通过引入多个风险因素或承担多个风险来互相抵消风险的影响。例如，企业可以利用期货、期权等金融工具进行套期保值来减少市场波动带来的风险。

此外，还有一些常用的风险管理工具和技术，如敏感性分析、蒙特卡罗模拟、压力测试等，这些工具和技术可以帮助企业更准确地评估风险并制定相应的应对策略。

总之，风险管理的流程和方法是企业在充满不确定性的环境中保持稳健发展的关键。通过系统地识别、评估、应对和控制风险，企业可以降低潜在损失并实现可持续发展。

（三）风险管理的地位与作用

1. 风险管理的地位

风险管理在现代企业运营中占据着举足轻重的地位，其重要性贯穿于企业运营的各个层面[①]。

风险管理是企业战略管理的核心组成部分，能使企业的决策更加明智和理性。在制定和实施战略时，企业必须充分考虑潜在的风险因素。正因为风险管理对战略决策具有如此重要的作用，它已经成为企业成功的关键因素之一。

风险管理为企业提供了决策的基础。通过对风险的识别、评估、监控和应对，企业可以更加清晰地了解自身面临的风险状况，从而制订出更加符合实际和可行的决策方案。这种基于风险的决策方式，有助于企业在复杂多变的市场环境中保持竞争优势。

2. 风险管理的作用

有效的风险管理有助于企业在竞争激烈的市场环境中保持竞争优势。通过降低风险损失、提高运营效率、增强品牌影响力等方式，组织可以更好地应对外部挑战和变化。因此，风险管理不仅仅是避免损失的手段，更是组织实现长期成功的关键。

第一，风险管理可以保障组织稳定运营。风险管理可以通过识别和控制潜在的风险因素，帮助企业避免或减少风险损失，从而保障企业的稳定运营，为企业提供一道坚固的防线。第二，风险管理有助于企业优化资源配置，提高运营效率。通过清晰地了解运营过程中的风险点，风险管理可以更加有针对性地制定策略和措施，提高资源的利用效率，在降低成本的同时提高产出。第三，风险管理在企业的创新过程中也发挥着重要作用。通过识别和控制创新过程中的风险，风险管理能够降低创新失败的可能性，推动企业的创新发展。在竞争激烈的市场环境中，创新是企业保持竞争优势的关键，而风险管理则是创新成功的保障。第四，风险管理有助于企业在面对突发事件和危机时迅速作出反应，降低损失，增强企业的韧性和抗风险能力。在不确定性日

益增加的时代背景下，企业需要具备强大的韧性来应对各种挑战和变化，而风险管理正是增强企业韧性的重要手段之一。第五，有效的风险管理可以提升企业的品牌形象和声誉，增强客户、投资者和合作伙伴的信任和黏性。在客户越来越注重企业信誉和品牌的时代，风险管理成为企业提升品牌价值的重要手段之一。

二 审计力度对风险管理效果的影响

（一）审计力度对风险识别的影响

审计力度对风险识别的影响是显著且多方面的。风险识别是企业管理中的关键步骤，旨在发现和评估可能对企业产生不利影响的潜在风险。审计力度对风险识别产生下述直接影响 [1]。

第一，增强风险意识。强有力的审计能够提高企业内部对风险管理的重视程度。审计人员通过其专业的视角和方法，向管理层和相关部门阐明风险的重要性，促进企业内部形成风险管理文化。

第二，深化风险识别。审计活动通常涵盖企业的各个方面，包括财务、运营、合规等。在审计过程中，审计人员会运用各种技术和工具，对企业进行全面而深入的检查，从而发现潜在的风险点。这种全面的风险识别有助于企业更准确地了解自身面临的风险状况。

第三，优化风险分类和评估。审计人员具备专业的风险评估能力，能够对识别出的风险进行科学的分类和评估。他们可以根据风险的可能性、影响程度等因素，对风险进行排序和优先级划分，为企业提供有针对性的风险管理建议。

第四，加强风险监控和报告。强有力的审计还包括对风险的持续监控和报告。审计人员会定期或不定期地对企业进行审计，检查风险管理措施的执行情况，及时发现并报告新的风险点。这种持续的监控和报告有助于企业保持对风险的警觉，并及时调整风险管理策略。

---

[1] 杨晓彤:《风险导向内部审计理论与应用再认识》,《山西财经大学学报》2018 年第 S1 期。

第五，推动风险应对措施的完善。审计人员在发现风险后，会向管理层提出相应的风险管理建议。这些建议可能涉及改进内部控制、加强合规管理、提高员工风险意识等。管理层在采纳这些建议后，可以进一步完善风险应对措施，提高企业的风险抵御能力。

第六，提升风险管理的透明度。通过审计活动，企业可以更加清晰地了解自身在风险管理方面的优势和不足。审计结果和报告可以向外部利益相关者展示企业在风险管理方面的努力和成果，提升企业在市场上的信誉和形象。

（二）审计力度对风险评估的影响

审计力度加强，增强风险评估的客观性。审计活动具有独立性，审计人员以客观、公正的态度对企业进行评估。这种客观性使得风险评估结果更加可靠，减少了主观偏见和利益冲突的影响。审计人员能够客观地评估风险的可能性和影响程度，为企业提供有价值的建议。

审计力度加强，推动风险评估方法的改进。随着审计力度的加强，审计人员会不断学习和掌握新的风险评估方法和工具。这些新的方法和工具能够帮助审计人员更高效地识别和评估风险，提高风险评估的效率和准确性。同时，审计人员还会根据企业的实际情况，调整和完善风险评估方法，确保评估结果的针对性和有效性。

审计力度加强，增强风险管理的持续性和动态性。审计力度的加强意味着对企业的风险管理进行持续、动态的监督。审计人员会定期或不定期地对企业进行审计，检查风险管理措施的执行情况，及时发现并报告新的风险点。这种持续的监督有助于企业及时应对风险变化，加强风险管理的持续性和动态性。

审计力度加强，提升并改善风险管理的质量和效果。通过强有力的审计，审计人员能够为企业提供有针对性的风险管理建议，帮助企业完善风险管理措施，提高风险管理的质量，改善风险管理的效果。这些建议可能涉及改进内部控制、加强合规管理、提高员工风险意识等，有助于企业更好地应对潜在的风险挑战。

（三）审计力度对风险应对与监控的影响

审计力度在风险应对与监控中发挥着重要作用。通过加大审计力度，企业能够更早地发现潜在风险，更准确地掌握风险状况，制定更有效的风险应对措施，并加强内部控制和风险管理机制。这些都有助于企业提高决策质量和风险管理水平，提高企业的透明度和信誉度。

第一，增强风险应对的及时性和有效性。审计力度加大时，审计部门会进行更频繁的审计活动，从而能够更早地发现潜在风险。这种及时的发现使得企业能够更快地制定和实施风险应对措施，避免风险进一步扩大或恶化。同时，审计人员专业的风险评估和建议能够为企业提供更有针对性的风险应对方案，提高风险应对的有效性。

第二，提高决策质量和风险管理水平。审计力度加大时，审计部门会向企业管理层提供更详细、更全面的风险信息和分析报告。这些信息有助于企业管理层更准确地了解企业的风险状况，制定更科学的决策。同时，审计人员专业的风险评估和建议能够提升企业的风险管理水平，使企业能够更好地应对各种潜在风险。

第三，提高企业透明度和信誉度。通过加大审计力度，企业能够向外部利益相关者展示其风险管理和内部控制的完善性。这有助于提高企业的透明度和信誉度，改善企业在市场上的形象，增强企业竞争力。

三 风险管理对研究型内部审计力度的影响

（一）风险管理强化研究型内部审计的权威性与独立性

风险管理在内部审计中扮演着至关重要的角色，它不仅增强了内部审计的权威性，还强化了其独立性。这种加强主要体现在以下几个方面。

首先，风险管理帮助内部审计更准确地聚焦风险点。通过风险管理的方法和工具，内部审计可以更全面地识别和评估潜在风险，这有助于审计团队更有针对性地确定审计重点和范围，从而提升审计的权威性。审计团队可以利用风险评估的结果，将资源和精力集中在对企业最关键的风险领域，使审计工作更具有针对性和效率。

其次，风险管理强化了内部审计的独立性。风险管理通常由企业内部相对独立的团队或部门负责，他们的职责是评估和管理企业的风险。这种独立性保证了风险评估的客观性和公正性，从而为内部审计提供了更可靠的风险信息和数据基础。审计团队可以依据独立进行的风险评估结果，开展审计工作，不受被审计实体的影响，确保审计过程和结论的客观性和中立性，进一步提升审计的权威性和可信度。

最后，风险管理还为内部审计提供了更加全面的法律法规和政策依据。风险管理在制定风险策略和控制措施时，通常会考虑到适用的法律法规和政策要求，确保企业风险管理活动的合规性。这为内部审计提供了审计依据和审计标准，使审计团队在审计过程中能够更加明确地评估被审计实体的合规性和风险管理的有效性，进一步提升了审计的权威性和独立性。

综上所述，风险管理的强化不仅增强了内部审计的权威性，还加强了其独立性。通过使用风险管理的方法和工具，内部审计可以更准确地聚焦风险点，提升审计的针对性和效率；风险管理的独立性保证了风险评估的客观性和公正性，为内部审计提供了可靠的审计依据；风险管理的法律法规和政策依据为内部审计提供了严密的审计标准和合规性保障。这些因素共同促进了内部审计权威性和独立性的增强。

（二）风险管理提升研究型内部审计发现问题的能力与提出建议的执行力

首先，风险管理能帮助内部审计更准确地识别潜在问题。通过风险管理的方法和工具，内部审计可以更全面地了解组织面临的各种风险，并对其可能带来的影响有所把握。这有助于审计团队更准确地确定审计重点和范围，加强发现问题的能力。审计团队可以根据风险评估的结果，重点关注对企业来说最关键的风险领域，更及时地发现问题，提升审计的执行力。

其次，风险管理能强化内部审计提出建议的有效性。风险管理不仅能帮助审计团队识别问题，还能提供应对风险的策略和措施。审计团队可以根据风险管理的结果，结合自身的审计发现，提出具有针对性和可行性的建议，为企业改进风险管理和控制措施提供有效的指导。这些建议基于对企业风险情况的深入了解和分析，具有很强的说服力和可操作性，有助于企业更快地采取行动，提升审计的执行力。

最后，风险管理还能促进内部审计与业务部门的合作和沟通。在风险管理的过程中，业务部门通常会参与风险识别、评估和应对的活动，他们对业务运作的了解和经验对于审计团队发现问题和提出建议至关重要。审计团队可以借助业务部门的专业知识和经验，更全面地了解业务流程和操作，从而更准确地评估风险，并提出更有效的建议。

（三）风险管理提高研究型内部审计结果对企业决策的影响力

首先，风险管理能帮助企业更全面地认识和理解风险。通过风险管理的方法和工具，企业可以系统地识别、评估和监控各种风险，包括市场风险、操作风险、财务风险等。这有助于企业更全面地了解自身所面临的风险情况，包括风险的来源、影响程度和可能性，为决策提供更准确的信息依据。内部审计作为企业风险管理的重要组成部分，通过对企业风险情况的审计，可以进一步加深企业对风险的认识，为企业管理层提供更全面、客观的风险信息，从而提高审计结果对企业决策的影响力。

其次，风险管理能加强内部审计与战略规划的衔接。在风险管理的过程中，企业通常会根据风险评估的结果调整和优化战略规划，以更好地应对风险挑战和机遇。内部审计作为风险管理的一部分，可以通过审计工作发现和评估战略执行过程中存在的问题和风险，为战略规划的制订和调整提供有力的支持和参考。审计结果的及时反馈和建议可以帮助企业管理层更好地了解战略执行的情况，及时调整战略方向和措施，提升企业应对风险的能力，提高审计结果对企业决策的影响力。

再次，风险管理能促进内部审计与业务管理的融合。在风险管理的过程中，业务部门通常会参与风险识别、评估和应对的活动，他们对业务流程和操作的了解和经验对内部审计评估风险和提出建议至关重要。内部审计可以借助业务部门的专业知识和经验，更全面地了解业务运作的情况，从而更准确地评估风险，并提出有效的建议。通过与业务部门的紧密合作，内部审计可以提高审计结果的质量和可信度，提高审计结果对企业决策的影响力。

最后，风险管理能强化内部审计结果的透明度和可追溯性。风险管理通常会建立起一套完善的风险管理体系和流程，包括风险识别、评估、监控和报告等环节。在这个体系中，内部审计作为风险管理的重要组成部分，其审计结果会被纳入到风险报告中，向企业管理层和利益相关者披露。这种透明度和可追溯性能保证审计结果的可信度和权威性，提高审计结果对企业决策的影响力。

总之，风险管理能提高内部审计结果对企业决策的影响力。通过帮助企业更全面地认识和理解风险、加强内部审计与战略规划的衔接、促进内部审计与业务管理的融合以及强化内部审计结果的透明度和可追溯性等方式，风险管理能提高审计结果对企业决策的影响力，为企业的长期发展提供有力的支持。

四　研究型内部审计力度与风险管理的关系分析

（一）研究型内部审计与风险管理的互补性

研究型内部审计与风险管理在企业的运营和管理中具有互补性，这种互补性主要体现在以下两个方面。

1. 研究型内部审计提供风险管理的信息支持

研究型内部审计的主要职责之一就是对企业的内部流程、制度、运营等进行全面的审查和监督，以评估企业的运营效率和风险管理水平。在这个过程中，内部审计可以收集、整理和分析大量的内部数据和信息，发现潜在的风险因素，并提供给风险管理部门作为参考，帮助风险管理部门更准确地识别风险、评估风险的可能性和影响程度，从而制定有效的风险管理策略。此外，研究型内部审计还可以对风险管理部门的工作进行监督和评估，确保其工作的合规性和有效性，帮助其及时发现自身工作中的问题和不足，并进行改进和完善，从而提高企业的风险管理水平。

2. 风险管理为研究型内部审计提供方向与重点

风险管理部门通过对企业的风险进行识别、评估和控制，可以明确企业面临的主要风险类型和领域，帮助内部审计部门确定审计的重点和方向。

在确定了审计的重点和方向后，内部审计部门可以更有针对性地进行审计工作，对企业的关键业务流程、重要制度、高风险领域等进行深入审查和监督，更有效地发现潜在的问题和风险，并提出改进建议，帮助企业提高运营效率和风险管理水平。

内部审计与风险管理在企业的运营和管理中具有互补性。内部审计通过提供风险管理的信息支持，帮助风险管理更准确地识别风险、评估风险并制定有效的风险管理策略；而风险管理则通过明确风险类型和领域，为内部审计提供审计的重点和方向，使内部审计更加具有针对性和有效性。这种互补性有助于企业更好地应对潜在的风险挑战，提高整体的管理水平和运营效率。

（二）研究型内部审计与风险管理的相互促进

1. 加大研究型内部审计力度有助于提高风险管理水平

内部审计是企业内部治理的重要组成部分，通过独立、客观的视角对企业的运营、财务、合规等方面进行全面、系统的审查。加大内部审计力度，意味着企业将更加重视内部审计的作用，增加投入，提高审计的频率、深度和广度。这对企业提升风险管理水平具有显著的促进作用。

首先，加大研究型内部审计力度有助于企业更全面地识别风险。通过细致的审计程序，内部审计可以发现企业运营中潜在的风险点，包括财务风险、运营风险、合规风险等。这些信息的及时获取，有助于企业风险管理部门更准确地评估风险状况，制定相应的风险管理策略。

其次，加大研究型内部审计力度能够加强风险监控。内部审计能通过定期或不定期的审计活动，持续监控企业的风险状况。这种监控可以确保企业及时发现新的风险点，评估风险的变化情况，并采取相应的措施进行应对。这种持续的风险监控有助于企业保持对风险的警觉性，提高风险应对的及时性和有效性。

最后，加大研究型内部审计力度还能够促进风险管理的持续改进。内部审计在发现问题后，会向企业管理层提出改进内部控制、加强合规管理、提高员工风险意识等建议。通过采纳这些建议，企业可以不断完善风险管理机制，提高和改善风险管理的水平和效果。

2. 改进风险管理有助于优化研究型内部审计工作

首先，改进风险管理可以提高和改善研究型内部审计的效率和效果。当企业的风险管理机制得到有效改进时，企业的运营更加规范，风险得到更好的控制。这有助于减少内部审计的工作量，提高审计的效率，改善审计的效果。同时，风险管理机制的改进还可以为内部审计提供更多的信息和支持，使审计工作更加有针对性且更加有效。

其次，改进风险管理可以为研究型内部审计提供更多的审计线索和重点。当企业的风险管理机制得到有效改进时，企业可以更好地识别和控制风险，这有助于内部审计更加准确地把握审计的重点和方向，提高审计的针对性和有效性。同时，风险管理机制的改进还可以为内部审计提供更多的审计线索和证据，使审计结果更加可靠和准确。

最后，改进风险管理还可以提高研究型内部审计的声誉和影响力。当企业的风险管理机制得到有效改进时，企业的运营会更加稳健和可靠。这有助于增强内部审计的声誉和影响力，使内部审计在企业内部和外部都受到更多的重视和认可。

第二节　研究型内部审计广度与风险管理

一　研究型内部审计广度对风险管理的影响

（一）审计广度对风险识别的影响

审计广度拓宽有利于全面识别风险。广泛的审计范围能够覆盖企业的所有业务领域和流程，从而帮助企业全面识别可能面临的各种风险，包括财务风险、运营风险、市场风险等。

审计广度拓宽有利于发现潜在风险。通过深入研究和分析，审计人员能够发现一些潜在的、不易被察觉的风险，这些风险如果不及早发现和处理，可能会对企业造成严重影响。

审计广度拓宽有利于提供全面风险信息。审计过程中收集到的信息可以作为风险识别的依据，帮助企业建立风险数据库，为后续的风险评估和应对奠定基础。

（二）审计广度对风险评估的影响

第一，有利于完善风险评估框架。广泛的审计范围可以为风险评估提供全面的数据支持，帮助企业完善风险评估框架，确保评估结果的准确性和有效性。第二，有利于量化风险大小。通过对不同业务领域和流程的风险进行量化分析，审计人员可以帮助企业确定风险的大小和优先级，为风险应对提供指导。第三，有利于识别关键风险点。在研究型内部审计中，审计人员可以通过对业务流程的深入分析，识别出关键风险点，这些风险点往往是企业需要重点关注的内容。

（三）审计广度在风险应对与监控中的影响

第一，有利于制定有效风险应对策略。基于广泛的审计结果，企业可以制定出有效、有针对性的风险应对策略，降低风险发生的概率和影响的程度。第二，有利于加强风险监控。研究型内部审计不仅关注风险的识别和评估，还关注风险的监控和应对。审计人员可以通过定期的审计活动，对风险的变化情况进行跟踪和监控，确保风险应对策略的有效性。第三，有利于促进风险管理文化的建设：广泛的审计范围和深入的分析可以促使企业管理层更加重视风险管理，从而推动风险管理文化的建设，加强和提高企业的风险管理意识和风险管理水平。

总之，研究型内部审计的广度对企业风险管理具有重要影响。通过广泛的审计和深入的分析，企业可以更加全面、准确地识别、评估、应对和监控风险，减小风险对企业的影响，提高企业的竞争力和可持续发展能力。

二 风险管理对研究型内部审计广度的影响

（一）风险管理意识对审计范围的影响

1. 组织风险认知与内部审计范围选择

组织的风险认知是指企业管理层及员工对潜在风险的识别、理解和重视程度。这种风险认知直接影响了内部审计的范围选择。

首先，一家对风险有高度认知的企业会更倾向于选择广泛的审计范围。这是因为这样的企业能认识到，只有全面、深入的审计，才能充分揭示和评估企业可能面临的各种风险。因此，在制订年度审计计划或进行特定审计项目时，这些企业会倾向于选择更为广泛的审计领域和业务流程。

其次，企业的风险认知会影响审计的深度。对于某些高风险领域或关键业务流程，企业可能会要求审计人员进行更为详细和深入的审计，以确保这些领域得到充分的关注和评估。这种深度审计能够帮助企业更准确地了解风险状况，为制定风险应对策略提供有力支持。

最后，企业的风险认知还能促进审计与其他风险管理活动的协同。当企业意识到风险管理的重要性时，他们会将审计与风险管理、内部控制等活动紧密结合起来，形成一个相互支持、相互促进的风险管理体系。这种协同作用不仅能够提高审计的效率、改善审计的效果，还能够增强企业的风险管理能力。

2. 风险管理策略对审计重点的引导

企业的风险管理策略是指导企业识别、评估、应对和监控风险的一系列原则和方法。这种策略对审计重点的选择具有显著的引导作用。

首先，风险管理策略中的风险容忍度和风险偏好会影响审计重点的确定。风险容忍度是企业对风险接受程度的量化表达，而风险偏好则反映了企业在面对风险时的态度和倾向。当企业的风险容忍度较低或风险偏好较为保守时，审计部门会倾向于将更多的审计资源投入那些可能产生严重后果的高风险领域；相反，当企业的风险容忍度较高或风险偏好较为激进时，审计部门可能会更加关注那些对企业发展有重要影响但风险相对较小的领域。

其次，风险管理策略中的风险应对措施也会影响审计重点的选择。例如，如果企业的风险管理策略中明确规定了某些风险的应对措施和监控要求，那么审计部门就会将这些风险作为审计的重点对象之一，以确保这些措施和要求得到有效执行并达到预期的效果。

最后，风险管理策略的持续改进和更新也会推动审计重点的调整。随着企业面临的内外部环境的变化和风险管理实践的深入发展，企业的风险管理策略也需要不断修订和完善。这种变化和发展也会引导审计部门重新评估审计重点的合理性和有效性，并根据新的风险管理策略调整审计计划和工作重点。

（二）风险管理反馈对审计效果的影响

1. 风险管理反馈对审计发现的响应

审计过程中，审计人员会识别出企业在风险管理方面存在的问题和潜在的不足，这些发现通常以审计报告或审计建议的形式呈现给管理层。风险管理反馈对审计发现的响应是审计效果的重要体现之一。

有效的风险管理反馈机制能够确保管理层及时、全面地了解审计发现，并采取相应的措施进行整改。这种响应能够加强风险管理的针对性和有效性，降低潜在风险对企业的影响。同时，管理层对审计发现的积极响应还能够增强审计工作的权威性、提高审计工作的影响力，促进内部审计在企业风险管理中发挥作用。

当管理层对审计发现给予高度重视，并采取积极有效的措施进行整改时，审计的效果将得到显著提升。这不仅能够解决当前存在的问题，还能够预防类似的问题，提高企业的风险管理水平。

2. 风险管理反馈对审计改进的促进

风险管理反馈还能够推动审计工作的持续改进。通过收集和分析管理层对审计发现的反馈意见，审计人员可以了解管理层对审计工作的期望和需求，从而有针对性地改进审计方法和程序，提高审计的效率并改善审计的效果。

一方面，风险管理反馈可以帮助审计人员识别审计过程中的不足和缺陷，例如审计范围不够全面、审计方法不够科学等。审计人员可以根据这些反馈意见，调整审计计划和策略，加强审计工作的针对性和实效性。

另一方面，风险管理反馈还可以促进审计与其他风险管理活动的协同。当管理层对审计发现提出具体的改进建议时，审计人员可以与风险管理部门、内部控制部门等其他相关部门进行沟通和协作，共同制订改进措施和方案，推动企业的风险管理水平不断提升。

三 研究型内部审计广度与风险管理的关系分析

（一）研究型内部审计广度与风险管理目标的关联

1. 研究型内部审计广度对风险管理目标的支持和评估

研究型内部审计的广度决定了其能否全面覆盖和评估组织的风险管理活

动，进而支持风险管理目标的实现。具体来说，研究型内部审计的广度在以下几个方面对风险管理目标提供支持和评估。

第一，全面覆盖。研究型内部审计的广度要求审计活动覆盖组织的所有重要业务领域和流程，确保风险管理不留死角。这种全面覆盖使得内部审计能够识别和评估各种潜在风险，为风险管理目标提供全面的信息支持。

第二，深入评估。研究型内部审计不仅关注风险存在与否，还关注风险的影响程度、可能性和可控性等因素。通过深入分析和评估，内部审计能够确定风险管理的优先级和重点，为风险管理目标的制定提供科学依据。

第三，持续监控。研究型内部审计的广度还体现在对风险管理活动的持续监控上。通过定期或不定期的审计活动，内部审计能够及时发现风险管理的漏洞和不足，并提出改进建议，确保风险管理目标的持续有效实现。

2. 风险管理对研究型内部审计广度的调整和引导

风险管理目标的变化和发展会引导研究型内部审计广度的调整和变化。具体来说，风险管理对研究型内部审计广度的调整和引导体现在以下几个方面。

第一，目标导向。风险管理目标明确了组织在特定时期需要重点关注和防范的风险。内部审计在制订审计计划和策略时，应以风险管理目标为导向，确保审计活动能够紧密围绕风险管理目标展开。

第二，重点调整。随着风险管理目标的变化，内部审计的重点也需要相应调整。例如，当组织面临新的市场挑战或技术变革时，风险管理目标可能会发生变化，内部审计需要调整审计重点，加大对新领域和新风险的审计力度。

第三，资源分配。风险管理目标的优先级和紧急程度会影响内部审计资源的分配。对于高优先级和紧急的风险管理目标，内部审计需要投入更多的资源和精力进行审计和评估，以确保这些目标得到有效实现。

（二）研究型内部审计广度与风险报告的协同作用

1. 研究型内部审计广度对风险报告内容和准确性的影响

具有广泛审计覆盖面的内部审计，能够为风险报告提供更为全面和深入的信息，从而提升风险报告的全面性和准确性。

第一，全面性的提升。广泛的内部审计意味着审计活动将覆盖组织的多个业务领域和流程。这种全面的审计能够揭示出组织在不同领域和层面可能面临的风险，从而为风险报告提供更为全面的内容。通过审计，审计人员能够发现各种潜在的风险，包括但不限于财务风险、运营风险、市场风险、技术风险等，并将其纳入风险报告中。

第二，准确性的提高。广泛的内部审计能够确保审计人员获得足够的数据和信息来评估风险。审计人员可以对收集到的数据进行深入的分析和比较，从而更准确地评估风险的大小、可能性和影响程度。这种基于充分信息的评估能够提高风险报告的准确性，为管理层提供更为可靠的决策依据。

第三，风险分类和优先级。广泛的内部审计还有助于对风险进行分类和分级。审计人员可以根据风险的重要性和紧急程度，将风险分为不同的类别和级别，并在风险报告中明确标注。这有助于管理层更好地理解和把握组织面临的主要风险，并采取相应的措施进行管理和应对。

2. 风险报告对研究型内部审计广度的评估和传达的影响

风险报告是内部审计结果的重要输出形式，它对内部审计的广度具有重要的评估和传达作用。

第一，评估内部审计效果。风险报告能够反映内部审计在风险管理方面的效果。通过对风险报告的评估和分析，管理层可以了解内部审计在发现风险、评估风险和提出改进建议等方面的表现。这有助于管理层对内部审计的广度进行评估，判断审计范围是否足够广泛以覆盖组织的主要风险。

第二，传达风险管理信息。风险报告是管理层了解组织风险管理状况的重要渠道。通过风险报告，管理层可以获取关于组织面临的主要风险、风险的大小、可能性和影响程度等方面的信息。这些信息有助于管理层更好地了解组织的风险状况，并制定相应的风险管理策略。

第三，指导内部审计的改进。风险报告中的发现和建议可以指导内部审计的改进。当风险报告揭示出组织在风险管理方面存在的问题和不足时，内部审计可以根据这些发现和建议进行相应的改进。例如，审计部门可以扩大审计范围、加大审计力度或改进审计方法等，以改善内部审计在风险管理方面的效果。

第三节　研究型内部审计深度与风险管理

一　研究型内部审计深度对风险管理的影响

研究型内部审计，作为一种深入、全面且系统的审计方式，其深度对风险管理具有显著的影响。

（一）审计深度对风险识别的影响

精准识别潜在风险。随着审计深度增加，审计人员对企业经营活动的了解程度有所加深，因此更有可能精准地识别出潜在的风险因素。这种深度审计能够识别那些表面看起来正常但存在隐患的业务操作或流程。

揭示风险之间的内在联系。审计深度增加使得审计团队能够基于其系统思维，不仅关注单一风险点，也通过深入了解业务背景、操作流程等，揭示不同风险之间的内在联系和相互影响机制，从而帮助企业更全面地认识风险。

提前预警风险。审计深度增加有助于审计人员提前发现那些尚未显露但已经存在隐患的风险因素，从而为企业提供及时的风险预警，帮助企业提前做好准备，避免风险扩大。

（二）审计深度对风险评估的影响

审计深度对风险评估的影响主要表现在以下几个方面。

提高风险评估的准确性。审计深度增加意味着审计人员能够提供更为详尽的信息和数据，使风险评估更加准确。审计人员通过深入了解企业的业务运作、财务状况、市场环境等，对风险的可能性、影响程度和发生时间等进行更为准确的判断。

细化风险评估的颗粒度。审计深度增加能够细化风险评估的颗粒度，使风险评估更加具体且更有针对性。通过对企业各个业务领域、流程环节的深入审计，可以识别出更为细致的风险点，并为每个风险点制定相应的风险管理策略和应对措施。

揭示隐藏风险。审计深度增加有助于揭示那些被表面现象所掩盖的隐藏风险。这些风险可能不易被发现，但一旦爆发，往往会给企业带来严重的影响。通过深入审计，审计人员能够揭示这些隐藏风险，为企业提供更全面的风险管理建议。

（三）审计深度在风险应对与监控中的影响

审计深度在风险应对与监控中的影响主要表现在以下几个方面。

提供有针对性的风险应对建议。审计深度增加能够为企业提供有针对性的风险应对建议，通过深入了解企业的业务运作、市场环境等，内部审计可以为企业制定更加符合实际情况的风险应对策略，帮助企业更好地应对风险。

强化风险监控的针对性和有效性。审计深度增加有助于强化风险监控的针对性和有效性。通过对企业各个业务领域、流程环节的深入审计，内部审计可以建立更为完善的风险监控体系，及时发现新的风险点并采取相应的监控措施，确保风险得到有效控制。

促进风险管理的持续改进。审计深度增加有助于企业不断改进风险管理，通过深入了解企业的风险状况和管理水平，内部审计可以为企业提出改进建议，帮助企业不断完善风险管理机制，提高风险管理的效果和水平。

二 风险管理对研究型内部审计深度的影响

（一）风险识别与研究型内部审计深度的关联

1.风险管理框架对审计深度的要求

风险管理框架是组织为实现其目标而建立的，用于识别、评估、应对和监控风险的系统化方法。这一框架通常包括风险识别、风险评估、风险应对和风险监控四个关键步骤。内部审计作为风险管理的重要组成部分，其深度直接受到风险管理框架的要求影响。

风险管理框架要求内部审计具备足够的深度，以确保能够全面、准确地识别组织面临的风险。这不仅要求内部审计人员了解组织的整体运营情况，还要求他们对特定业务领域、业务流程和关键控制点有深入的了解。通过深入的审计，内部审计人员能够揭示出潜在的风险因素，为企业提供及时、有效的风险信息。

同时，风险管理框架还要求内部审计在风险识别过程中发挥主动、积极的作用。内部审计人员需要积极参与企业的风险管理活动，与风险管理部门和其他相关部门保持密切沟通，共同推动风险识别工作的深入开展。

2. 风险识别流程对审计深入程度的影响

风险识别是风险管理的首要步骤，其流程的合理性和有效性直接影响内部审计的深入程度。风险识别流程对内部审计深入程度的影响体现在以下几个环节。

明确风险识别的目标和范围。在风险识别开始前，需要明确识别的目标和范围，确保内部审计人员能够有针对性地进行审计。这要求内部审计人员充分了解企业的业务特点、市场环境和竞争对手情况，以便更好地识别潜在的风险因素。

收集风险信息。内部审计人员需要通过各种渠道收集风险信息，包括查阅历史数据、访谈相关人员、观察业务流程等。这些信息的收集和分析过程需要内部审计人员具备丰富的专业知识和实践经验，以确保能够全面、准确地识别风险。

分析风险信息。在收集到风险信息后，内部审计人员需要对其进行深入的分析和评估，包括识别风险来源、评估风险的可能性和影响程度、确定风险的优先级等。这一分析过程需要内部审计人员具备较强的分析能力和判断能力，以便准确地揭示出潜在的风险因素。

报告风险识别结果。内部审计人员需要将风险识别的结果以报告的形式呈现给管理层和相关部门。这一报告需要详细记录风险识别的过程、结果和建议，以便管理层和相关部门能够充分了解企业的风险状况并采取相应的风险管理措施。

完善的风险识别流程能够促进内部审计的深入开展，使内部审计人员能够更全面地了解企业的业务运作和风险状况，为企业提供更有价值的风险信息。同时，风险识别流程的优化和改进也能够推动内部审计方法的创新和发展，提高内部审计的效率，改善内部审计的效果。

（二）风险控制对审计深度的驱动

风险控制措施对内部审计的深度有重要的驱动作用，这些措施可以帮助企业更有效地管理风险并改进内部审计过程，从而提升审计的深度和影响力。

1. 风险控制措施对内部审计深度的需求

风险控制措施的实施需要全面且深入的审计。风险控制措施的实施通常会涉及多个部门和业务流程，这要求内部审计在审计范围和深度上做出相应调整。例如，一个企业可能采取了新的安全控制措施来防范数据泄露风险，这就需要内部审计扩展其审计范围，深入了解这些控制措施的有效性和合规性。

风险控制措施的实施需要评估风险控制措施的有效性。内部审计需要评估风险控制措施的实际效果和效率。这种评估通常需要审计人员深入地了解控制措施的实施细节、操作情况以及相应的风险降低效果。例如，审计人员可能需要详细分析各种风险控制措施对业务流程的实际影响，包括它们是否足够强大来防止潜在的风险发生。

风险控制措施的实施需要调查风险控制措施中的潜在问题和缺陷。这些问题和缺陷可能包括控制措施的执行不足、内部控制的失效以及操作过程中的漏洞。通过深入的审计工作，审计团队可以发现这些问题并提出改进建议，帮助企业修正潜在的风险控制问题。

风险控制措施的实施需要评估风险管理的全面性和整合性。审计团队需要了解不同部门和业务单元之间的风险管理是否协调一致，以及企业是否采用了一套综合的风险管理框架来管理和监控风险。

2. 风险控制指标对内部审计深度的引导

风险控制指标对内部审计的深度和质量有着重要的引导作用，它们可以帮助审计团队更精确地评估风险管理的有效性和企业的风险承受能力。

风险控制指标可以帮助内部审计团队量化和评估各种风险控制措施的效果。通过这些指标，审计人员可以比较不同的控制措施，并确定哪些措施最有效。例如，IT 安全控制的指标可以包括安全事件发生率、漏洞修复时间等，这些指标可以帮助审计团队评估安全控制措施的实际效果。

风险控制指标还可以帮助审计团队确定审计的重点和范围。指标可能显示某些业务部门或流程的风险控制效果差于预期，这将促使审计人员对这些部门或流程进行更深入的审计。通过指标化的方法，审计团队可以更精确地定位和分析潜在的风险和问题。

风险控制指标还可以帮助审计团队改进其审计方法和技术。审计团队可以根据指标的反馈调整其审计计划和策略，以更有效地评估和报告风险控制措施的效果。例如，如果某个指标表明特定风险控制措施的效果差于预期，审计团队可能需要采取更严格的审计方法来评估其有效性。

通过指标化测度风险控制效果，审计团队可以更直观地向管理层和利益相关者展示企业风险管理的状态和趋势。这些指标可以帮助企业管理层更好地理解风险控制的现状，并采取必要的行动来改进和优化风险管理策略。

风险控制措施和指标对内部审计的深度和质量有着重要的影响和驱动作用。通过这些措施和指标，内部审计可以更全面地评估企业的风险管理状态，发现潜在的问题和改进机会，并为企业管理层提供更准确、可信的决策支持。

（三）风险管理流程对审计深度的反馈

1. 风险管理流程中的监控机制对内部审计深度的反馈

在风险管理流程中，监控机制是确保风险管理活动持续有效进行的关键环节。这一机制通过定期或不定期地检查、评估和改进风险管理措施，确保风险管理策略能够及时应对内外部环境的变化。内部审计作为风险管理流程的重要组成部分，其深度受到监控机制的反馈影响，具体体现在以下几个方面。

揭示内部审计的盲点和不足。通过监控机制，企业可以定期评估内部审计在风险管理中的表现，发现内部审计在风险识别、评估、应对和监控等各个环节中的盲点和不足。这些反馈信息有助于企业了解内部审计的深度是否足够，是否需要调整内部审计的力度和广度。

指导内部审计的改进方向。监控机制不仅可以揭示内部审计的不足，还可以为内部审计的改进提供方向。例如，当监控机制发现内部审计在某一特定领域或流程中的审计深度不足时，可以指导内部审计加大该领域的审计力度，提高审计的深度和广度。

评估内部审计的效率和效果。监控机制还可以评估内部审计在风险管理中的效率和效果。通过对内部审计工作的定期检查和评估，企业可以了解内部审计是否能够及时、准确地识别风险，是否为企业提供有价值的风险信息。这种效率和效果的评估有助于企业调整内部审计的资源和投入，确保内部审计能够持续为企业的风险管理提供有力支持。

2. 风险管理缺陷的发现对内部审计深度的调整

在风险管理流程中，风险管理缺陷的发现往往意味着企业在风险管理中存在不足或漏洞。这些缺陷可能源于风险管理策略的失误、内部控制的失效、人为操作的错误等。当企业发现风险管理缺陷时，需要对内部审计的深度进行相应的调整。

加强内部审计的针对性。当企业发现某一特定领域或流程中存在风险管理缺陷时，需要增加对该领域或流程的内部审计深度。通过增加审计的频率、扩大审计的范围或提高审计的深入程度，更全面地了解该领域或流程的风险状况，为企业提供更有针对性的风险信息。

推动内部审计方法的创新。风险管理缺陷的出现可能意味着传统的内部审计方法已经无法适应当前的风险管理需求。在这种情况下，企业需要推动内部审计方法的创新和改进，以适应新的风险管理环境。例如，可以引入新的审计工具和技术、采用更为灵活和高效的审计方法等，以提高内部审计的效率，改善内部审计的效果。

强化内部审计的独立性和客观性。风险管理缺陷的出现也可能暴露出内部审计在独立性和客观性方面存在的问题。为了确保内部审计能够客观、公正地评估风险管理的效果，需要加强对内部审计的独立性保障，确保内部审计人员能够不受干扰地开展工作。同时，还需要加强对内部审计人员的培训和指导，提高他们的专业素质和道德水平。

（四）风险管理结果对审计深度的评估

1. 风险管理效果对内部审计深度的影响

风险管理效果是评估企业风险管理活动成功与否的重要指标，它反映了企业在预防、减轻和应对风险方面的能力。风险管理效果的好坏直接影响内部审计深度的选择和调整。

当风险管理效果良好时，企业的风险得到了有效控制，潜在风险发生的可能性降低，风险事件对企业的影响程度减小。在这种情况下因为企业已经建立了有效的风险管理体系，内部审计可以更多地验证和监控风险管理的执行情况，而不是深入探索潜在的风险因素。

当风险管理效果不佳时，企业面临的风险可能较多，且风险事件对企业的影响可能较为严重。这时，内部审计的深度需要相应增加，以便更全面地了解企业的风险状况，揭示出潜在的风险因素，为企业提供及时、有效的风险信息。内部审计人员需要更加深入地了解企业的业务运作和关键控制点，以发现潜在的风险隐患，并提出改进建议。

因此，风险管理的效果直接影响内部审计深度的选择和调整。内部审计部门需要根据风险管理效果的情况，灵活调整审计的深度和广度，以确保审计工作的有效性和针对性。

2. 风险管理漏洞对研究型内部审计深度的重要性评估

风险管理漏洞是指企业在风险管理过程中存在的缺陷或不足，可能导致企业无法有效预防、减轻或应对风险。风险管理漏洞的发现对内部审计深度的重要性评估具有重要意义。

首先，风险管理漏洞的发现揭示了企业在风险管理中存在的问题和不足。这些问题和不足可能是由于内部控制的失效、风险管理策略的失误、人为操作的错误等而产生。内部审计部门需要针对这些漏洞进行深入的审计，以揭示问题的根源，提出改进建议，并推动企业完善风险管理体系。

其次，风险管理漏洞的发现对内部审计深度的选择具有指导意义。内部审计部门需要根据漏洞的严重程度和潜在影响程度，确定审计的深度和范围。对于严重的风险管理漏洞，内部审计需要更加深入地了解相关业务流程和控制点，揭示问题的本质和原因，并提出有针对性的改进建议。

最后，风险管理漏洞的发现也是内部审计部门提升审计质量和效果的重要机会。通过对风险管理漏洞的深入审计，内部审计部门可以发现企业在风险管理中的薄弱环节和潜在风险点，为企业提供有价值的审计信息和建议。这不仅可以提升内部审计的声誉和地位，还可以为组织的风险管理提供有力支持。

因此，风险管理漏洞对内部审计深度的重要性评估具有重要意义。内部审计部门需要重视风险管理漏洞的发现和分析工作，将其作为提升审计质量和效果的重要机会。

三 研究型内部审计深度与风险管理的关系分析

（一）研究型内部审计深度与风险管理结果的关联性

1. 内部审计深度对风险管理结果的可靠性和有效性的影响

首先，内部审计的深度直接影响风险管理结果的可靠性。当内部审计的深度足够时，审计团队能够更全面地了解企业的运营状况、关键业务流程和潜在风险点。这种全面的了解使得内部审计能够更准确地识别、评估和报告风险，从而提高了风险管理结果的可靠性。相比之下，如果内部审计的深度不足，审计团队可能无法发现所有的风险点，可能导致风险管理结果存在遗漏或错误，就会降低其可靠性。

其次，内部审计的深度也影响风险管理结果的有效性。通过深入的审计，内部审计团队能够发现风险管理中存在的问题和缺陷，并提出有针对性的改进建议。这些建议有助于企业完善风险管理体系，提高风险管理的效率，改善风险管理的效果。然而，如果内部审计的深度不够，审计团队可能无法发现所有的问题和缺陷，导致改进建议不够全面和有效。因此，内部审计的深度对于确保风险管理结果的有效性至关重要。

2. 风险管理结果对研究型内部审计深度的评估和改进的影响

风险管理结果作为内部审计工作的重要成果，对内部审计深度的评估和改进具有重要影响。

首先，风险管理结果可以为内部审计深度的评估提供重要依据。通过分析风险管理结果，企业可以了解内部审计在风险管理中的表现，包括审计的范围、详细程度和准确性等。这些评估结果有助于企业了解内部审计的深度是否足够，是否能够满足企业的风险管理需求。如果评估结果显示内部审计的深度不足，企业就需要考虑增加审计的深度，以更好地发现和应对风险。

其次，风险管理结果还可以为内部审计深度的调整提供指导。在评估内部审计深度的过程中，组织可能会发现一些问题和不足，如审计范围不够全面、审计方法不够先进等。发现这些问题和不足为内部审计的改进提供了方向。企业可以根据这些问题和不足，制定相应的改进措施，如扩大审计范围、引入新的审计方法等，以提高内部审计的深度和改善内部审计的效果。

最后，风险管理结果还可以作为内部审计质量的重要衡量指标。通过对风险管理结果的定期评估和分析，企业可以了解内部审计在风险管理中的贡献和价值，以及内部审计团队的工作表现。这有助于企业对内部审计的质量和效果进行客观评价，并为内部审计的持续改进提供依据。

综上所述，企业应该充分利用风险管理结果的信息，对内部审计的深度进行客观评估和改进，以提高风险管理的效率和效果。

（二）研究型内部审计深度与风险管理流程的协同性

1. 内部审计深度对风险管理流程的监督和改进的作用

审计在风险管理流程中扮演着重要的监督和改进角色。具体来说，内部审计的深度决定了其在风险管理流程中观察和分析的细致程度，从而直接影响到其对风险管理流程的监督效果和改进建议的质量。

首先，内部审计的深度确保了其对风险管理流程的全面监督。当内部审计的深度足够时，审计团队能够细致地审查风险识别、评估、应对和监控等各个环节，确保流程中的每一个步骤都得到了充分的执行和考虑。这种全面的监督有助于企业及时发现流程中的问题和不足，从而避免潜在的风险被忽视或遗漏。

其次，内部审计的深度促进了风险管理流程的持续改进。通过深入的审计和分析，内部审计团队能够揭示流程中的瓶颈、冗余和低效环节，并提出有针对性的改进建议。这些建议可以帮助企业优化风险管理流程，提高风险管理的效率，改善风险管理的效果。同时，内部审计的深度还促使企业对风险管理流程进行定期回顾和评估，确保流程的持续性和适应性。

最后，内部审计的深度提升了风险管理流程的可信度和透明度。通过深入的审计和报告，内部审计团队能够向企业管理层和利益相关者提供准确、全面的风险管理信息。这些信息有助于提升风险管理流程的可信度和透明度，增强企业对风险管理的信任和支持。

2. 风险管理流程对研究型内部审计深度的指引和支持作用

首先，风险管理流程为内部审计提供了明确的目标。在风险管理流程中，企业会设定一系列的风险管理目标，如降低风险发生的可能性、减轻风险事件的影响等。这些目标为内部审计提供了明确的审计方向，使得内部审计团队能够围绕这些目标展开深入的审计和分析。

其次，风险管理流程为内部审计提供了具体的范围和依据。在风险管理流程中，企业会识别和评估各种潜在的风险因素，并制定相应的应对措施。这些风险因素和应对措施为内部审计提供了具体的审计范围和依据，使得内部审计团队能够有针对性地开展审计工作，避免盲目性和随意性。

最后，风险管理流程为内部审计提供了必要的支持和资源。在风险管理流程中，企业会建立风险管理体系和机制，如风险管理制度、风险管理委员会制度等。这些体系和机制为内部审计提供了必要的支持和资源，如信息获取、人员配合等，使得内部审计团队能够更好地开展审计工作，提高审计的深度和质量。

综上所述，内部审计深度与风险管理流程之间存在着密切的协同关系。内部审计深度对风险管理流程的监督和改进具有重要作用，而风险管理流程则为内部审计深度提供了指引和支持。这种协同关系有助于提升企业的风险管理水平，确保企业能够持续、稳健地发展。

第九章 ○ 力度维度下的风险管理

第一节 研究型内部审计在风险识别与评估中的强制执行力

一 研究型内部审计对风险识别流程的监督与指导

在现代企业管理中，风险识别是企业实现稳健经营和可持续发展的关键步骤。内部审计作为企业内部的一种独立、客观的保证和咨询活动，其在风险识别流程中的监督与指导作用尤为重要。

（一）研究型内部审计在风险识别流程中的强制执行力

内部审计在风险识别流程中拥有一定的强制执行力，这种能力来源于其独立的地位和职能。具体来说，内部审计的强制执行力体现在以下几个方面。

第一，法规遵循。内部审计确保企业在进行风险识别时遵循相关的法律法规和行业标准，防止企业因违法违规而面临风险。第二，制度执行。内部审计监督企业风险识别制度的执行情况，确保各项制度得到有效落实，减少因制度缺失或执行不力而引发的风险。第三，决策监督。内部审计对企业管理层在风险识别过程中的决策进行监督，确保决策的科学性和合理性，减少因决策失误而带来的风险。第四，整改跟踪。内部审计对风险识别过程中发现的问题进行跟踪和整改，确保问题得到及时有效的解决，防止风险进一步扩散和恶化。

（二）研究型内部审计对风险识别方法和工具的审查和改进

内部审计在风险识别流程中，需要对现有的风险识别方法和工具进行审查和改进，以满足企业风险管理的需求。具体体现在以下几个方面。

第一，评估现有方法。内部审计对现有的风险识别方法进行评估，分析其在识别风险方面的有效性和适用性，找出存在的问题和不足。第二，引入新工具。内部审计关注风险管理领域的最新动态和技术发展，积极引入新的风险识别工具和方法，以提高风险识别的准确性和效率。第三，定制化改进。内部审计根据企业的实际情况和风险管理需求，对现有风险识别方法和工具进行定制化改进，使其更符合企业的风险管理要求。第四，培训与推广。内部审计对企业内部的风险管理人员进行风险识别方法和工具的培训与推广，提高他们的风险识别能力和水平，为企业的风险管理提供有力支持。

二　研究型内部审计要求下风险评估的全面性与准确性

内部审计在风险评估过程中发挥着关键的作用，旨在确保风险评估的全面性和准确性。

（一）研究型内部审计对风险评估的要求和标准

第一，全面性要求。内部审计要求风险评估必须覆盖企业所有重要业务领域和关键环节，确保无遗漏。这包括对企业内部环境、业务流程、信息系统、法律合规等各个方面的风险评估。第二，准确性要求。内部审计要求风险评估的结果必须准确反映企业的风险状况。这要求风险评估过程中使用的数据、方法和假设必须合理、可靠，并经过充分的测试和验证。第三，标准化要求。内部审计推动风险评估的标准化和规范化。通过制定风险评估的流程和标准，确保风险评估的一致性和可比性，减少主观性和随意性。第四，动态性要求。内部审计要求风险评估随着企业经营环境的变化而不断更新和调整，这要求企业建立动态的风险评估机制，及时发现和应对新的风险。

（二）研究型内部审计对风险评估信息的验证和核实

企业内部审计将会通过数据验证、方法验证、结果核实、持续监控确保风险评估的全面性和准确性，为企业的风险管理提供有力支持。同时，内部审计还能帮助企业更好地了解自身面临的风险状况，制定有效的风险应对措施，保障企业的稳健经营和可持续发展。

数据验证，即内部审计会对风险评估中使用的数据进行验证，确保其真实性、完整性和准确性。这包括对企业内部数据、外部数据以及第三方数据的核实和比对。

方法验证，即内部审计会对风险评估中使用的方法进行验证，确保其科学性和适用性。这包括对风险评估模型的测试、对评估指标的合理性评估以及对评估假设的检验等。

结果核实，即内部审计会对风险评估的结果进行核实，确保这些结果与企业实际情况相符。这包括与企业管理层、业务部门和风险管理部门进行沟通，了解他们对风险评估结果的看法和意见，并对结果进行必要的调整和完善。

持续监控，即内部审计对风险评估过程进行持续监控，确保评估工作的连续性和有效性。这包括定期检查风险评估的进展情况、跟踪评估结果的落实情况以及对评估过程中发现的问题进行及时整改。

三　研究型内部审计结果对风险评估决策的影响

在企业的风险管理过程中，内部审计不仅负责监督与指导，其产出的结果也直接影响着风险评估决策的制定。

（一）审计结果对风险评估决策的权威性与可信度

内部审计在企业内部拥有独立的地位和职能，其工作不受其他部门的干扰或影响。因此，内部审计结果具有高度的权威性。当内部审计对风险评估提出意见或建议时，这些意见或建议往往能够得到企业管理层的重视和采纳。

内部审计在进行风险评估时，会遵循严格的审计准则和方法论，确保评估结果的客观性和公正性。同时，内部审计还会对评估过程中使用的数据和信息进行验证和核实，确保评估结果的准确性和可靠性。因此，内部审计结果具有很高的可信度，能够为风险评估决策提供有力的支持。

（二）审计结果对风险评估决策的建议和改进方向

内部审计在评估过程中可能会发现一些未被充分识别的风险。针对这些风险，内部审计会提出相应的识别建议，帮助企业更全面地了解自身面临的风险状况。

内部审计会对已识别的风险进行评估，并根据评估结果提出相应的建议。

这些建议可能包括风险等级的调整、风险应对措施的制定以及风险监控机制的完善等。这些建议有助于企业更准确地评估风险的大小和可能性，为制定风险应对策略提供科学依据。

除了提出具体的建议外，内部审计还会根据评估结果为企业提供优化改进风险管理工作的方向。例如，针对内部控制存在的缺陷，内部审计会建议企业加强内部控制制度建设；针对业务流程中的风险点，内部审计会建议企业优化业务流程等。这些优化改进有助于企业从源头上降低风险的发生概率和影响程度。

总之，内部审计结果对风险评估决策具有深远的影响。通过提供权威可信的评估结果以及具体的建议和改进方向，内部审计能帮助企业更全面地了解自身面临的风险状况，制定更有效的风险应对策略，从而保障企业的稳健经营和可持续发展。

四　研究型内部审计对风险识别与评估结果的监督与审查

（一）研究型内部审计对风险识别与评估结果的监督与验证

内部审计对风险识别与评估结果的监督与验证包括以下方面。

第一，结果的准确性验证。内部审计团队会对风险识别与评估的结果进行验证，确保它们准确地反映了企业面临的风险状况。这包括检查评估过程中使用的数据、方法和假设的合理性，以及检查评估结果是否与企业实际情况相符。第二，结果的完整性检查。内部审计会确保风险识别与评估的结果覆盖了企业所有重要业务领域和关键环节，没有遗漏任何潜在风险。这要求内部审计团队对企业的业务运营有深入的了解，并能够识别出可能存在的风险点。第三，结果的持续监督。内部审计不仅会对风险识别与评估的初始结果进行验证，还会对后续的风险变化进行持续监督。这包括定期或不定期地对风险进行重新评估，以及对企业风险管理策略的有效性进行评估。第四，风险应对的验证。内部审计还会对企业在风险识别与评估后制定的风险应对措施进行验证，确保这些措施能够有效地降低风险的发生概率和影响程度。

（二）研究型内部审计对风险识别与评估过程的合规性审查

在进行风险管理时，企业不仅需要关注风险识别与评估的结果，同样需要重视整个过程的合规性，对其流程、方法、数据、文档进行审查。

流程合规性，即内部审计会检查风险识别与评估的流程，包括评估流程的设计、执行和监控等方面是否符合企业的风险管理政策和相关法规要求，以确保整个流程符合规范。

方法合规性，即内部审计会审查风险识别与评估过程中使用的方法，包括风险评估模型的选择、评估指标的设置以及评估假设的合理性等是否符合行业标准和最佳实践。

数据合规性，即内部审计会验证风险识别与评估过程中使用的数据，包括数据的来源、质量和处理过程等是否合规。这有助于确保评估结果的准确性和可靠性。

文档合规性，即内部审计会检查风险识别与评估过程中产生的文档，包括评估报告、风险清单、风险应对措施等文档是否完整、准确和合规，以确保它们能够清晰地反映企业的风险状况和管理策略。

通过对风险识别与评估结果的监督与验证以及对整个过程的合规性审查，内部审计能够确保企业的风险管理活动得到有效执行，并为企业的稳健经营和可持续发展提供有力保障。

五　研究型内部审计对风险识别与评估的推动与改进

（一）研究型内部审计对风险识别与评估的推动作用

第一，增强风险意识。内部审计通过定期的风险识别与评估审查，向企业各层级强调风险管理的重要性，强化全体员工的风险意识。这种意识的强化有助于形成全员参与风险管理的企业文化。

第二，明确风险管理优先级。内部审计在评估过程中，会根据风险的影响程度和发生概率，对风险进行排序和分类。这有助于企业明确风险管理的优先级，合理分配资源，确保关键风险得到优先处理。

第三，促进跨部门协作。风险识别与评估通常涉及多个部门和业务领域。内部审计作为独立的监督机构，可以促进不同部门之间的协作和信息共享，确保风险信息的准确性和完整性。

第四，推动风险管理策略的制定。内部审计通过识别和分析风险，可以为企业制定风险管理策略提供有力支持。这些策略可能包括风险规避、风险降低、风险转移和风险承受等措施。

（二）研究型内部审计对风险识别与评估过程的改进和优化建议

第一，完善风险评估模型。内部审计在审查过程中，可能会发现现有风险评估模型的不足。审计团队可以根据企业的实际情况和行业最佳实践，提出改进和优化建议，以提高评估结果的准确性和可靠性。

第二，优化风险评估流程。内部审计可以针对风险识别与评估流程中的瓶颈和问题，提出优化建议。例如，简化不必要的步骤、提高评估效率、加强流程监控等。

第三，加强数据质量管理。数据是风险识别与评估的基础。内部审计可以建议企业加强数据质量管理，确保数据的准确性、完整性和及时性。这有助于提高评估结果的准确性。

第四，提高员工风险管理能力。内部审计可以建议企业加强员工风险管理能力的培训和教育。通过提高员工的风险意识和技能水平，企业可以更好地应对各种风险挑战。

第五，建立持续改进机制。内部审计可以推动企业建立风险识别与评估的持续改进机制。通过定期回顾和评估风险管理工作的效果，企业可以及时发现并纠正问题，不断提高风险管理水平。

第二节　研究型内部审计对风险应对措施的监督与评估

一　研究型内部审计对风险应对措施的监督

（一）研究型内部审计对风险应对措施的监督内容

1. 内部审计对风险应对措施的合规性要求和监督机制

在企业的风险管理体系中，内部审计确保风险应对措施合规性和有效性的要求主要包括遵守法律法规和符合最佳实践两条。基于前者，内部审计将核实风险应对措施是否严格遵循了国家法律法规、行业规定以及企业内部政策的要求；基于后者，内部审计会评估风险应对措施是否参考了行业内外的最佳实践，并确保风险应对措施的有效性和先进性。

监督机制则包括定期审查和实时监控。前者意味着内部审计会定期对风险应对措施进行审查，确保其持续符合合规性要求，并随着外部环境和企业内部情况的变化进行适时调整；后者意味着对于重大风险或高风险领域，内部审计会建立实时监控机制，确保风险应对措施能够迅速响应并有效应对。

2. 研究型内部审计对风险应对措施的流程和实施情况的审查

流程审查是指内部审计检查风险应对措施的制定、审批、执行和反馈等各个环节是否规范、合理，是否符合企业风险管理的整体要求。

实施情况审查是指内部审计核实风险应对措施的实际执行情况，包括资源的投入、措施的执行效果以及可能存在的问题等。通过实地调查、数据分析等方式，内部审计能够全面了解风险应对措施的实施情况，并为企业提供有针对性的改进建议。

此外，内部审计还会关注风险应对措施的可持续性和长期效果，确保企业能够在长期内有效地管理风险并实现可持续发展。在审查过程中，内部审计会与相关部门进行充分的沟通和协作，共同推动风险应对措施的改进和优化。

（二）研究型内部审计对风险应对措施的监督重点

在内部审计对风险应对措施的监督过程中，有几个关键领域需要重点关注，以确保措施的有效性和合规性。

第一，风险识别与评估的准确性。内部审计需要验证风险应对措施是否基于准确的风险识别与评估结果制定，确保措施与风险类型、影响程度和概率相匹配。第二，措施的合规性和合理性。内部审计会仔细审查风险应对措施是否符合相关法律法规、行业标准和企业内部政策，并评估其是否合理、有效。第三，资源投入与分配的合理性。内部审计将关注企业在风险应对措施上投入的资源是否充足、合理，并评估这些资源是否得到了有效利用。第四，实施过程的监控与反馈。内部审计会监督风险应对措施的实施过程，确保其按照既定计划进行，并收集实施过程中的反馈意见，以便及时调整和优化措施。

（三）研究型内部审计对风险应对措施的监督流程

为了确保风险应对措施的监督工作有序进行，内部审计需要遵循一定的监督流程。这个流程通常包括以下五个步骤。

第一，制订监督计划。内部审计根据企业的风险状况和风险管理政策，制订详细的监督计划，明确监督的目标、范围、方法和时间节点。第二，收集信息。内部审计通过查阅文档、访谈相关人员、实地调查等方式，收集与风险应对措施相关的信息。第三，分析评估。内部审计对收集到的信息进行分析评估，识别潜在的问题和不足，并评估风险应对措施的有效性和合规性。第四，编制监督报告。内部审计将监督结果编制成详细的监督报告，向企业管理层报告风险应对措施的执行情况和存在的问题。第五，跟踪改进。内部审计会对提出的改进建议进行跟踪，确保企业能够及时采取有效措施进行改进，并验证改进后的效果。

（四）研究型内部审计对风险应对措施的监督原则

在进行风险应对措施的监督工作时，内部审计需要遵循一些基本原则，以确保监督工作的客观、公正和有效。这些原则包括以下四个。

一是独立性原则，内部审计应保持独立性，不受其他部门的干扰和影响，客观公正地评估风险应对措施的有效性和合规性。二是全面性原则，内部审计应对所有风险应对措施进行全面监督，确保没有遗漏和疏忽。三是及时性原则，内部审计应及时发现风险应对措施中存在的问题和不足，并及时向企业管理层报告，以便企业及时采取措施进行改进。四是持续改进原则，内部审计应关注风险应对措施的持续改进和优化，推动企业不断完善风险管理体系，提高企业的风险管理水平。

二　研究型内部审计对风险应对措施的评价

在企业的风险管理框架中，内部审计的作用不仅是对风险识别与评估的监督，更重要的是对风险应对措施的评价。有效的风险应对措施是确保企业稳健经营、实现战略目标的关键。以下将详细探讨内部审计对风险应对措施的评价内容、流程、指标和方法。

（一）研究型内部审计对风险应对措施的评价内容

内部审计对风险应对措施的评价是一个全面而深入的过程，主要包括以下四个方面的内容。

第一，风险应对措施的充分性。内部审计需要评估企业所采取的风险应对措施是否足够充分，能否有效应对已识别出的风险。这要求内部审计人员对企业的业务、市场环境、竞争对手等有深入的了解，能够站在企业的角度，从多个维度评估风险应对措施的充分性。

第二，风险应对措施的合理性。除了充分性外，内部审计还需要评估风险应对措施的合理性。合理性主要指的是风险应对措施符合企业的战略目标、经营计划和资源状况的情况。内部审计人员需要审查企业是否根据风险的特点和重要性，选择了合适的应对措施，并考虑到了成本效益的平衡。

第三，风险应对措施的及时性。在快速变化的市场环境中，风险应对措施的及时性尤为重要。内部审计需要评估企业在风险发生时是否能够迅速作出反应、及时采取应对措施。这要求内部审计人员关注企业的风险预警机制和应急响应能力，确保企业在面对风险时能够迅速作出反应。

第四，风险应对措施的可持续性。风险应对措施的可持续性也是内部审计需要关注的内容之一。内部审计需要评估企业所采取的风险应对措施是否具有长期性和稳定性，能否为企业带来持续的竞争优势。这要求内部审计人员关注企业的战略转型、业务调整等长期因素，确保风险应对措施与企业的长期发展战略相一致。

（二）研究型内部审计对风险应对措施的评价流程

1. 制订评价计划

内部审计人员需要根据企业的风险状况和风险管理政策，制订详细的评价计划。评价计划应明确评价的目标、范围、时间节点和评价标准等，确保评价工作的有序进行。

2. 收集信息

内部审计人员需要通过查阅文档、访谈相关人员、实地调查等方式，收集与风险应对措施相关的信息。这些信息包括风险应对措施的制定背景、实施情况、效果评估等。

3. 分析评估

内部审计人员需要对收集到的信息进行分析评估，识别风险应对措施中存在的问题和不足，并评估其有效性和合规性。在分析评估的过程中，内部审计人员应充分考虑企业的实际情况和外部环境的变化，确保评价结果的客观性和公正性。

4. 编制评价报告

内部审计人员需要将评价结果编制成详细的评价报告，向企业管理层报告风险应对措施的执行情况和存在的问题。评价报告应清晰明了地阐述评价结果和建议，为企业管理层提供有力的决策支持。

5. 跟踪改进

研究型内部审计人员需要对提出的改进建议进行跟踪，并验证改进后的效果，确保企业能够及时采取有效措施进行改进。跟踪改进的过程应持续进行，确保风险应对措施的持续有效性和合规性。

（三）研究型内部审计对风险应对措施的评价指标

研究型内部审计对风险应对措施的评价需要依据一定的指标进行，这些指标通常包括以下几个方面。

1. 有效性指标

有效性指标主要用来评估风险应对措施的实际效果。这些指标可以包括风险发生的频率、损失程度、应对措施的执行率等。通过对比实施风险应对措施前后的数据变化，审计人员可以直观地了解应对措施的有效性。

2. 合规性指标

合规性指标主要用来评估风险应对措施是否符合相关法律法规和行业标准的要求。这些指标可以包括是否符合监管政策、是否遵循行业标准等。合规性指标是确保企业稳健经营的重要保障。

3. 可持续性指标

可持续性指标主要用来评估风险应对措施是否具有长期性和稳定性。这些指标可以包括风险应对措施的适应性、可持续性、创新性等。通过评估这些指标，审计人员可以了解企业在面对未来风险时是否具有足够的应对能力。

4. 经济效益指标

经济效益指标主要用来评估风险应对措施的成本效益。这些指标可以包括风险应对措施的成本、收益、投资回报率等。通过评估经济效益指标，审计人员可以确保企业在应对风险时实现成本效益的最大化。

（四）研究型内部审计对风险应对措施的评价方法

内部审计对风险应对措施的评价方法多种多样，可以根据企业的实际情况和需求选择合适的评价方法。以下是一些常见的评价方法。

1. 风险评估框架分析

内部审计评价风险应对措施可以参考企业的风险评估框架，该框架通常包括风险识别、风险评估和风险应对三个主要阶段。审计人员会评估企业是否已全面识别了所有潜在风险、是否对所有潜在风险进行了合理的评估。在此基础上，审计人员会进一步分析企业所采取的风险应对措施是否与评估结果相匹配，是否覆盖了所有重要风险点。

2. 数据分析

借助数据分析工具，内部审计人员可以对企业的财务数据和其他相关数据进行深入分析，以发现异常情况和潜在的风险。例如，通过比较企业财务数据与行业平均水平或历史数据的差异，来识别潜在的异常情况。

3. 风险评估模型

内部审计人员会使用风险评估模型，如风险矩阵、风险评分卡等，对风险应对措施的潜在影响和可能性进行评估。这些模型有助于确定风险应对措施的优先级和有效性。

4. 专家咨询

在某些复杂或专业的领域，内部审计人员可能需要寻求外部专家的意见和建议。专家咨询可以提供更深入的见解和专业知识，帮助内部审计人员更准确地评估风险应对措施。

5. 定性与定量评估相结合

在评价风险应对措施时，审计人员会采用定性和定量评估相结合的方法。

定性评估主要用于描述和解释风险应对措施的特点和效果，而定量评估则用于量化和比较风险应对措施的效果和成本效益。通过将定性和定量评估相结合，审计人员可以更全面地了解风险应对措施的实际情况和效果，为企业提供更准确、更有价值的建议。

第三节 研究型内部审计结果对风险管理决策的影响力

一 研究型内部审计结果对风险识别与评估的影响

（一）审计结果对风险识别的关键问题和漏洞的揭示

研究型内部审计通过对企业内部业务流程、管理制度、信息系统等方面的全面审查，能够发现企业在运营过程中存在的关键问题和漏洞，从而揭示出潜在的风险点。

第一，业务流程审查。研究型内部审计对企业的业务流程进行全面审查，审查范围包括采购、生产、销售、财务等各个环节。通过审查，内部审计可以发现业务流程中可能存在的缺陷、疏漏或违规行为，这些都可能是潜在的风险点。

第二，管理制度评估。研究型内部审计还会对企业的管理制度进行评估，包括内部控制、风险管理、合规性等方面。通过对管理制度的评估，内部审计可以发现管理制度中的不足和漏洞，这些不足和漏洞可能导致企业面临各种风险。

第三，信息系统审计。随着信息技术的不断发展，企业的信息系统已成为日常运营不可或缺的一部分。研究型内部审计对企业的信息系统进行审计，检查其安全性、稳定性和合规性。通过审计，企业可以发现信息系统中可能存在的安全漏洞、数据泄露等风险。

通过揭示这些关键问题和漏洞，研究型内部审计为企业提供了识别潜在风险的重要线索，帮助企业更准确地识别风险，从而采取相应的应对措施。

（二）审计结果对风险评估的影响和参考价值

内部审计结果对风险评估的影响和参考价值体现在以下方面。

第一，提供风险信息。内部审计结果提供了丰富的风险信息，包括风险的类型、来源、影响范围等。这些信息为风险评估提供了重要的数据支持，使风险评估更加准确和全面。

第二，验证风险识别结果。内部审计通过对企业内部业务流程、管理制度、信息系统等方面的审查，可以验证企业风险识别结果的准确性和完整性。这有助于企业及时发现并纠正风险识别中的错误和遗漏，提高风险识别的质量。

第三，确定风险优先级。内部审计结果揭示了企业面临的关键问题和漏洞，这些问题和漏洞可能具有不同的重要性和紧迫性。内部审计人员可以根据这些问题和漏洞的严重程度和影响范围，为企业确定风险优先级提供参考依据，帮助企业优先处理应对高风险领域的问题和漏洞。

第四，优化风险评估方法。内部审计结果反映了企业在风险管理方面存在的问题和不足，这有助于企业优化风险评估方法。企业可以根据内部审计结果，调整风险评估的指标体系、评估周期和评估方法等，使风险评估更加符合企业的实际情况和需求。

二　研究型内部审计结果对风险控制决策的指导

（一）审计结果对风险控制措施的合理性和优先级的评估

内部审计在识别出企业存在的风险之后，下一步的工作就是评估企业当前所采取的风险控制措施的合理性和优先级，具体从以下方面展开。

合理性评估。内部审计人员会对企业现有的风险控制措施进行详细的审查和分析，评估这些措施是否能够有效地降低或避免潜在风险的发生。他们会考虑措施的有效性、可行性、成本效益等因素，确保企业所采取的风险控制措施是合理的。

优先级评估。在评估风险控制措施的合理性时，内部审计人员会根据风险的重要程度和紧急性，为企业确定风险控制措施的优先级。他们会综合考虑风险的影响范围、发生概率、潜在损失等因素，确保企业能够优先应对那些对企业影响最大、最紧迫的风险。

内部审计结果的这一评估过程，为企业提供了有关风险控制措施合理性和优先级的明确指导，有助于企业更加有针对性地制定和执行风险控制策略，提高企业的风险管理水平。

（二）审计结果对风险控制方案的修订和优化的影响

内部审计结果不仅对风险控制措施的合理性和优先级提供评估，还对企业现有的风险控制方案产生深远影响，推动方案的修订和优化，具体体现在以下方面。

1. 揭示问题

内部审计结果会揭示出企业风险控制方案中存在的问题和不足，如控制措施缺失、执行不力、效果不佳等。这些问题可能源于制度设计、人员执行、信息系统等多个方面。

2. 推动修订

针对这些问题，内部审计人员会提出具体的修订建议，帮助企业完善风险控制方案。这些建议可能包括改进控制流程、加强内部控制、提升信息系统安全性等。

3. 促进优化

除了揭示问题和推动修订外，内部审计结果还能促进风险控制方案的持续优化。通过定期对风险控制方案进行审计和评估，内部审计人员能够及时发现新的风险点和改进空间，推动企业不断改进和完善风险控制方案。

总之，内部审计结果对风险控制方案的修订和优化具有重要影响。它不仅能够揭示出企业风险控制方案中存在的问题和不足，还能为企业提供具体的修订建议和优化方向，推动企业的风险控制工作不断向前发展。

三　研究型内部审计结果对风险报告和沟通的支持

（一）审计结果对风险报告内容全面性和准确性的增强

内部审计结果在风险报告内容的全面性和准确性方面发挥着至关重要的作用。通过内部审计，企业能够更全面地了解自身面临的风险状况，从而确保风险报告内容的全面性和准确性。

内部审计结果对风险报告内容全面性的增强。内部审计结果涵盖了企业运营过程中的各个方面，包括业务流程、管理制度、信息系统等。这些结果能够为风险报告提供丰富的素材和数据支持，确保风险报告内容的全面性。内部审计人员通过对企业整体风险状况的评估和分析，能够揭示出企业面临的各种潜在风险，为风险报告提供全面的风险信息。

内部审计结果对风险报告内容准确性的增强。内部审计过程严格遵循审计标准和程序，确保审计结果的客观性和准确性。这些准确的审计结果能够为风险报告提供可靠的依据，增强风险报告的准确性。内部审计人员通过深入调查和验证，能够确保风险报告中所涉及的风险信息真实可靠，避免虚假信息和误导性信息的出现。

（二）审计结果对风险沟通和传达的影响和借鉴

通过内部审计结果的分享和传达，企业能够更有效地与内部和外部利益相关者进行风险沟通。

内部审计结果对风险的沟通和传达有利于促进内部沟通。内部审计结果揭示了企业面临的各种潜在风险，这些结果需要及时传达给企业内部相关部门和人员。通过分享和讨论内部审计结果，企业内部能够形成对风险管理的共同理解和认识，促进各部门之间的协作和配合。同时，内部审计结果还能够为企业提供改进建议和措施，帮助企业及时纠正问题并优化风险管理流程。

内部审计结果对风险的沟通和传达有利于增强外部沟通。内部审计结果也能够为企业的外部沟通提供支持。通过向投资者、客户、供应商等外部利益相关者传达内部审计结果，企业能够展示自身在风险管理方面的努力和成果，提高外部信任度。此外，内部审计结果还能够为企业提供有关行业趋势和市场动态的信息，帮助企业更好地把握市场机遇和应对挑战。

四 研究型内部审计结果对风险管理流程的改进

（一）审计结果对风险管理流程的强化和改进的推动作用

内部审计结果对于风险管理流程的强化和改进具有显著的推动作用。这种推动作用体现在以下三个方面。

第一，揭示流程弱点。内部审计通过深入剖析企业的风险管理流程，能够揭示出其中存在的弱点和不足。这些弱点可能包括流程设计不合理、流程执行不严格、流程监控不到位等。审计结果将这些问题明确指出，为改进风险管理流程提供了明确的方向。

第二，提供改进建议。基于审计结果，内部审计人员会提出具体的改进建议。这些建议可能涉及流程的重新设计、关键控制点的加强、风险监控机制的完善等方面。这些建议旨在帮助企业优化风险管理流程，提高风险应对能力。

第三，推动持续改进。内部审计结果不仅揭示了当前的风险管理流程问题，还为企业提供了持续改进的动力。企业可以根据审计结果定期评估风险管理流程的有效性，并根据需要进行调整和优化。这种持续改进的机制有助于企业不断适应变化的风险环境，保持风险管理流程的高效和灵活。

（二）审计结果对风险管理流程中的问题解决和效率提升的促进

针对问题制定措施，解决风险管理流程中的问题。内部审计结果能够明确指出风险管理流程中存在的问题，企业可以根据这些问题制定具体的解决措施。这些措施可能包括加强内部控制、完善风险监控机制、优化业务流程等。通过实施这些措施，企业可以及时解决风险管理流程中的问题，降低风险发生的可能性。

优化流程设计，提高风险应对效率。内部审计结果还可以为企业提供有关风险管理流程设计的建议。通过优化流程设计，企业可以简化冗余环节、明确职责分工、加强协同合作，从而提高风险管理流程的效率。这种优化的流程设计有助于企业更加高效地应对风险挑战，提高企业的竞争力和可持续发展能力。

五 研究型内部审计结果对风险管理决策的权威性与可信度

（一）审计结果对风险管理决策的影响和权威性的提升

内部审计结果如同一面明镜，为企业的风险管理决策提供了清晰而客观的视角。这些结果不仅揭示了企业潜在的风险点，更为管理层的决策提供了宝贵的参考。随着内部审计工作的日益深入和专业化，其对风险管理决策的影响也日益凸显，显著提升了决策的权威性。

决策依据的权威性不容置疑。内部审计结果通过专业的审计程序和方法得出，具有客观性和中立性。它们不受任何利益干扰，能真实反映出企业的风险状况。因此，这些结果作为决策依据时，其权威性不容置疑，能够增强决策的可信度和说服力。

权威性的提升带动决策影响力提升。随着内部审计结果权威性的提升，企业管理层在做出风险管理决策时也能够获得更广泛的认可和支持。这种影响力的提升有助于推动决策的实施和落地，确保企业能够有效地应对风险挑战。

（二）审计结果对风险管理决策的可信度和决策质量的保障

内部审计结果不仅是风险管理决策的权威支撑，更是其可信度和决策质量的坚实保障。这些结果通过专业的审计程序和方法得出，具有高度的准确性和可靠性。

内部审计结果的可信度源于其专业性和客观性。因此，在风险管理决策中，内部审计结果的可信度成为一块坚实的基石，为决策提供了可靠的依据。

基于内部审计结果的风险管理决策通常能够更准确地把握企业的风险状况和需求。这种全面而准确的信息支持有助于企业制定更加精准和有效的风险管理策略。同时，内部审计结果还能够为企业提供改进建议和措施，帮助企业不断完善风险管理流程和机制，从而进一步提升决策质量。

第十章 广度维度下的风险管理

2023 年 5 月 23 日，在二十届中央审计委员会第一次会议中，习近平总书记强调，要加大审计力度，拓展审计监督广度和深度，进一步推动审计工作高质量发展，要聚焦高质量发展首要任务。而要实现企业高质量发展，若只从审计角度入手则很难满足企业高质量发展的需求。从因果或关联上分析，作为"过程"的风险管理是内部审计的依据，它为内部审计工作提供逻辑起点和发展方向，减少确定审计目标和审计重点的时间，直接指明审计方向与审计重点；作为"成果"的内部审计，其通过确认和咨询来完善和优化风险管理和内部控制，对内部控制和风险管理提出更高的要求。因此二者相互促进，共同作用于企业高质量发展。

第一节 研究型内部审计对全面风险管理的支持

2006 年 6 月 6 日，国务院国资委为了指导企业开展全面风险管理工作，进一步提高企业管理水平，增强企业竞争力，促进企业稳步发展，制定并发布了《中央企业全面风险管理指引》，充分体现风险管理对企业发展的重大意义。而内部控制对企业风险管理至关重要，其通过确保透明度、合规性和有效性，帮助企业识别、评估和管理风险，为企业提供了深入的风险管理建议和方案，帮助企业识别、评估、控制和应对各种风险，为企业的可持续发展提供了重要支持和保障。

一　全面风险管理的内涵与原则

（一）全面风险管理的内涵

全面风险管理（Enterprise Risk Management，ERM）是一种在企业层面上识别、评估、监控和减少风险的策略，目的是提高企业的价值。它对企业可能面临的各种风险进行全面的管理和整合，包括但不限于财务风险、运营风险、市场风险、法律风险、技术风险、人力资源风险以及环境风险等。企业全面风险管理的本质并非消灭风险，而是采取一种整体性和系统性的方法，来管理企业在日常运营和长期战略规划中所面临的全部风险。这种方法不是仅关注单一的风险或风险种类，而是试图理解和控制各种风险之间相互作用和综合影响的机制。ERM 的核心目的是保护企业的资产和股东价值，同时提升企业的竞争力和市场适应能力。

（二）全面风险管理的原则

全面风险管理包含四个组成部分：辨识和评估风险，即对各种可能影响企业目标实现的风险进行辨识和评估，包括内部和外部的各种风险因素；有效的风险控制，即采取适当的控制措施来降低风险发生的可能性和影响，包括风险预防、减轻、转移和接受等措施；持续监测和审计，即对风险管理活动进行持续的监测和审计，确保风险管理措施的有效性和符合相关法律法规的要求；成本效益分析，即对因风险管理而产生的成本及其绩效进行比较，择优采用。

二　研究型内部审计对全面风险管理的支持作用

（一）风险识别与评估方面

内部审计在全面风险管理中的首要作用之一是促进风险的识别和评估。通过深入审查企业内部的运作情况和业务流程，内部审计可以揭示潜在的风险因素和问题。这种审计程序不局限于表面层面的检查，而是通过对企业各个方面，包括内部控制、操作风险和合规性风险等的全面审查，为全面风险管理提供全面的数据支持。内部审计人员通过调查和与各个部门的沟通，深入了解业务活动中存在的潜在风险，并将这些发现转化为全面风险管理的重要依据。

在风险识别和评估方面，内部审计不仅能发现问题，更重要的是能为管理层提供关键的信息，帮助他们更好地理解企业面临的各种风险，并采取相应的措施加以应对。通过内部审计的独立和客观评估，管理层可以更准确地评估企业的风险暴露程度，制定更有效的风险管理策略，并及时调整和优化业务流程，以降低风险并提高企业的整体绩效。通过对企业内部运作的审查，内部审计团队可以帮助企业发现潜在的风险因素和问题，进而为全面风险管理提供重要的识别和评估依据。通过审计程序，审计团队可以深入了解各种业务活动中存在的风险，包括内部控制不足、操作风险和合规性风险等，为全面风险管理提供全面的数据支持。

（二）控制和治理改进方面

内部审计在全面风险管理中的另一个关键作用是促进控制和治理的改进。除了发现问题，内部审计团队还致力于提出解决方案和改进建议，帮助企业加强对风险的控制和管理。通过审计程序发现风险管理的问题和不足后，内部审计团队会提出改进建议。这些建议可以直接应用于全面风险管理框架的搭建，以提高企业的风险管理水平和应对能力。内部审计人员通常具有丰富的业务知识和专业技能，能够对企业的内部控制和治理结构进行深入分析，并提出切实可行的改进建议。这些建议可能涉及制定新的政策和程序、加强内部监督和检查机制、提高员工的培训和意识水平等，能有效地改进企业的控制和治理机制，减少风险发生的可能性。

（三）合规性和效率提升方面

内部审计还在全面风险管理中发挥着关键的作用，能确保企业的全面风险管理体系符合相关法律法规和行业标准的要求，从而降低企业的合规性风险。随着法规和标准的不断更新和变化，企业需要不断调整和优化其风险管理框架，以确保风险管理框架与最新的合规要求保持一致。内部审计可以通过审查组织的内部政策、程序和操作，发现与法规和标准不符合的地方，并提出相应的改进建议，帮助组织及时调整和完善其合规性措施，减少合规性风险。

此外，内部审计还可以通过发现并解决效率低下或资源浪费的问题，提升企业的运营效率和绩效水平，使全面风险管理更加高效和可持续。审计过程中发现的业务流程中的瓶颈和问题，可以通过改进措施来优化，这有利于企业提高资源利用率，降低成本，从而提升企业的整体效率。内部审计团队可以通过与各个部门的密切合作，制定和实施有效的改进措施，为企业提供更高效、更可持续的全面风险管理支持。

三　研究型内部审计在企业全面风险管理中的问题分析

（一）内部审计机构缺乏独立性

当前部分企业的内部审计机构由总经理和财务部门直接领导，导致内部审计机构缺乏独立性，内部审计工作的开展受到很大限制，难以反映企业存在的风险问题。另外，部分企业对于内部审计工作的重视不足，尚未将其与企业风险管理全面融合，使得内部审计工作开展缺乏实效性。这直接导致审计人员受到管理层或其他利益相关方的影响，不仅无法公正、客观地执行审计程序，还会给审计对象提供机会干扰审计过程，隐藏财务问题和风险，进而影响审计工作的全面性和有效性。除此之外，审计独立性不明显意味着审计部门能够参与管理的企业风险项目较少，内部审计工作对于企业风险的防范作用得不到充分发挥，从而无法对企业风险实现快速、准确评估，导致企业风险应对决策制定缺乏科学性，当风险发生时难以快速启动有效的应对预案，从而导致企业经营管理以及企业发展受到严重的负面影响。这些是当前内部审计在企业风险管理中存在的主要问题。

（二）内部审计应用于风险管理的方法较为落后

我国企业开展内部审计工作起步时间较晚，实践经验积累不足，导致许多传统的内部审计部门缺乏先进的技术和数据分析能力，无法有效地识别和评估复杂的风险，也无法及时发现风险事件，而且传统的内部审计注重历史数据和业务流程的合规性，对未来的风险和战略性风险考虑不足，缺乏全面性的风险管理视野。同时，现状方面，一些现代化的组织已经开始意识到内部审计在风险管理中的重要作用，正在积极采取措施改进内部审计的方法和实践，以适应复杂多变的风险环境。这些措施包括加强数据分析和技术支持，提高内部审计的前瞻性和全面性，增强内部审计的独立性和影响力，以及建立综合性的风险管理框架等。随着风险管理理念的深入和技术的进步，内部审计在风险管理中的作用将得到更多的重视和发挥。

（三）内部审计模式尚未适应企业风险管理需求

现代企业制度仍处在发展过程中，其风险问题的类型和成因随时代发展逐渐复杂，在我国市场经济建设水平不断提升的背景下，企业所面临的风险问题形式更加多样，预防和应对难度在不断增大，而传统内部审计模式还存在许多问题，例如：传统审计模式通常侧重于财务审计和合规性审计，对战略性风险和运营风险的审计覆盖不足，难以满足企业全面风险管理的需求；传统审计模式往往过于侧重于历史数据和业务流程的审计，对未来风险和综合性风险管理的考量不足，难以为企业提供前瞻性的风险管理支持。对现代企业而言，许多企业内部审计部门缺乏先进的技术和数据分析能力，难以应对复杂多变的风险形势，无法为风险管理提供全面的支持；许多企业的内部审计工作只停留在单一的项目中，对于企业的风险应对问题考虑较少，存在内部审计工作执行情况较差、体系不够完善等问题，与当前企业风险管理工作的实际需求不匹配，从而无法发挥出内部审计在企业全面风险管理中应有的效果，能够起到的风险防范作用较为有限。

四　研究型内部审计在企业全面风险管理中的有效应用措施分析

根据上述分析可以看出，当前部分企业所采取的内部审计模式和风险管理方式还存在着若干问题，为了妥善减少或避免风险、优化企业内部审计模式，须采用科学创新的内部审计工作方法，并将其全面应用在企业风险管理工作中。

（一）提高研究型内部审计工作独立性

独立性是企业内部审计工作的基本属性，是企业内部审计机构必须具有的核心工作特征，只有内部审计部门足够独立，才能够使内部审计工作不受到其他部门的制约和限制，所以企业要不断提高审计机构的独立性。首先，需要加强管理人员和审计人员对审计独立性的重视。企业应该设立一个由独立董事组成的审计委员会，定期与管理层进行沟通，也可以在日常召开审计工作会时，邀请委员会领导参加，强调内部审计独立性的重要性，分享因缺乏对审计独立性的认知而出现不良后果的案例。企业管理层也要给予审计部门鼓励和支持，以身作则，不干预审计项目的一枝一节，同时也要要求其他与审计不相关的人员给予支持与理解。其次，管理层还要赋予审计部门能够满足审计独立开展需求的工作权限，确保审计人员能获取工作开展必需的相关资料，因为特殊的工作性质要求审计人员必须具有一定的职能权力以确保审计工作顺利进行。最后，要从审计人员内部加强其独立意识，通过教育培训、强调审计人员道德准则等方法从根源提升内部审计独立性，要让审计人员自身认识到审计独立性的重要性，必要时可以采取相应惩罚措施以惩戒因缺乏审计独立性而导致审计质量出现问题的审计人员。最终要在审计部门形成一种内驱力，以满足企业对内部审计独立性的基本要求。

除此之外，企业还需要加强审计监督，不只是审计人员监督被审计部门，审计人员自身也需要被监督。在审计前、审计中、审计后的整个过程中，都要确保审计人员严格遵守职业道德、进行正确权威的审计、做出合理有用的审计报告，以保证审计工作按照规定和计划执行。只有审计工作在有力监督下开展，提升审计独立性才不会导致审计工作出现偏差。

（二）提高审计工作主动性

针对当前部分企业在审计工作中存在的主动性不足问题，企业必须转变当前的审计工作模式，建设具有主动性的内部审计体系。因此，提升内部审计工作的主动性对于企业风险管理和持续经营发展具有重要的意义。内部审计是企业内部监督和风险控制的重要手段，只有内部审计积极主动地履行职责，企业才能更好地发现和应对潜在的风险，保障合规性和稳健经营。首先，内部审计部门需要加强对企业战略和业务过程的理解，深入了解企业的战略目标和发展方向，结合企业的特点和风险形势，积极主动地开展审计工作。其次，内部审计部门应当加强与业务部门和风险管理部门的沟通和协作，了解业务部门的需求和风险情况，及时发现和排查潜在风险，为企业提供全面的风险管理支持，再次，内部审计部门需要借助先进的技术手段，提升审计工作的效率和深度，积极利用数据分析和风险评估工具，加强对风险的辨识和预警。最后，内部审计部门需要树立风险意识和责任意识，不仅要监控风险事件，更要提出风险管理建议和改进建议，积极参与企业风险管理决策，为企业持续经营和发展提供有力的支持。

提升内部审计工作的主动性是关乎企业长远发展的大局，需要内部审计部门从多个方面着手，积极主动地履行监督和风险管理职责，为企业的持续成长和稳健发展贡献力量。

（三）提高研究型内部审计工作的风险防控意识

提高研究型内部审计工作的风险防控意识是确保企业有效运营和持续增值的关键因素。在当今复杂多变的商业环境中，企业面临着各种内外部的风险和挑战，而内部审计作为企业治理的重要组成部分，其职责不仅仅是确认合规性和审计账务，更要注重风险管理和预防控制。审计人员需要理解和识别潜在的风险，及时采取措施对风险加以控制和管理，从而保障企业的长期利益和可持续发展。在实际操作中，提高研究型内部审计工作的风险防控意识，首先需要建立健全的风险识别和评估机制。审计团队应当深入了解企业业务流程和操作模式，分析可能存在的内部和外部风险，包括但不限于市场竞争、法规变化、技术演进等因素对企业的影响。同时，审计人员应当注重持续学习和更新专业知识。只有紧跟行业发展和最新的审计标准，研究型内部审计才能够更好地应对新兴风险和挑战。例如，通过参加行业研讨会、专业培训课程和定期阅读相关文献，审计人员可以不断提升自己的专业水平，更加有效地识别和应对潜在的风险。

提高研究型内部审计工作的风险防控意识不仅仅是一项管理要求，更是确保企业长期发展和稳定运营的重要保障，通过建立健全的风险识别和评估机制、持续学习和更新专业知识，以及加强沟通与协作，审计团队能够更好地发挥其在企业治理中的作用，有效应对多样化和复杂化的风险挑战，为企业创造更大的价值和竞争优势。

（四）创新风险管理的研究型内部审计工作方法

创新风险管理在研究型内部审计工作中的必要性和价值显而易见。随着全球商业环境的不断变化和复杂化，企业面临的风险也日益多样化和隐性化，仅依靠传统的审计方法和工具已经无法满足对风险应对的需求。因此，研究型内部审计必须积极探索新的风险管理方法，以适应新时代的挑战。创新风险管理的内部审计方法能够帮助审计团队更好地识别和理解新兴的、可能存在的风险。传统审计往往依赖历史数据和已知模式进行分析，而创新方法则能够通过引入先进的数据分析技术、预测建模工具以及全球信息共享平台，提升审计人员对未来可能出现风险的预见性和应对能力。此外，创新风险管理方法强调持续的学习和适应能力，审计人员需要不断更新自己的知识和技能，紧跟科技进步和行业趋势，以应对新兴风险形式和复杂挑战，同时通过参与国际性的研究项目、专业培训和行业会议，不断开阔视野，引入新思维和解决方案，从而提升整体的风险管理水平。

总之，创新风险管理的研究型内部审计方法不仅仅是应对当下挑战的必要手段，更是为企业未来发展奠定坚实基础的重要策略，通过引入前沿技术和方法论，不断完善审计实践和流程，研究型内部审计可以在风险管理领域发挥更大的作用，为企业创造持久的竞争优势和可持续的增长动力。

第二节　研究型内部审计与风险管理体系的整合

一　研究型内部审计与风险管理体系整合的内涵

（一）内部审计与风险管理体系整合的内涵

整合理论是管理学领域的一个重要理论范畴，在内部审计和风险管理领域，它涉及如何将内部审计与风险管理体系有效整合，以实现更高效、更综合的风险管理和控制。

首先，理解整合理论意味着认识到组织内部各个管理要素之间存在着相互关联和相互影响的关系。内部审计和风险管理作为组织管理的两个重要组成部分，二者之间存在着密切的关联。内部审计通过独立、客观的评估，帮助组织发现潜在的风险和问题，而风险管理则致力于识别、评估和应对这些风险，以确保组织达成其目标。因此，将内部审计和风险管理有效整合，可以实现对组织风险管理的全面覆盖和更高效的资源利用。

其次,整合理论还强调跨部门、跨功能的协作和沟通。内部审计与风险管理体系的整合需要各个部门的密切合作和信息共享。内部审计团队需要与风险管理团队密切合作,共同制定风险管理策略和控制措施,并确保其在组织内部得到有效实施。同时,内部审计还需要与其他部门如财务、法律合规等进行沟通和协调,以确保整个风险管理体系的一致性和有效性。

再次,整合理论还注重制定和实施有效的管理机制和制度。在内部审计与风险管理体系整合的过程中,企业需要建立起一套完善的管理机制和制度,以确保内部审计和风险管理的有效实施和监督。这包括建立清晰的责任分工和权限制度,确保内部审计和风险管理的工作得到适当的资源和支持,同时建立有效的监督和反馈机制,及时发现和纠正问题,确保整个风险管理体系的持续改进和优化。

最后,整合理论还需要注重文化和价值观的整合。内部审计和风险管理的成功实施不仅依赖制度和流程的设计,更需要组织内部文化和价值观的支持和认同。组织需要建立风险意识和合规意识,使员工都认识到风险管理是每个人的责任,从而能够积极参与到内部审计和风险管理的工作中。只有在组织文化和价值观的整合下,内部审计与风险管理体系的整合才能得以顺利实施并取得成功。

总之,基于对整合理论的了解和研究,内部审计与风险管理体系的整合,以风险管理为导向,以内部审计为主要手段,促进企业内部机构有效配合,实现企业持续发展。这种整合是对企业风险的全面控制,是企业治理活动的重要构成,它指向优化企业治理效率,完善企业内在管理结构,充分发挥企业内部审计资源价值,力求有效防止风险发生或损失扩大,实现企业利润最大化。

(二)研究型内部审计与风险管理体系整合的价值

1.提升风险预防和应对效率

内部审计与风险管理体系的整合首先能显著提升企业对风险的预防和应对效率。传统上,内部审计更多地聚焦于事后的检查和问题修正,而风险管理则专注于风险的识别和预防。当这两个功能独立操作时，可能导致资源的重复使用和风险应对的滞后。整合后，内部审计能够在其审计活动中加入风险管理的视角，及时发现并报告风险管理过程中存在的缺陷，同时风险管理也能利用内部审计的发现，优化风险评估模型和控制措施。例如，审计团队在审查财务报表的过程中，可能发现资金管理的某些风险漏洞，这些漏洞可能在日常风险管理过程中被忽略。通过及时通报这一信息，风险管理团队可以迅速响应，调整其风险评估参数和防控策略，进而减少潜在的财务损失。这种跨部门的信息流动和协同作业，极大地加强了风险的前瞻性管理和实时监控，提高了整体的应对效率。

2. 增强风险管理的全面性和深度

整合内部审计与风险管理体系还可以增强风险管理的全面性、拓展风险管理的深度。审计人员通常具备深入解析复杂问题的能力，这可以帮助风险管理识别那些不易察觉的深层次风险。同时，审计的独立性保证了风险评估的客观性和全面性，避免了部门利益可能带来的偏见。在实际操作中，通过内部审计的参与，风险管理能够更全面地覆盖企业各个层面的风险，从战略风险到操作风险，从技术风险到市场风险。审计报告能够详细指出各类控制措施的有效性及存在的漏洞，这为风险管理提供了实证基础，使风险控制措施更加科学和精准。此外，审计的过程和结果还能够帮助风险管理团队了解和修正那些被忽略的风险点，确保风险管理策略的适应性和时效性。

3. 提高组织透明度和增强利益相关者信心

内部审计与风险管理体系的整合能够提高企业的透明度，并增强利益相关者的信心。当内部审计能够证实风险管理措施的有效性时，不仅企业内部对风险管理的信任得到了提升，外部利益相关者，如投资者、监管机构和合作伙伴的信心也得到了增强。透明的风险管理和审计报告可以清晰地展示企业对风险控制的态度和能力，有助于建立企业的公信力。这种信任是资本市场评价企业的重要因素，对于融资成本、股价表现及整体市场评价都有直接影响。同时，监管机构和合作伙伴看到企业有着严格而有效的风险控制机制，会更愿意建立或继续合作关系，这将有助于企业的长期发展和市场扩展。

二 研究型内部审计与风险管理体系整合的原则

（一）明确审计工作目标

整合研究型内部审计和风险管理体系的核心目标在于优化企业的运作机制，提高企业的运营质量，以达成企业的经营目标。内部审计以纠正企业发展错误、分析企业实际经营状况以及提升内部控制整体水平为目标。与风险管理体系相整合的内部审计模式强调发挥管理职能，不仅是提升审计效能的手段，更是企业实现可持续发展和管理优化的重要路径。通过整合各类审计资源和专业知识、提升审计的全面性和系统性、有效利用和管理资源，以及提升企业整体治理水平，企业可以更加有效地应对复杂多变的市场环境，为自身提供长远发展的稳固支持。

（二）树立全面风险管理理念

全面风险管理理念强调的是从整体和战略高度审视风险。传统上，企业可能更多关注财务风险或操作风险，而全面风险管理则要求企业将风险管理融入战略制定和日常决策中。这意味着企业需要建立系统的风险识别、评估和应对机制，从战略层面上考虑和管理各类风险，包括市场竞争、法规变化、技术演进、供应链问题等。基于全面的视角和战略思维，企业能够更好地预见潜在风险，及时调整战略方向，降低风险对企业的负面影响。树立全面风险管理理念要求企业不断优化和完善其风险管理体系和流程，包括建立明确的风险管理政策和程序、投入必要的资源进行风险培训与教育、持续改进风险管理工具和技术等。企业需要定期评估和更新风险管理策略，确保其与市场环境和企业发展战略的一致性，同时提高应对突发风险事件的能力。

（三）加强审计制度与文化建设

加强审计制度的意义在于建立起严密的内部控制框架和规范的审计流程。通过明确的审计政策、程序和标准，企业能够确保审计活动的一致性和公正性，避免因个人主观因素而导致偏差和错误。健全的审计制度不仅能够发现和纠正操作中的错误和漏洞，还能够预防潜在的风险和不正当行为，保障企业资产的安全和有效运营。除此之外，加强审计制度和文化建设还能提升企业的内部控制和风险管理能力，并能够促进员工树立合规意识、遵守行为规范，为企业的稳健发展和长期竞争优势打下坚实基础，通过持续的制度优化和文化培育，企业能够有效应对复杂多变的市场环境，实现可持续发展和价值创造的目标。

三　研究型内部审计与风险管理体系整合的具体举措

（一）完善运行管理机制的有效控制

针对企业管理中的各种风险因素，企业应完善内部审计工作机制，充分整合各种内部审计力量。第一，企业应该确立清晰的运行管理流程和规范。这包括制定详细的操作手册、流程图和工作指南，明确每个部门和岗位的职责和权限，确保各项业务活动按照规定的流程和标准进行。这样做不仅可以提高工作效率，还能降低操作失误和风险发生的可能性。第二，建立有效的监督和反馈机制。企业管理层需要建立起有效的监督机制，通过定期的审查和检查，确保各项运营管理活动符合预期目标和质量标准。同时，企业要鼓励员工积极提供反馈意见和改进建议，以便及时调整和改进管理机制，保持其适应市场和业务环境变化的能力。

（二）出台员工激励措施

出台员工激励措施是现代企业管理中的重要策略，其意义不仅在于激励员工的工作积极性和创造力，更在于提升企业整体的效能和竞争力。通过设立绩效奖金制度，企业能够明确员工的绩效评估标准和奖励机制，促进团队协作和成果分享。同时，企业还可以提供股权激励计划和员工持股计划，这不仅能够增加员工对企业长远发展的参与感和责任感，还能够有效提升员工的归属感和忠诚度。总之，出台员工激励措施不仅有助于提高员工的工作动力和企业的生产效率，更能够推动企业朝着长期稳定发展和卓越竞争的目标前进，通过持续优化和调整激励机制，企业能够更好地吸引、留住和激励人才，为实现可持续发展奠定坚实的人力资源基础。

（三）转变传统管理理念

新时代企业还要更新管理理念，创新管理办法，优化企业组织结构，基于日益复杂的内外部环境，完善风险控制层级体系。第一，转变传统管理理念意味着从单一的命令与控制模式转向更加开放和灵活的管理方式。现代管理强调团队合作、创新和快速决策，鼓励员工在工作中发挥创造性和自主性，而不是简单地执行上级指令。这种转变能够激发员工的工作热情和创造力，提升团队的协作效率和解决问题的能力。第二，转变传统管理理念有助于组织文化和价值观的建设。现代企业需要强调共享的核心价值观和积极的组织文化，通过这些文化价值的传递和实践，企业能形成强大的凝聚力和战斗力。开放、包容、创新的文化氛围，能够吸引和留住优秀人才，为企业长期发展打下坚实的基础。

（四）完善公司治理结构

完善公司治理结构不仅是提升企业内部管理效率和决策质量的关键，更是增强企业透明度和信任度、有效管理和减少风险、履行企业社会责任和实现可持续发展的重要保障。完善公司治理结构能够提升企业的运营效率和决策质量，通过明确的权责分工和决策流程，企业能够有效避免决策失误和管理混乱，确保各级管理层对企业发展战略和运营策略实施的一致性和有效性，同时优化资源配置，提高资本利用效率，从而增强企业的竞争力。企业应当在不断优化治理结构的过程中，根据自身的发展阶段和市场环境变化，灵活调整和完善治理框架，以确保其能够在竞争激烈的商业环境中保持领先地位并实现长期可持续发展。

（五）净化内部审计环境

内部审计是企业管理体系中至关重要的一环，其主要任务是评估和改进企业内部控制系统的有效性，确保企业运营符合法律法规和内部政策标准，同时帮助管理层识别和管理各类风险。净化内部审计环境是确保审计活动公正、独立、透明进行的关键，净化内部审计环境体现了企业对履行社会责任和实现良好治理的承诺。一家具备清晰审计框架和操作规范的企业，通常能够更好地履行其在社会、环境和治理（ESG）方面的责任，为投资者和利益相关者提供可信赖的运营和财务信息。这种透明性不仅有助于企业赢得公众认可，也是企业发展长远的竞争优势和持续发展的重要保障。

四　研究型内部审计与风险管理体系整合的三个闭环

内部审计通过与风险管理的紧密结合，实现对企业全面风险管理目标的"自检"。企业要善于运用内部审计的评价监督成果，检视内部控制缺陷，不定期总结和分析现有风险管理策略的有效性和合理性，形成风险防范的共建共享机制，确保"制定—评估—整改—提高"的效果，提升企业管理效率和经济效益，增强抗风险能力。

（一）建立分类处置防范闭环

内部审计应围绕企业发展战略、管控模式、内控现状等，针对发现的风险隐患分类提出改善建议。对存在制度空白或流程缺陷的，应建议企业补充和完善有效的风险管理和内控制度，优化各业务环节的管理规范和企业内部协同流程，形成制度管人、流程管事的风险防范机制。关键控制点的薄弱环节产生潜在风险的，应向风险管理委员会、审计委员会发出预警，督促企业及时采取有效应对措施，降低风险损失，防止发生重大风险事件。

（二）完善信息共享反馈闭环

根据《中央企业全面风险管理指引》要求，企业内部审计部门的风险监督评价报告应直接报送董事会或董事会下设的风险管理委员会和审计委员会。内部审计机构的职责应为发现风险隐患、提出建议并向审计委员会报告。审计委员会应承担起向董事会发出风险预警并督促管理层制定、落实风险应对措施，实现风险管理目标的责任。任何风险事件的防范都离不开信息共享反馈机制的保障，当然涉及风险事项的信息共享机制不应限于内部审计机构、内部审计委员会、董事会层面，还应将风险管理委员会、风险合规管理机构以及相关部门等多业务职能单位纳入，从而在具体企业、具体业务领域最大程度地形成风险管理协同防范合力。

（三）推进通报整改评估闭环

内部审计要在全面风险管理中真正发挥增值作用，就离不开建议咨询意见的落地。作为负责企业"经济体检"工作的"健康卫士"，内部审计对发现的共性问题要加强汇总分析，对系统性、趋势性、苗头性问题，要及时提出有利于标本兼治的对策建议，为企业治理提供高质量的决策依据，守住风险防控"红线"。在风险管理评价监督过程中，内部审计还可以进一步对风险组织体系、风险管理解决方案进行优化，对潜在风险进行预警，促进企业优化应急预案，更加有效地抵御风险。不论是治理层、管理层还是风险管控的业务部门，都要采用宣传培训、制度完善、措施纠偏、评估反馈等方式，更充分、更广泛地运用好审计结果，切实抓好风险问题、风险隐患的整改。

第三节　研究型内部审计在风险管理中的跨部门协作

跨部门协作在内部审计和风险管理中的重要性不言而喻。通过不同部门之间的合作和信息共享，内部审计可以更全面地了解组织的风险情况，从而提供更有效的风险管理建议。此外，跨部门协作还有助于制定和实施更有效的风险管控措施，增强组织内部的合作和协调能力，以及促进积极的风险文化建设。综上所述，跨部门协作对于内部审计和风险管理的成功实施至关重要。在跨部门协作过程中，审计团队首先需要与风险管理团队进行密切合作，审计团队通过审查组织内部的运作和业务流程，发现潜在的风险因素和问题，这些发现需要及时地传达给风险管理团队，以便他们加以评估和应对；风险管理团队也需要向审计团队提供关于当前风险管理策略和控制措施的信息，以便审计团队在审计过程中充分考虑，确保审计的全面性和准确性。

除此之外，审计部门和风险管理部门还需要与高层管理团队以及其他部门（如财务、人力资源、法律合规等部门）密切协作。以高层管理团队为例，高层管理团队对于组织的战略方向和整体风险承受能力具有决策权和指导作用。内部审计需要向高层管理团队报告审计结果，并与他们一同讨论、制定并调整风险管理策略和控制措施，间接与风险管理部门形成跨部门协作，而通过与高层管理团队的密切合作，内部审计可以确保其审计工作与组织的整体战略方向和风险管理目标保持一致，从而更好地为组织的长远发展提供支持。

第十一章 深度维度下的风险管理

研究型内部审计在深度维度下的风险管理是指审计团队在对企业进行审计时，除了关注表面风险外，还应深入挖掘和分析背后的潜在风险，从而为企业提供更加全面和深入的风险管理建议。通过研究型内部审计在深度维度下的风险管理，审计团队能够更加系统和全面地了解企业面临的各种风险，并提供符合实际情况的风险管理建议，帮助企业有效应对风险挑战，保障经营活动的稳健和可持续发展。

第一节 研究型内部审计对风险根源的深入挖掘

一 研究型内部审计探索风险根源的途径

研究型内部审计是一种深入探索企业运营、管理和风险管控的方法，其核心在于寻找和理解问题的根源，而非停留在表面现象或对单一事件的分析上。基于研究目的，研究型内部审计可以分为保障审计质量的研究型内部审计和拓展审计价值的研究型内部审计。

通过研究型内部审计增强审计价值、挖掘企业日常风险管理中的风险根源，需要审计团队深入理解企业的业务环境和运作机制。这包括详细了解企业的战略目标、市场竞争情况、关键业务流程及其挑战，以及内外部环境的变化对企业的影响。通过全面的业务理解，审计团队能够更准确地定位和分析潜在的风险根源。为此，审计团队不仅要进行数据分析，还要通过访谈关键利益相关者、查阅文档和策略性文件等方式，梳理和分析业务决策背后的思维逻辑和潜在的风险因素。通过综合定性和定量分析的结果，审计团队能够更全面地理解和评估风险的根源，并提出有针对性的改进建议。审计团队需要与企业内部各级管理层、业务部门以及风险管理团队密切合作，建立良好的沟通渠道和协作机制。通过这种方式，审计团队能够更好地理解业务运作的全局视角和各方面的复杂互动关系，从而更准确地识别风险的根源，提高审计的深度和价值。就审计职能来说，对风险根源的深入挖掘主要体现了审计的分析职能。分析职能能够帮助审计团队找到问题的产生原因，再结合研究型审计的评价职能和建议职能，审计团队能够发现问题并解决问题，最终从实质上提升审计价值，促进风险管理的高质量发展。

二　研究型内部审计探索风险根源的方式

研究型内部审计探索风险根源的方式包括原因分析、流程分析、风险评估、数据分析和持续改进等多个方面。这些方法有助于审计人员更深入地理解企业面临的风险，并提供有效的解决方案，帮助企业全面、系统地管理风险，实现持续改进和持续发展。

（一）原因分析

原因分析是研究型内部审计的核心，研究型内部审计首先要进行原因分析，即深入挖掘问题的根本原因。审计人员需要通过多种手段追溯问题的历史，分析相关数据和信息，进行访谈和调查，以找出导致问题发生的深层次原因。例如，在审计财务流程中发现的异常可能并不是数据录入错误，而是源自财务流程设计的缺陷或是内部控制不完善等问题。通过深入的原因分析，审计人员可以帮助企业识别并解决问题的症结，而非仅仅应对表面现象。

（二）流程分析

流程分析是研究型内部审计的重要步骤之一，在对风险根源的探索过程中，研究型内部审计需要对企业的关键流程进行深入分析，以确定存在的问题和风险点。这一过程中，审计人员会采取审查相关文档、观察实际操作、与相关人员沟通等措施，以发现流程中可能存在的漏洞和风险。例如，生产流程中的质量控制问题，可能由生产线上的设备故障、人为操作失误或供应商产品质量不达标等多方面因素导致。通过流程分析，审计人员可以为组织提供有针对性的改进建议，帮助其优化流程并降低风险。

（三）风险评估

在探索风险根源时，研究型内部审计需要进行全面的风险评估。审计人员需要对各种类型的风险进行全面评估，评估内容包括风险的可能性、影响程度和紧急程度等。这有助于审计人员确定哪些风险是最重要的、最紧迫的，从而有针对性地制订解决方案。例如，若评估结果显示在供应链管理中供应商倒闭风险可能性较高且影响程度较大，企业可能需要考虑采取建立备用供应商或加强对现有供应商的监控等措施来降低风险。

（四）数据分析

研究型内部审计通常会利用数据分析技术来帮助探索风险根源。审计人员通常会利用数据分析技术来挖掘大量数据中潜藏的规律和异常情况，以更好地了解风险的来源和演变过程。例如，在市场营销活动中，通过对客户数据进行分析，审计人员可以发现潜在的消费者偏好和行为模式，从而帮助企业更好地制定营销策略并降低市场风险。

（五）持续改进

持续改进是研究型内部审计的重要理念之一。审计人员不仅要提出改进建议，还需要跟踪落实情况，确保问题得到有效解决。这有助于企业建立起更有效的内部控制机制，预防类似风险再次发生。例如，在人力资源管理中，审计人员提出的改进建议可能涉及员工培训和绩效考核制度的优化，通过持续改进，企业可以提升员工素质和绩效水平，减少人力资源管理方面的风险。

三 研究型内部审计对风险管理的积极影响

研究型内部审计在探索风险根源方面具有重要作用，它强调深入分析和挖掘问题背后的本质原因，有助于为企业提供更具深度和广度的风险管理建议。

（一）深度分析问题根源

研究型内部审计强调深度分析问题根源，通过探索问题的本质，审计人员可以更全面地理解企业面临的风险和挑战。审计人员需要深入挖掘问题的根本原因，而非局限于表面现象。通过深度分析，审计人员可以揭示问题的内在机制，例如企业在组织结构、管理制度、员工行为等方面存在的问题，为企业提供更具有启发性和可操作性的解决方案。

（二）发现潜在风险点

研究型内部审计有助于发现潜在的风险点，即那些隐藏在表面之下、尚未被察觉的潜在风险。通过对企业关键流程、制度、行为进行全面而深入的分析，审计人员可以识别潜在的风险点，并提前预警可能的风险事件。这有助于企业及时采取措施，降低潜在风险发生的可能性，从而保护企业免受潜在的损失和危害。

（三）提供专业的风险管理建议

研究型内部审计可以为企业提供专业的风险管理建议，帮助企业制定有效的风险管理策略和措施。通过深入分析和探讨问题的根源，审计人员可以为企业量身定制有针对性的解决方案，有针对性地改进企业的内部控制机制和管理制度，提高风险管理的效能和适应性。专业的建议可以帮助企业更好地掌控风险，避免潜在的损失和影响。

（四）促进企业学习和改进

研究型内部审计还有助于促进企业的学习和风险管理制度的改进。审计人员在深度分析问题根源的过程中，会引起企业对内部管理和运营的反思和警觉，从而促使企业不断改进和完善自身的管理体系。通过不断学习和改进，企业可以提高对风险的敏感度和应对能力，更好地适应外部环境变化，保持竞争优势和持续发展。

总而言之，研究型内部审计探索风险根源的作用在于深度分析问题根源、发现潜在风险点、提供专业建议、促进企业学习和改进。这些作用共同促进了企业的风险管理水平和绩效表现，为企业持续稳健发展提供了有力支持和保障。通过充分发挥研究型内部审计的作用，企业可以更好地管理和控制风险，提高内部运营效率和管理水平，实现可持续发展，创造或保持竞争优势。

第二节 研究型内部审计对风险发展趋势的预测

一 对风险发展趋势进行预测的常见方法

在如今的经济大环境下，企业面临的经济波动风险和市场风险日益增加，而不断发生变化的市场环境也要求企业提高风险预测的精准度、扩大风险预测的覆盖范围，在此过程中，要充分考虑市场的变化和行业的趋势，常见的预测风险发生的方法有以下几种。

（一）SWOT分析

通过SWOT分析，审计部门可以全面了解企业内外部的优势、劣势、机会和威胁，从而更准确地预测未来可能出现的风险发展趋势。通过挖掘企业的优势和劣势，以及外部环境的机会和威胁，审计部门可以为企业提供更具针对性且更有效的风险管理策略，帮助企业更好地应对未来的挑战和变化，保持竞争优势并实现可持续发展。

（二）环境分析

通过环境分析，审计部门可以深入了解企业所处的内外部环境，从而预测未来可能出现的风险发展趋势。环境分析包括内部环境分析和外部环境分析两方面。外部环境主要包括政治、经济、社会、技术、法律和环境等各方面因素。政治稳定度、经济增长率、社会文化变化、技术创新以及法规变化等都会对企业产生影响，通过对这些因素进行综合分析，审计部门可以洞察到未来可能出现的机遇和威胁，从而有针对性地预测风险发展趋势。内部环境分析包括企业的结构、文化、资源配置、运营效率等方面。了解企业内部的优势和劣势，可以更好地把握未来的发展方向和可能面临的挑战。例如，如果企业内部存在管理混乱、资源浪费等问题，那么在外部环境发生变化时，风险的发生概率和影响程度可能会加大。

除此之外，审计部门还需要对行业和竞争对手进行分析。通过了解行业的发展趋势、市场竞争格局以及竞争对手的战略举措，审计部门可以帮助企业更好地应对未来可能出现的挑战。例如，如果行业竞争加剧或者有新的竞争对手进入市场，企业的市场份额和盈利能力可能受到影响。

（三）数据分析

通过数据分析，审计部门可以利用历史数据和趋势来预测未来可能出现的风险发展趋势。审计部门会收集和整理相关数据，包括但不限于市场趋势、销售数据、财务数据、供应链数据等，然后利用统计方法和机器学习算法对数据进行分析和建模，识别出潜在的风险因素和可能的发展趋势。通过对数据的深入挖掘和分析，审计部门可以提前发现风险信号，制定相应的风险管理策略，以降低未来可能出现的风险对组织的影响。

二　研究型内部审计对风险发展趋势的预测作用

（一）深入了解业务环境和内部控制体系

研究型内部审计通过深入审计企业的各项业务流程、内部控制体系以及管理机制，可以更全面地了解企业运营环境和风险状况。深度审计有助于企业发现潜在的风险点和弱点，更好地预测未来可能出现的风险发展趋势。通过了解企业的业务模式、竞争优势和外部市场环境等，研究型内部审计可以更准确地预测未来风险。

（二）数据驱动的分析和预测

研究型内部审计借助数据分析工具和技术，对企业的大数据进行挖掘和分析。基于历史数据的趋势性分析，审计团队能够识别潜在的风险信号和趋势。数据驱动的方法有助于更准确地预测风险未来可能的发展趋势，为企业风险管理提供重要参考。数据分析还可以帮助审计团队快速发现潜在的异常情况和风险迹象，有助于企业及时采取预防措施。

（三）综合评估和建议

研究型内部审计不仅可以进行表面的审计工作，还可以结合风险管理理论和实践经验，对企业面临的风险进行综合评估和分析。审计团队不仅可以评估风险的概率和影响程度，还可以分析风险的根源及可能造成的影响。同时，审计团队可以提出相应的改进建议和管理措施，帮助企业有效地应对未来的风险挑战。

（四）为决策者提供重要信息支持

研究型内部审计对风险趋势的预测作用还表现在为企业管理层和决策者提供重要的信息支持上。审计报告中翔实的分析和建议可以让管理层更全面地了解企业面临的风险，帮助他们制定有效的风险管理策略和应对措施。审计报告不仅呈现问题和风险，还提供解决方案和建议，为决策者提供决策支持和参考。

第三节　研究型内部审计在风险预警与应对中的深度参与

一　企业常见风险及防范

企业风险一般可分为战略风险、财务风险、市场风险、运营风险、法律风险等，战略风险涉及企业战略决策和目标实现问题，财务风险涉及资金管理和财务信息披露问题，市场风险包括市场环境变化和竞争风险，运营风险涵盖管理层失误和内部控制问题，法律风险涉及法律法规遵守和合同履行。也可以依据能否为企业带来盈利等机会为标志，将企业风险分为纯粹风险（只有带来损失一种可能性）和机会风险（带来损失和盈利的可能性并存）。本部分对财务风险、市场风险、运营风险及各自的常见防范措施作阐释。

（一）财务风险及常见防范措施

企业财务风险指的是企业在财务活动中面临的各种不确定性和可能造成财务损失的风险。这些风险可以源于外部环境的不确定性，也可以源自内部的财务管理不当或决策失误。财务风险预警重在"预警"，即对财务风险进行提前感知和预判，以帮助企业消灭风险苗头、实现良性运转。财务风险预警是采用合理的手段对企业风险进行预判、分析和预防的措施，目的在于帮助企业做到未雨绸缪，实现稳定持续发展。近年来随着市场竞争的越发激烈，越来越多的企业开始认识到财务风险预警的重要性，并采用一些有效的手段开展财务风险预警活动。在实际工作中，审计团队会以企业财务报表为依据，借助数学模型、财务比率等，有效检测企业的财务状况，预测财务风险出现的可能，并及时发出警戒信号。这有助于企业及时调整自身的战略规划和经营活动，从而取得更好的发展成效。

防范财务风险的常见措施有：建立健全的内部控制体系，确保财务数据的真实性和准确性，防止内部欺诈和失误；定期进行财务风险评估与监控，识别潜在的风险点，并及时采取应对措施；加强对市场风险的监测和管理，采取适当的对冲措施，降低市场波动对企业财务的影响；建立流动性管理机制，确保企业具备足够的流动性储备以应对突发情况；加强对交易对手的信用风险评估，建立完善的风险控制和管理机制，防范违约风险；制定财务预警机制，及时预警并采取措施应对可能出现的财务危机；加强员工培训，提高员工对财务风险的认识和应对能力，降低人为失误的发生概率；建立灵活的财务结构，合理配置资金投资组合，降低财务风险集中度；遵守法律法规，加强合规管理，防范因法律问题引发的财务风险；建立危机管理预案，做好应急准备，确保在面临财务风险时能够及时响应和处理。

（二）市场风险及常见防范措施

市场风险是指企业在经营过程中，由于市场供求关系变化、市场价格波动或外部环境变化等而出现的风险。市场风险涉及企业所处的行业市场、金融市场和商品市场等各方面，主要包括汇率风险、利率风险、股票市场风险、商品市场风险和竞争风险等。企业在面对市场风险时，可以采取多种常见防范措施来进行有效的风险管理和应对。这些措施有：多元化投资组合、使用风险管理工具进行对冲操作、进行市场调研和分析、灵活的价格管理、加强供应链管理、跟踪监控市场风险，以及建立危机管理预案。通过采取这些应对措施，企业可以降低市场风险对企业经营活动的影响，提高企业的市场应对能力和抗风险能力，确保企业可持续稳健发展。

（三）运营风险及常见防范措施

企业运营风险是指企业在日常经营活动中所面临的各种潜在风险和不

确定性，即可能对企业实现经营目标和长期发展造成负面影响的风险。这些风险可能涉及组织管理、生产运作、市场销售、财务风险等方面，包括但不限于供应链中断、生产故障、市场需求变化、竞争加剧、经济衰退、人才流失等问题。企业运营风险的发生可能导致企业收入减少、成本增加、业绩下滑、声誉受损等不利后果，对企业持续经营造成威胁。有效管理和控制企业运营风险，是企业管理者的重要任务。企业管理者需要建立健全的风险管理机制并制定完善的风险应对措施，以确保企业在动荡不确定的市场环境中能够稳健运营并持续发展。

企业在应对运营风险时，常见的措施有：建立完善的风险管理体系和流程、加强内部控制和监督、制定详细的应急预案和危机管理机制、定期进行风险评估和监测、加强员工培训和意识提升、保持与供应商和合作伙伴的沟通与协作、建立健康的企业文化和价值观、持续优化业务模式和流程、探索多元化发展和多元化投资，以及建立与金融机构合作的战略伙伴关系等。通过综合运用这些措施，企业可以有效地管理和控制运营风险，降低企业经营活动受到风险影响的可能性，确保企业稳健发展和可持续经营。

二 研究型内部审计在企业风险预警和应对中的作用

（一）研究型内部审计在风险预警中的作用

1. 深入研究分析风险因素

研究型内部审计通过深入研究和分析企业内部运营情况、业务模式以及风险控制机制，能够全面了解企业所面临的各种潜在风险因素。通过深入调查审计对象的财务状况、管理实践、市场竞争状况等，研究型内部审计能够挖掘出潜在的风险隐患和问题点，为企业的风险预警奠定基础。

2. 风险评估和预测

研究型内部审计依托专业知识和工具，可以对潜在风险事件进行深入分析和评估。利用统计分析、风险模型构建、数据挖掘等方法，研究型内部审计可以准确评估潜在风险事件的发生概率和影响程度，为企业提供准确的风险预测，有助于企业制定相应的风险管理策略。

3. 揭示内部控制的不足和漏洞

研究型内部审计可以揭示企业内部控制的不足和漏洞。通过对内部流程、政策制度、组织架构等方面的研究和评估，研究型内部审计可以发现控制不足的地方，提出改进建议，帮助企业加强内部控制，减少潜在风险的发生可能性。

4. 提供专业建议和支持

研究型内部审计提供的不仅是数据的审核和核实，更是专业的建议和支持。审计人员通过综合运用其专业知识和技能，能为企业提供深度洞察、全面建议，帮助企业认识和理解各种潜在风险，并提供有效的解决方案和风险管理策略。

5. 加强风险管理体系

研究型内部审计可以协助企业建立健全的风险管理体系。基于审计部门的发现和建议，企业可以及时改进和优化其风险管理机制，建立更有效的风险预警和控制机制，提高风险管理水平，降低风险带来的损失。

（二）研究型内部审计在风险应对中的作用

1. 深度分析风险事件

研究型内部审计通过深入研究和分析已经发生或正在发生的风险事件，能揭示其根本原因和影响因素，对风险事件进行全面、系统的分析，以便更好地理解和应对各种风险。

2. 制定风险管理策略

基于对风险事件的深入分析，研究型内部审计可以为企业制定具体的风险管理策略和措施，帮助企业有效地处理各种风险挑战。这些策略可以包括风险转移、风险减轻、风险应对、风险监测等。

3. 提供风险管理建议

审计人员依托专业知识和经验，能为企业管理层提供有针对性的风险管理建议，帮助企业建立健全的风险管理机制。这些建议可以涵盖风险管理政策、流程优化、内部控制加强、人员培训等方面。

4. 监测风险管理效果

研究型内部审计可以持续跟踪监测企业风险管理的执行情况和效果。通

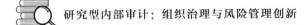

过定期审计和评估风险管理的执行情况，审计人员可以及时发现问题和风险，帮助企业调整和改进风险管理措施，确保风险管理的有效性。

5. 应对突发风险事件

在面对突发的风险事件时，研究型内部审计可以快速响应，提供专业支持和指导。审计人员可以通过迅速的分析和评估，帮助企业管理层制定紧急的风险应对措施，最大程度地减少损失和控制影响。

6. 建立预警机制

研究型内部审计可以帮助企业建立完善的风险预警机制。通过对风险事件的深入研究和分析，审计人员可以识别出风险预警的关键指标和信号，帮助企业及时发现并更加有效地应对潜在风险。

案例分析：研究型内部审计在企业风险管理中的实际应用

——以 T 集团公司案例为例

一、案例简介

2021 年下半年，T 集团公司成立"铁路建设领域多端口切入审计监督研究"课题组，在"交通强国"与"粤港澳大湾区"等政策背景下，深入分析铁路项目主要建设管理模式涉及的风险点，探索多端口切入审计监督，构建审计推动型"业财审"融合管控模型。该课题同步申报审计署 2020~2021 年度内部审计科研课题。

二、研究型内部审计在 T 集团公司的实际应用

T 集团公司聚焦铁路建设投资主责主业，以"政治—政策—资金—项目—建设模式—监管重点—履职问效"为主线，将研究型内部审计作为推进风险管理工作的理念和思路，贯穿审计管理全过程。

（一）审前调查阶段

1. 强化政策法规研究，识别潜在合规风险

在审前调查阶段，研究型内部审计会深入研究企业所处行业的政策

法规要求，包括行业准入标准、经营规范、税收政策、劳动法规等。通过对政策法规的全面了解，审计团队可以确保审计工作符合相关法规要求，避免产生合规风险，同时研究型内部审计会通过深入分析企业的经营实践和政策遵从情况，识别潜在的合规风险。审计人员会关注企业可能存在的违反法规、规章制度或合同约定的行为，提前发现和预防潜在的合规问题，为企业避免法律责任和罚款风险提供支持。除此之外，研究型内部审计在审前调查阶段会帮助企业建立合规风险管理机制，通过对政策法规的研究和识别潜在合规风险，审计团队可以提出改进建议，协助企业建立健全的内部控制机制和监管体系，确保企业的经营活动符合法律规定。

2. 进行充分调研，确定审计方向

通过充分调研，审计团队可以理清审计的范围和重点，确定需要重点关注的领域和问题，避免审计工作的盲目性和片面性，确保审计的全面性和有效性。在充分调研的基础上，审计团队可以确定审计的具体目标和目的。通过明确审计目标和目的，审计团队可以更好地开展审计工作，确保审计工作达到预期的效果和目标。明确方向还可以帮助审计团队提前预判可能面临的挑战和困难，有针对性地制订解决方案和对策。这样可以为审计工作的顺利开展提供保障，避免因为意外情况而影响审计进度和质量。

（二）审计实施阶段

1. 强化业务流程管理研究

研究型内部审计在审计实施阶段会深入研究和分析企业的业务流程，识别其中的潜在缺陷、不规范之处以及可能导致问题的环节。通过对业务流程的细致研究，审计团队可以准确地识别业务流程中存在的问题点，为企业找出改进的切入点。随后基于对业务流程的深入研究，研究型内部审计团队能够针对识别出的流程缺陷、问题点提出具体的改进建议。这些建议可能包括优化流程设计、简化操作步骤、加强内部控制措施等，有助于优化业务流程、提高效率和降低风险。

2. 强化审计组织方式研究

研究型内部审计在审计实施阶段通过研究审计组织方式，可以优化审计资源的配置。通过分析审计项目的复杂度、风险程度、重要性等因素，审计团队可以合理分配审计人员、时间和预算等资源，以提高审计效率和质量。除此之外，对审计组织方式进行研究还有助于强化审计风险管理和内部控制。审计团队可以通过建立健全的审核程序、制定清晰的责任承担机制、加强信息共享和沟通等措施，有效降低审计风险，提高内部控制的有效性。

（三）审计整改阶段

研究型内部审计在审计整改阶段能够提出审计整改清单并且贯彻内部审计的整改落实情况。审计团队可以根据审计发现提出具体、明确的审计整改清单，即列出需要改进的问题和相应的整改建议。这有助于企业清晰了解存在的问题，明确整改方向和目标。研究型内部审计在审计整改阶段还可以通过审计整改清单来监督整改工作的进度和效果。通过制订明确的整改计划、跟踪整改进度，审计团队可以确保整改工作按时、按质完成，有助于加强内部控制和风险管理。整改清单中的问题涉及企业的内部控制缺陷和潜在风险，有针对性地进行整改可以有效弥补漏洞，降低潜在风险。

第四篇 实践指南：研究型内部审计的实践应用

第十二章 研究型内部审计的实施流程

研究型内部审计作为现代审计领域的一项重要创新，其实施流程不仅体现了审计工作的系统性和规范性，更凸显了对企业运营环境的深入剖析与前瞻性思考。本章将详细阐述研究型内部审计的实施流程，包括审前阶段、审中阶段、审后阶段各自的详细步骤以及注意要点。通过系统梳理这些流程，帮助读者全面理解研究型内部审计的核心理念和操作方法，为实际工作中的审计实践提供有力的指导和借鉴。

第一节 审前阶段

一 详细步骤

（一）审计团队的组建

1. 确定所需技能和经验

在组建审计团队之前，审计部门首先需要明确审计项目所需的专业技能和经验。这些技能和经验通常包括以下几点：深入的会计和财务知识，以便准确理解和分析财务报表；审计技术和方法，如风险评估和数据分析，以确保审计过程的全面性和准确性；被审计行业的特定法规和业务实践。通过明确这些需求，审计部门可以确保团队成员具备完成审计任务所需的专业素养。

2. 选择适当的团队成员

在选择了具备所需技能和经验的候选人之后，审计部门需要进一步评估他们的个人品质和专业背景，包括考虑他们的教育背景、工作经验、职业道德和团队合作精神。通过面试、笔试或参考以前的工作表现，审计部门可以筛选出最适合审计团队的成员。他们的专业能力和个人品质将共同推动审计项目的成功。

3. 分配角色和职责

在确定了团队成员之后，审计部门需要为他们分配明确的角色和职责。项目经理将负责整体项目的规划、协调和监督，确保审计过程按照预定计划进行。现场审计师将负责执行具体的审计任务，如数据收集、测试和分析。技术支持人员将提供必要的技术支持，如数据分析工具的使用和维护。报告撰写人员将负责将审计结果整理成报告，并与管理层沟通审计结果。通过明确的角色和职责分配，审计部门可以确保每个团队成员都清楚自己的任务，并协同工作以完成审计项目。

4. 对特定业务领域的培训

如果审计项目涉及特定的业务领域，则审计部门可能需要为团队成员提供额外的培训。这种培训可以帮助团队成员更好地理解企业的业务环境和行业特点，从而提高审计的准确性和效率。培训内容可能包括行业知识、特定法规、专业技能和案例研究等。通过培训，团队成员将能够更好地执行审计任务，确保审计结果的质量和准确性。

（二）审计计划的制订

1. 审计目标和范围

在审计计划的初始阶段，审计部门要明晰审计的目标，即明确企业希望通过审计达到什么目的，比如验证财务报表的准确性、评估内部控制的有效性或是确保特定业务流程的合规性。同时，审计部门还需要界定审计的范围，即确定哪些部门、业务流程或交易将受到审计的审查。明确的目标和范围有助于确保审计工作的针对性和效率。

2. 评估组织的风险和确定关键风险因素

制订审计计划时，审计部门需要对企业面临的风险进行全面评估。这包括对企业的财务状况、经营环境、行业趋势、法律法规等方面的分析。通过评估，审计部门可以识别出可能对企业目标产生重大影响的风险因素，并确定这些风险因素中哪些是关键的、需要重点关注的。这些关键风险因素将成为审计工作的重点，以确保审计部门能够将有限的资源集中在最需要关注的问题上。

3. 分配资源和确定审计时间表

在确定了审计的目标、范围和关键风险因素后，审计部门需要开始分配资源并确定审计的时间表。这包括确定需要多少审计人员、多少时间和多少资金来完成审计任务。审计部门还需要根据审计的复杂性和工作量，合理安排审计人员的分工和工作计划。同时，确定详细的审计时间表也是至关重要的，这包括明确审计的各个阶段、每个阶段的开始和结束时间以及关键节点的完成日期。这样可以确保审计工作的及时性和高效性，并有助于审计部门在整个审计过程中保持对进度的掌控。

（三）初步风险评估

1. 收集和分析相关数据

在研究型内部审计的初步风险评估阶段，审计人员的首要任务是广泛收集与审计目标相关的数据。这些数据可能来源于多个渠道，包括财务报表、内部文档、行业报告、市场数据等。数据收集完成后，审计人员需要运用专业的分析工具和技能，对数据进行深入的挖掘和分析。这一过程旨在发现数据中的异常、趋势或关联，为后续的审计活动提供有价值的线索。

2. 识别潜在的高风险区域

在数据分析的基础上，审计人员需要识别出潜在的高风险区域。这些区域可能是财务报表中的重大异常项目、内部控制的薄弱环节、业务流程的潜在风险点等。识别高风险区域需要审计人员具备丰富的专业知识和敏锐的洞察力，能够从大量的数据中提炼出关键信息，并结合审计经验进行判断。通过识别高风险区域，审计人员可以将有限的资源集中在最需要关注的问题上，提高审计效率和质量。

3. 进行初步的风险评级

审计人员需要对这些风险进行初步的评级。评级的目的是确定风险的严重性和紧迫性，以便为后续的审计活动提供指导。评级过程中，审计人员会考虑多方面的因素，如风险的潜在影响、发生的可能性、可控程度等。通过综合考虑这些因素，审计人员可以对每项风险进行量化评分，并根据评分结果将风险分为不同的等级。初步的风险评级有助于审计人员更好地了解审计项目的整体风险状况，为后续的审计策略选择和审计计划制订提供依据。

（四）预审会议

1. 明确审计目标

在预审会议的开始阶段，审计团队的首要任务是明确审计的目标。这不仅是为了确保审计团队对审计任务有清晰的理解，也是为后续工作奠定坚实的基础。审计目标通常包括但不限于：评估企业的财务健康状况、检查内部控制的有效性、识别潜在的业务风险等。明确的目标有助于团队在后续的风险评估、数据收集和分析等工作中保持聚焦。

2. 解决预期的问题和挑战

在明确了审计目标之后，团队需要讨论并预测在审计过程中可能遇到的问题和挑战。这些问题可能涉及数据获取的难度、被审计单位的配合程度、审计资源的限制等。通过提前识别和讨论这些问题，审计团队可以制定应对的策略，减少在审计过程中遇到的阻力。此外，讨论预期的问题和挑战也有助于团队成员更好地准备，提高审计工作的效率和质量。

3. 讨论和确认审计方案

在预审会议中，审计团队需要详细讨论并确认审计方案，包括确定审计的范围、方法、时间表等。审计方案应该根据审计目标、预期的问题和挑战以及被审计单位的实际情况来制订。在讨论过程中，团队成员可以提出自己的意见和建议，共同完善审计方案。确认后的审计方案将成为后续审计工作的指导文件，确保审计工作按照预定的计划和步骤进行。

（五）编制审计方案

1. 确定审计方法和工具

审计方法和工具的选择对于审计的成功至关重要。在这一步，审计团队需要明确使用哪些方法来收集、分析和评估审计所需的信息。例如，审计人员可能会选择使用问卷调查来收集员工的反馈，访谈关键利益相关者以获取深入的见解，观察业务流程以识别潜在问题，以及进行抽样测试来验证数据的准确性和完整性。每种方法和工具都有其特定的用途和优势，选择时应基于审计的目标和范围加以灵活选择。

2. 确定数据分析方法

数据分析是审计的核心环节，它有助于从大量数据中提取有价值的信息。在这一步，审计团队需要确定将使用哪些数据分析方法来处理收集到的数据。常用的数据分析方法有：统计分析，如描述性统计和推论统计，以揭示数据的模式和关系；趋势分析，以识别数据随时间变化的模式；比较分析，将当前数据与过去数据或行业标准进行比较。选择合适的数据分析方法有助于审计团队更准确地理解数据，从而作出更明智的决策。

3. 设计具体的审计步骤和方法

一旦确定了审计方法和工具以及数据分析方法，下一步就是设计具体的审计步骤和方法，包括明确审计的起点和终点，确定需要审查的具体领域和流程，以及为每个领域和流程制定详细的审计步骤。这些步骤应涵盖数据收集、数据分析、问题识别、风险评估以及建议和报告的撰写等方面。通过精心设计审计步骤和方法，审计团队可以确保审计的连贯性和一致性，同时最大限度地减少遗漏和错误。

4. 制定时间安排和确定关键节点

最后一步是制定时间安排和确定关键节点，以确保审计按计划进行。在这一步，审计团队需要考虑审计的复杂性、可用资源以及组织的业务需求等因素，为审计的每个阶段设定合理的时间限制。同时，审计团队还需要设定关键时间节点，以监控审计的进度并确保其按计划进行。这些时间节点可以是完成特定审计步骤的日期、收集和分析完所有数据的日期等。通过制定时间安排和确定关键节点，审计团队可以更好地管理审计过程，确保在规定时间内完成高质量的审计工作。

（六）预审活动

1. 与业务部门沟通

在审计的预审阶段，与业务部门的沟通十分重要。这一阶段的沟通不是简单的信息交换，而是审计团队深入了解业务部门运作模式和内部环境的关键途径。审计团队会主动与业务部门的负责人和关键人员建立紧密的联系，通过会议、电话或电子邮件等多种形式沟通，全面了解其业务流程、日常操作、内部控制环境以及当前面临的主要风险和挑战。

这种深入的沟通有助于审计团队捕捉业务部门的真实运作状态，识别可能存在的风险点，为后续审计工作提供宝贵的背景信息和参考依据。同时，通过沟通，审计团队也能向业务部门阐明审计的目标和重要性，促进双方的合作与理解，为整个审计工作的顺利进行奠定坚实的基础。

2.收集必要的背景信息和文档

为了确保审计工作的针对性和有效性，审计团队需要收集与审计目标紧密相关的背景信息和文档。这些信息和文档可能涵盖业务部门的财务报表、年度预算、内部政策手册、操作指南、合同协议、业务往来记录等。这些资料是审计工作的基础，它们为审计团队提供了全面了解业务部门运作情况的窗口，并有助于审计团队识别潜在的风险点和确定审计的重点方向。

在收集这些信息和文档的过程中，审计团队会遵循严格的程序和规定，确保所收集的资料真实、完整、准确。同时，审计团队还会对收集到的资料进行分类整理，形成清晰的资料库，为后续审计工作的便捷开展提供支持。

3.准备审计工作底稿

审计工作底稿是审计过程中不可或缺的一部分。在预审阶段，审计团队会开始准备这些底稿，为后续的审计工作提供清晰的指导和记录。审计工作底稿通常包含审计计划、审计程序、审计测试、风险评估等内容，这些内容都是根据审计目标和业务部门的实际情况来制定的。

在准备审计工作底稿的过程中，审计团队会充分考虑业务部门的特点和审计目标的要求，制定合适的审计策略和程序。同时，审计团队还会根据审计过程中发现的问题和风险点，不断更新和完善底稿内容，确保底稿的准确性和完整性。这些底稿不仅是审计团队后续进行分析和撰写审计报告的基础，也是审计团队与业务部门沟通的重要工具。

4.准备审计工作纸、检查清单和其他支持文件

除了审计工作底稿外，审计团队还需要准备其他支持文件来辅助审计工

作的进行。这些文件可能包括审计工作纸、检查清单、数据分析模板等，这些文件将用于记录审计过程中的具体测试、观察结果和数据分析等内容，帮助审计团队系统地跟踪审计进度和结果。

在准备这些支持文件的过程中，审计团队会根据审计计划和底稿内容制定详细的检查清单和测试程序。这些清单和程序将指导审计团队在审计过程中执行测试和收集证据。同时，审计团队还会利用数据分析工具对收集到的数据进行处理和分析，以发现可能存在的异常和问题。这些支持文件不仅有助于提高审计工作的效率和准确性，还有助于审计团队与业务单位沟通并解释审计结果。

5. 确保所有必要的审计工具和资源可用

在预审阶段，审计团队还需要确保所有必要的审计工具和资源都已准备妥当并可用。这些工具和资源可能包括审计软件、数据分析工具、计算器、电脑等硬件设备以及专业的审计人员等人力资源。

为了确保这些工具和资源的可用性，审计团队会提前进行准备和检查。审计团队可能会购买或租赁必要的软件和硬件设备，并对这些设备进行测试和调试以确保其正常运行。同时，审计团队还会根据审计项目的需求和规模安排足够数量的审计人员参与审计工作，并为他们提供必要的培训和支持。

通过确保工具和资源的可用性，审计团队可以更加高效地进行审计工作，减少因资源不足而导致的延误和错误。这不仅有助于提高审计工作的质量和效率，还有助于提升审计团队的专业形象和声誉。

二　注意要点

（一）精心编制规划

在审计工作正式启动之前，规划编制是一个精心策划和深思熟虑的过程。这个过程不仅是对未来审计工作方向的总体布局，也是确保审计资源得到高效利用的关键。首先，审计团队会深入研究和分析国家及地方的经济社会发展战略，理解并把握审计发展形势，以明确审计工作的总体目标和方向。其次，他们会结合被审计单位的实际情况，包括其历史沿革、发展现状及未来规划，制订具体的审计规划，详细列出审计的重点领域、关键节点和预期成果，确保审计工作能够全面覆盖重要环节，同时避免资源浪费。通过这一系列的精心策划，审计工作的科学性和前瞻性得到了充分保障。

（二）全面掌握政策法规

在审计工作中，对政策法规的掌握和运用至关重要。审计人员必须深入学习党的路线方针政策，理解国家法律法规和行业规范，以便在审计过程中准确判断问题性质，提出合理的审计意见和建议。为此，审计团队会定期组织政策法规的学习和讨论活动，确保每个审计人员都能及时掌握最新的政策动态和法规要求。同时，他们还会将政策法规与实际工作紧密结合，不断提升政策理解和运用的能力，确保审计工作始终在法律框架内开展。这种对政策法规的全面掌握，不仅会提升审计工作的质量，也会增强审计结果的可信度和权威性。

（三）认真开展审前调查

审前调查是审计工作的一个重要环节，旨在全面了解被审计单位的基本情况、业务运行状况和内控管理水平等。在审前调查阶段，审计人员会通过多种渠道，包括查阅相关文件资料、实地走访调研、与相关人员座谈交流等收集信息和数据。他们会认真分析这些信息，了解被审计单位的组织结构、业务流程、关键控制点以及可能存在的风险点。这些信息的收集和整理不仅为审计方案的制订提供有力支持，也会为后续审计工作的顺利开展奠定基础。通过审前调查，审计人员能够对被审计单位有全面而深入的了解，为后续的审计工作做好充分准备。

（四）精心制订审计方案

审计方案的制订是审计工作的核心环节之一。在制订审计方案时，审计人员会结合被审计单位的实际情况和审前调查的结果，明确审计目标、审计范围、审计内容及重点等要素。他们会根据被审计单位的业务特点和可能存在的风险点，选择合适的审计方法和技术手段。同时，他们还会注重审计方案的合理性和科学性，确保审计工作的系统性和连贯性。在审计方案制订过程中，审计人员会充分考虑审计资源的配置和利用效率，确保审计工作高效进行。此外，他们还会定期对审计方案进行评估和调整，以适应审计过程中可能出现的新情况和新问题。这种精心制订的审计方案，不仅能保证审计工作的针对性和有效性，也能确保审计结果的准确性和可靠性。

（五）上下联动推进

研究型内部审计注重采取上下联动、统筹协作的工作方式。管理层和审计部门会加强对研究型内部审计工作的统一领导和协调指导，形成工作合力。审计部门会定期召开会议，研究解决审计工作中遇到的问题和困难。同时，审计部门还会加强与其他部门的沟通和协作，共同推进审计工作的深入开展。这种上下联动、统筹协作的工作模式，不仅提高了审计工作的效率和质量，也促进了审计工作的创新和发展。在推进研究型内部审计工作的过程中，审计部门还会不断总结经验教训，不断完善工作机制和方法手段，以推动审计工作不断向更高水平发展。[①]

第二节　审中阶段

一　详细步骤

（一）资料搜集与分析阶段

在审计的资料搜集与分析阶段，审计团队会投入大量的精力和时间，以确保搜集到与审计目标紧密相关的全面而详细的数据和资料。他们不仅会利用企业内部系统，如企业资源规划系统、财务系统等，来获取企业的财务报表、账目记录、交易数据等基本信息，还会广泛利用外部数据库和行业报告，以获取与审计对象相关的宏观经济数据、行业趋势、竞争态势等外部信息。

搜集到数据资料后，审计团队会运用专业知识和各种分析工具，如数据分析软件、财务比率分析软件等，对这些数据资料进行系统的分析和评估。审计团队会对比历史数据，查找异常波动和不合理现象；会利用趋势分析，

---

① 中国银行审计部江苏分部:《守正创新 履职担当 全面提升内部审计工作质量——记中国银行审计部江苏分部》,《中国内部审计》2024 年第 5 期。

预测可能的风险和机会；会运用财务比率分析，评估企业的财务状况和经营绩效。通过这些分析，审计团队能够初步发现可能存在的问题和潜在的风险。

（二）问题识别与深入研究阶段

在初步分析的基础上，审计团队会进一步识别出具体问题。这些问题可能涉及财务管理、业务流程、合规性等多个方面，如财务报表的错报、内部控制的漏洞、业务操作的违规等。为了深入了解这些问题的本质和产生原因，审计团队会进行深入的研究和调查。

在这个阶段，审计团队会与被审计单位的相关人员进行深入的沟通和交流，了解他们的业务流程、操作习惯、管理决策思路等。同时，他们还会查阅更多的文档资料，如合同、协议、备忘录等，以获取更全面的信息。在必要时，审计团队还会进行现场勘查，实地观察被审计单位的业务环境和操作过程，以更直观地了解问题的实际情况。

（三）风险评估与影响分析阶段

在对问题进行识别和研究的基础上，审计团队会对每个问题的潜在风险进行评估。他们会综合考虑问题的性质、严重程度、发生概率以及可能对企业或组织造成的影响。通过风险评估，审计团队可以更准确地了解问题的紧迫性和重要性，从而确定后续的审计重点和审计策略。

此外，审计团队还会对每个问题的潜在影响进行分析。他们会评估问题对企业财务状况、经营绩效、声誉形象等方面可能的影响，并预测这些影响可能带来的后果。通过影响分析，审计团队可以为企业提供更全面的决策支持，帮助他们更好地应对可能的风险和挑战。

（四）提出建议与规划方案阶段

基于问题分析和风险评估的结果，审计团队会提出相应的建议和解决方案。这些建议可能涉及改进业务流程、加强内部控制、提高合规性等方面。为了确保建议的可行性和有效性，审计团队会与被审计单位的相关人员进行充分的沟通和讨论，了解他们的实际需求和困难，并根据这些信息调整和完善建议内容。

在提出建议的同时，审计团队还会规划相应的实施方案。他们会考虑实施的时间、成本、所需资源等因素，制订详细的实施计划和时间表，并明确责任人和监督机制。通过方案规划，审计团队可以确保建议的有效执行和良好结果的实现。

（五）初步报告撰写与反馈阶段

在建议和方案制定完成后，审计团队会开始撰写初步审计报告。这份报告将详细阐述审计的目的、过程、发现的问题以及建议的解决方案。同时，审计团队还会对报告中的数据和信息进行严格的核实和确认，确保报告的准确性和可靠性。

在撰写报告的过程中，审计团队会与管理层进行沟通。他们会向管理层反馈报告的内容和结论，并听取他们的意见和建议。通过反馈和沟通，审计团队可以确保管理层对报告的内容和结论有充分的了解和认同。

在获得管理层的确认和反馈后，审计团队会对报告进行进一步的完善和调整。他们会根据管理层的意见和建议对报告进行修改和完善，以确保报告的准确性和完整性。同时，他们还会对报告中发现的问题和建议进行持续的跟踪和关注，以确保问题得到妥善解决、有关建议得到有效执行。

二　注意要点

（一）审研结合增强审计实效

在审计工作中，审计与研究并非两个孤立的过程，而是相辅相成、互为支撑的一体两面。审计的实质在于发现问题，揭示问题；而研究的价值则在于深入剖析问题，寻找其根源，提出解决之道。因此，在审计过程中，审计团队不能简单地将审计与研究割裂开来，而应当将两者紧密结合，形成审计与研究的闭环链条，以全面增强审计的实效。

具体而言，审计过程中发现的具体问题是研究的基础。每一个问题背后都可能隐藏着深层次的原因和复杂的背景，只有通过深入研究，才能准确把握问题的本质和根源。同时，对单一问题的分析研究又能为揭示问题根源提供有力的支撑。通过对多个单一问题的深入分析，审计团队可以发现其中的共性和规律，从而进一步推导出更广泛、更深入的结论。

在揭示和反映问题时，审计团队必须沿着"政治—政策—项目—资金"的演绎路径进行整体把握和层层聚焦。这一路径不仅体现了审计工作的系统性和层次性，也反映了审计工作的政治性和专业性。通过这一路径，审计团队可以从政治高度审视问题，从政策层面分析问题，从项目实际揭示问题，从资金流动追踪问题，确保审计工作的全面性和深入性。

在审计过程中，审计团队要多分析、多研究。分析是审计工作的核心，通过对数据的深入分析，审计团队可以发现隐藏在数据背后的真相；研究是审计工作的灵魂，通过对问题的深入研究，审计团队可以揭示问题的本质和根源。只有多分析、多研究，审计团队才能切实掌握产生问题的原因，查明问题责任主体，提出具有针对性的处理意见和整改建议。

构建审计研究工作的闭环链条是确保审计实效的关键。这一链条包括审计前的准备工作、审计过程中的数据收集与分析、审计后的总结与反馈等多个环节。在每个环节中，审计团队都要注重审计与研究的结合，形成相互支撑、相互促进的良性循环。只有这样，审计团队才能确保审计工作的深入性、全面性和有效性，为企业的健康发展提供有力的保障。

（二）充分发挥大数据审计支撑作用

随着信息技术的不断更新换代和计算机科学技术的广泛应用，大数据审计技术不仅能够运用在财务审计领域，也应用在越来越多部门的业务数据上。在研究型审计中，通过钻研被审计单位业务流程、针对性制定数据分析策略、多来源采集比对数据，审计团队可以在配备少量审计人员的情况下快速筛查出大量疑点线索，形成数据分析报告，为审计外调阶段现场核查提供支撑。比如某市审计局在对县区党政主要领导干部开展研究型自然资源资产离任审计项目时，广泛运用大数据审计技术。一是建立数据采集和定期报送机制，增强对测绘、国土、林业、水利等部门业务数据的分析运用。二是强化地理信息技术运用，建立自然资源数据库，利用地理信息系统对审计疑点地区特定目标进行定位和实地审查取证，获取准确的审计证据。三是强化数据资源分析利用，开展跨层级、跨地域、跨系统、跨部门和跨业务的数据挖掘与分析，健全"数据分析＋现场核查"工作机制，不断提高利用数据分析手段核查问题、评价判断、宏观分析的能力。

（三）切实加强审计质量管理

在审计工作中，质量是生命线，是确保审计结果权威性和公信力的关键。因此，审计团队必须切实加强审计质量管理，以实施"精品项目"为终极目标，严格遵循研究型内部审计实施方案的要求，确保审计工作的每一步都紧扣课题，思路清晰。

具体而言，审计团队要将审计发现的问题作为深化研究的出发点，特别是要深入挖掘问题背后的深层次原因、体制性障碍、机制性缺陷以及制度性漏洞。这些问题不仅是审计工作的难点，更是审计团队提升审计质量、发挥审计价值的关键所在。通过持续跟踪督导，审计团队可以确保审计方向始终正确、问题被查准查透，为提出切实可行的整改建议提供有力支持。

通过这一工作模式，审计团队能实现各审计组在工作中的同步实施、上下联动，有效提高审计工作的效率和质量。同时，审计团队应当严格遵循"总体分析、发现疑点、分散核查、系统研究"的大数据审计工作要求，充分利用现代科技手段，通过对审计数据进行全面、深入的分析，进一步优化审计项目的实施过程与质量管控措施。这不仅能提升审计团队的审计能力，也将为经济发展和社会稳定提供有力的保障。

第三节　审后阶段

一　详细步骤

（一）审计结果分析

在审后阶段，审计团队将开展详尽无遗的审计结果分析。审计团队会全面审视收集的所有数据、文档和资料，确保审计发现的每一个细节都准确无误。分析过程中，审计团队将充分利用其专业知识和经验，对问题进行多维度、多层面的剖析，以挖掘出问题背后的根本性原因，包括但不限于体制性障碍、机制性缺陷、制度性漏洞以及人为因素等。通过这种深入且细致的分析，审计团队能够更准确地把握问题的本质，为后续提出有效的解决方案和建议提供坚实的支撑。

（二）总结审计发现

审计团队在完成深入的分析后，将对审计过程中发现的主要问题进行全面总结。审计团队会根据问题的性质、原因和影响进行分类，并详细记录每个问题的具体情况。总结过程中，审计团队将特别强调问题的严重性和紧迫性，以及这些问题可能给企业或社会带来的潜在风险。审计团队将通过清晰、准确的语言描述问题，确保管理层或相关业务部门能够了解问题的全貌。通过总结，审计团队将为管理层或相关业务部门提供一份全面、详尽的审计结果报告，以便管理层或相关业务部门根据审计结果采取相应的措施。

（三）撰写审计报告

撰写审计报告是审后阶段的核心任务之一。审计团队将精心策划和组织报告的内容，确保报告的目的、范围和内容明确、完整。在报告中，审计团队将详细阐述审计发现的问题、问题的原因、影响，并提出审计建议。为了增强报告的可读性和说服力，审计团队将采用图表、数据等直观的方式展示审计结果。审计团队将运用专业的分析工具和方法，将复杂的数据转化为易于理解的图表和表格。同时，审计团队还将注意报告的条理性和逻辑性，确保读者能够轻松理解审计结果和建议，为管理层或相关业务部门提供一份全面、准确、客观的审计报告。

（四）报告汇报与沟通

完成审计报告后，审计团队会将其提交给管理层，并进行口头或书面的汇报。在汇报过程中，审计团队将详细介绍审计的目的、过程、结果和建议，并解释审计发现的问题和可能带来的风险。审计团队将与管理层进行深入的交流和讨论，以确保管理层充分了解审计结果和建议。同时，审计团队还将与相关业务部门进行沟通，听取他们的反馈和意见。审计团队将通过积极的沟通，消除误解和疑虑，促进问题的整改和改进。这种沟通不仅有助于增强审计工作的透明度和公信力，还有助于加强审计团队与业务部门之间的合作关系。

（五）后续跟踪与监督

为了确保审计建议得到有效实施，审计团队将在审后阶段对审计发现问题的整改情况进行跟踪与监督。审计团队将与业务部门保持密切联系，了解整改措施的制定和实施情况。审计团队将定期或不定期地对整改情况进行检查，以确保整改措施得到有效执行。同时，审计团队还将对整改效果进行评估，以确定是否达到预期目标。如果发现整改措施存在问题或效果不佳，审计团队将及时提出改进建议，并督促业务部门进行改进，以确保审计建议得到真正落实，推动业务部门实现持续改进。

（六）审计资料归档

在审后阶段，审计团队将对审计过程中收集的所有资料、数据、文件等进行全面整理、归档和保存。审计团队将按照规定的程序和要求，对资料进行分类、编号和装订，以确保资料的安全性和完整性。同时，审计团队还将建立审计资料档案库，方便未来查阅和使用。审计团队将采用先进的档案管理系统和技术手段，对档案进行数字化处理和管理，以提高档案管理的效率和便捷性。这种归档工作不仅有助于保留审计工作的痕迹和证据，还有助于提高审计工作的质量和效率。同时，它也为未来的审计工作提供了宝贵的参考和借鉴。

二　注意要点

（一）聚焦经营目标战略

审计工作的核心在于精准、有效地揭示问题，而问题的发现与研究的深入密不可分。鉴于业务部门的多样性和复杂性，审计部门在确定研究目标时，必须摒弃盲目跟风的心态，坚持问题导向，紧密围绕企业的中心工作展开。

在确定研究目标的基础上，审计团队应分阶段、分专题地实施研究型内部审计，确保审计工作的针对性和实效性。研究型内部审计不仅要揭示问题的表象，更要深入剖析问题的本质，有针对性地揭示业务部门存在的风险隐患。通过这种方式，审计团队能够为管理层提供有价值的决策参考，推动组织或企业的持续健康发展。

（二）构建完善理论体系，强化研究成果的转化应用

为了提升研究型内部审计工作的系统性和规范性，审计部门需要围绕"政治—政策—项目—资金"这一工作路线，积极探索和建立开展研究型审计工作的程序、要件、方式、方法等方面的规范。这些规范将为审计部门提供明确的工作指引和操作流程，确保研究型内部审计工作的有序进行。

同时，审计部门要强化质量管控，将质量管控贯穿于研究型内部审计项目的论证、立项、实施、报告、整改、评估等各个环节。通过建立健全质量管理和风险防控机制，确保研究型内部审计项目的质量和效果。此外，审计部门还要加强研究成果的提炼和运用，将优秀案例编制成册，加强学习研讨，形成可复制、可借鉴的经验做法。这些经验做法将为其他审计团队提供有益的借鉴和参考，推动研究型内部审计工作水平的整体提升。

（三）强化组织保障，激发研究积极性

为了充分激发审计人员的研究积极性，审计部门应将研究型内部审计作为当前极为重要的工作进行安排部署。审计部门要倾斜人财物等各方面资源，为研究型内部审计工作提供有力保障，助力相关工作快步迈入成熟阶段。

具体而言，审计部门要及时成立专门领导小组，制订详细的工作方案，明确各项工作的责任人和时间节点。同时，审计部门还要落实考核指标，将研究型内部审计工作的成果纳入考核体系，确保各项工作的有效推进。此外，审计部门还要组织研讨会、培训班等活动，加强学习交流，提升审计人员的研究能力和水平。

为了树立"人人向学、个个钻研"的鲜明导向，营造全员研究的氛围，审计部门还应出台激励办法，对取得一定等级的研究型内部审计科研成果的审计人员进行嘉奖。这些嘉奖应与创先评优、职务职级晋升等挂钩，以充分发挥工作积极性和示范引领作用。通过这些措施，审计部门将进一步激发审计人员的研究热情，推动研究型内部审计工作不断取得新成效。

第十三章 内部审计方法的创新

内部审计作为企业风险管理和内部控制体系的核心组成部分，其传统模式在日益复杂多变的市场环境中逐渐暴露出局限性。传统内部审计往往局限于财务审计，审计范围狭窄，手段相对落后，且审计质量受限于数据分析能力，常常有所不足。随着企业规模的扩大和业务的复杂化，传统模式难以全面评估企业的风险状况和管理效率。同时，企业内部控制环境的不完善、对内部审计新理念认识的不足、内部审计人员专业素质的局限以及审计方法的滞后，都使得内部审计的作用和价值未能充分发挥。因此，面对企业日益复杂多变的经营环境和不断提升的管理需求，内部审计方法的创新显得尤为迫切。引入数据驱动审计等创新方法和技术手段，不仅可以提高审计的效率和准确性，更能帮助企业更好地应对风险和挑战，增强企业的竞争力和可持续发展能力。

第一节　数据驱动审计

一　内部审计方法的现状

（一）传统内部审计方法的特点

传统内部审计方法，从其根本的审计理念到具体的执行方式，都带有鲜明的时代印记。

首先，从审计范围来看，传统内部审计聚焦于财务审计，这主要源于其历史背景和监管要求。审计人员主要关注财务报表的准确性、合规性以及是否存在舞弊行为，而对企业的业务流程、内部控制以及战略规划等方面则较少涉及。这种局限性导致传统内部审计在评估企业整体风险状况时显得力不从心。

其次，从审计手段来看，传统内部审计通常采取手工审计的方式。审计人员依赖大量的纸质文档、财务报表和账本，运用自己的经验和专业知识进行逐项核对和判断。这种方式虽然在一定程度上保证了审计的严谨性，但显然效率较低，且难以应对现代企业日益复杂的经营环境和日益庞大的数据量。同时，由于缺乏现代信息技术的支持，传统内部审计在数据收集、处理和分析方面的能力也显得捉襟见肘。

最后，从审计质量来看，由于审计范围和手段的局限性，传统内部审计往往难以全面、深入地揭示企业的风险和问题。审计结果的质量和效率受到一定程度的限制，无法为企业高层提供及时、准确和有价值的决策支持。此外，传统内部审计在风险评估、内部控制评价和持续改进等方面也显得力不从心，难以满足现代企业对内部审计的期望和要求。

传统内部审计方法的特点主要体现在其审计范围、审计手段和审计质量上。虽然这些特点在特定的历史时期发挥了重要作用，但随着企业经营环境的不断变化和信息技术的发展，传统内部审计方法已经难以满足现代企业的需求。因此，现代审计需要不断创新和改进内部审计方法，以适应新的形势和挑战。

（二）传统内部审计方法的局限性

传统内部审计方法在审计范围、审计手段、审计人员能力和科学技术应用等方面都存在明显的局限性。为了克服这些局限性，现代审计需要不断创新和改进内部审计方法，以适应现代企业的需求。例如，审计部门可以引入信息技术和数据分析工具来扩大审计范围和提高审计效率；同时，审计部门也需要加强对审计人员的培训和教育，提高他们的业务素质和综合能力。只有这样，内部审计才能在企业风险管理和控制中发挥更大的作用。

1. 审计范围受限

传统内部审计的局限性首先体现在其审计范围上。这种审计方法聚焦于财务报表的准确性和合规性，对财务报表的每一项数据都进行严格的核对和验证。然而，传统内部审计狭窄的审计范围使得内部审计人员难以全面了解企业的整体运营情况。企业的风险不仅存在于财务报表中，还可能隐藏在业务流程、内部控制、战略规划等多个方面。传统内部审计对这些领域的忽视，使得企业难以全面评估自身的风险状况，从而可能错过重要的风险预警信号。

2. 审计手段相对落后

传统内部审计在审计手段上也存在明显的局限性。过去，审计人员主要依赖手工审计和抽样审计来完成工作任务。然而，随着企业经营环境的日益复杂和数据的爆炸式增长，这种传统的审计手段已经难以满足现代企业的需求。手工审计不仅效率低下，而且容易出错；而抽样审计则可能因样本选择不当而导致审计结果失真。此外，传统内部审计对海量数据的处理和分析能力也有限，难以发现隐藏在数据中的风险和问题。

3. 审计人员能力局限

传统内部审计对审计人员能力的要求也存在局限性。过去，审计人员主要需要具备扎实的财务知识和丰富的审计经验，以便准确判断财务报表的真实性和合规性。然而，随着企业经营环境的不断变化和信息技术的发展，现代内部审计对审计人员的能力要求也在不断提高。除了财务知识和审计技能外，审计人员还需要了解企业业务流程、经营模式和战略规划等方面的知识。同时，他们还需要具备一定的计算机技术和数据分析能力，以应对日益复杂的数据处理和分析任务。然而，现实中很多审计人员的知识结构和能力水平都难以满足这些要求，这也在一定程度上限制了传统内部审计的发展。

4. 科学技术应用不足

随着信息技术和大数据技术的快速发展，企业日常运营中产生的数据量呈爆炸式增长，数据类型也日益复杂。然而，传统内部审计在科学技术应用上相对滞后，未能充分利用先进技术来提高审计效率和质量。许多内部审计团队仍然依赖于手工审计和抽样审计，无法有效处理和分析这些庞大的数据集，从而难以发现隐藏在数据中的风险和问题。

这种局限性导致传统内部审计在应对企业日益复杂多变的经营环境时显

得力不从心。现代企业需要内部审计团队具备强大的数据处理和分析能力，以便及时发现和评估风险，提供有价值的决策支持。然而，由于科学技术应用不足，传统内部审计在这方面显得捉襟见肘，难以满足企业的需求。

二　数据驱动审计的理论基础

（一）数据驱动审计的内涵

数据驱动审计，作为一种新兴的审计方法，正逐渐改变着传统审计的面貌。它利用先进的数据分析、挖掘和处理技术，为审计工作提供了强大的支持。以下是数据驱动审计内涵的详细解析。

1. 审计方法的变化

在传统的审计过程中，审计人员往往需要依赖手工抽样和检查来验证财务信息的准确性和合规性。这种方法既耗时又容易遗漏风险点。然而，数据驱动审计的引入彻底改变了这一局面。它通过收集、整合、清洗、分析和可视化数据，实现了对海量数据的快速处理和分析。这种方法不仅提高了审计的效率和精度，还使得审计人员能够更全面地了解企业的运营状况和风险状况。

2. 审计对象的转变

传统的审计对象主要是企业的账目系统，审计人员通过对账套和财务信息的检查来发现潜在的问题。然而，随着企业信息化程度的不断提高，电子数据已经成为企业运营的重要组成部分。数据驱动审计正是基于这一变化，将审计对象从传统的账目系统拓展到全部电子数据。审计人员可以直接对电子数据进行采集、分析、处理，从而获取多种类型的有用信息。这种转变使得审计的范围得以扩大、内容得以丰富，不再局限于传统的账套和财务信息，而是能够覆盖到企业的各个业务领域和流程。

3. 审计技术的创新

数据驱动审计在审计技术的创新方面表现出色。它采用了多种新型的审计技术，如审计中间表、审计分析模型等。这些技术能够帮助审计人员更有效地分析数据，发现隐藏在数据中的风险和问题。例如，审计中间表可以将原始数据转化为审计人员易于理解和分析的形式，从而提高数据分析的效率和准确性。审计分析模型则可以根据企业的业务特点和风险状况，构建出适合企业的数据分析模型，帮助审计人员快速识别出潜在的风险点。

4. 审计人员的能力要求

数据驱动审计的实践对审计人员的能力提出了新的要求。由于数据驱动审计涉及大量的数据分析工作，因此审计人员需要具备较强的数据分析、判断和沟通能力。此外，他们还需要具备专业的统计、运筹、模型和编程技能，以便熟练地运用各种数据分析工具和技术。这些能力要求使得数据驱动审计在人员培训和能力提升方面面临新的挑战。为了满足这些要求，企业需要加强对审计人员的培训和技能提升，以确保他们具备足够的能力和素质来胜任数据驱动审计工作。

5. 法律与合规要求

数据驱动审计在实施过程中必须遵守数据保护、隐私保护、法律合规等规定。这是因为数据驱动审计涉及大量的电子数据处理和分析工作，如果处理不当可能会泄露企业的敏感信息或违反法律法规。因此，审计人员在进行数据驱动审计时必须确保数据的合法性、准确性和安全性。他们需要了解相关的法律法规和规定，并严格按照规定进行操作。同时，企业也需要建立健全的数据管理制度和信息安全体系，以确保数据的安全性和合规性。

（二）数据驱动审计的理论依据

1. 信息技术和数据分析的发展

随着信息技术和数据分析技术的快速发展，企业产生的数据量呈爆炸性增长。这些数据包含了丰富的信息，对于审计工作来说，如何有效地收集、整理、分析和利用这些数据成为一个重要的问题。数据驱动审计正是基于这一背景，通过运用先进的数据分析技术，实现对海量数据的深度挖掘和分析，为审计工作提供有力支持。

2. 审计目标和需求的变化

传统的审计方法主要依赖手工抽样和检查，这种方法在数据量较小、业务较为简单的情况下是有效的。然而，随着企业业务复杂性的增加和数据量的增大，传统的审计方法已经无法满足现代审计的需求。数据驱动审计利用数据分析技术，可以实现对企业的全面、深入、细致的分析，从而更准确地评估企业的财务状况、经营成果和内部控制状况，满足审计目标和需求的变化。

3. 风险管理理论

风险管理是现代企业管理的重要组成部分，而审计作为风险管理的重要手段之一，也需要关注企业的风险管理情况。数据驱动审计通过运用数据分析技术，可以对企业面临的各种风险进行识别、评估和监控，帮助企业及时发现潜在的风险点，提高风险管理的效率，改善风险管理的效果。同时，数据驱动审计还可以对企业的内部控制体系进行评估和测试，确保企业内部控制体系的有效性，降低企业面临的风险。

4. 决策支持理论

数据驱动审计不仅是一种技术手段，更是一种决策支持工具。通过运用数据分析技术，数据驱动审计可以为审计人员提供丰富、准确、及时的信息，帮助审计人员更好地了解企业的实际情况，为审计决策提供有力支持。同时，数据驱动审计还可以为企业的管理层提供有关财务状况、经营成果、风险管理等方面的分析报告和建议，为企业的决策提供支持。

（三）数据驱动审计与传统审计方法的比较

1. 审计方法

传统审计方法主要依赖手工抽样和检查，审计人员通过查阅纸质文件、账本和财务报表，对样本数据进行详细检查和分析。这种方法需要耗费大量的人力和时间，且容易存在疏漏。

数据驱动审计利用先进的数据分析、挖掘和处理技术，对海量电子数据进行全面、深入的分析。审计人员可以通过构建审计模型、运用算法等方式，快速识别异常和风险点，审计效率和准确性大大提高。

2. 审计对象

传统审计方法主要关注企业的财务报表和账套，审计人员通过检查财务报表和账套的真实性、合规性来评估企业的财务状况和经营成效。

数据驱动审计不但关注财务报表和账套，而且重视对企业各类电子数据的分析和挖掘。这些数据包括销售数据、采购数据、生产数据、人力资源数据等，通过对这些数据的分析，审计人员可以更全面地了解企业的运营状况和风险情况。

3. 审计人员能力要求

传统审计方法要求审计人员具备扎实的会计、审计专业知识，以及较强的手工操作技能。

数据驱动审计除了要求审计人员具备传统审计所需的会计、审计知识，还需要审计人员具备数据分析、编程、数据挖掘等方面的专业技能。此外，审计人员还需要具备对新技术、新方法的敏感度和学习能力，以适应不断变化的审计环境。

4. 审计效率与准确性

传统审计方法由于采用手工抽样和检查的方式，审计效率相对较低，且容易存在疏漏和误差。

数据驱动审计运用数据分析技术，可以快速、准确地识别异常和风险点，提高审计效率和准确性。此外，数据驱动审计还可以对大量数据进行实时监控和分析，实现持续审计，及时发现问题并采取相应措施。

5. 风险管理和控制

传统审计方法主要通过检查财务报表和账套来评估企业的风险状况，但这种方法往往只能发现已经发生的问题，对于潜在的风险难以有效识别和控制。

数据驱动审计通过对企业各类电子数据的分析，可以及时发现潜在的风险点，并采取相应的措施进行预防和控制。此外，数据驱动审计还可以对企业的内部控制体系进行评估和测试，确保企业内部控制体系的有效性，减少企业面临的风险。

三　数据驱动审计的技术框架

在数据驱动审计的技术框架中，数据采集与整合、数据分析以及数据可视化是三个核心组成部分。以下是对这些技术的详细介绍。

（一）数据采集与整合技术

1. 自动化数据采集工具

这些工具能够自动从各种数据源（如数据库、文件、API 等）中捕获和提取数据。它们可以定期或根据特定触发条件执行数据采集任务，确保数据的及时性和准确性。

自动化数据采集工具通常具有灵活的配置选项，可以根据审计需求定制数据采集的范围和频率。

2. 数据清洗与整合方法

数据清洗涉及检查数据质量、纠正错误、处理缺失值和重复值、标记异常值等过程。这是确保数据准确性和可靠性的关键步骤。

数据整合是将来自不同数据源的数据合并到一个统一的数据集中，以便进行后续的分析，包括统一数据格式、建立数据仓库、数据标准化和数据集成等步骤。

（二）数据分析技术

数据分析技术涵盖了预测分析、异常检测和关联分析等多个方面。这些技术共同构成了数据分析技术的基础和支撑，帮助审计人员更有效地发现风险、提高审计效率和准确性。

1. 预测分析

预测分析使用统计模型、机器学习算法和其他技术来预测未来的趋势、结果或行为。在审计中，预测分析可以帮助审计人员识别潜在的风险、欺诈行为或合规性问题。预测分析技术可以应用于各种场景，如财务预测、风险评估和欺诈检测等。

2. 异常检测

异常检测旨在识别与正常模式或预期行为显著不同的数据点或事件。在审计中，异常检测可以帮助审计人员发现不寻常的交易、违规操作或潜在的欺诈行为。异常检测技术可以基于统计方法、机器学习算法或规则引擎来实现。

3. 关联分析

关联分析用于探索数据项之间的关系和依赖性。在审计中，关联分析可以帮助审计人员发现不同数据集之间的潜在联系、识别相关的风险因素或评估控制措施的有效性。关联分析技术可以应用于各种数据类型和场景，如交易分析、内部控制评估和风险管理等。

（三）数据可视化技术

数据可视化技术将大型数据集中的数据以图形图像形式表示，帮助审计人员更直观地理解数据和发现其中的模式、趋势和异常。以下是一些常见的数据可视化技术。

1. 图表和图形

使用条形图、折线图、饼图等常见类型的图表来展示数据。这些图表可以清晰地显示数据的分布、趋势和比较关系。

2. 热力图和树状图

热力图通常用于表示二维数据矩阵中的值，能够清晰地展示出不同数据之间的密集程度和关系。树状图则用于展示层次结构数据，如组织结构或分类数据。

3. 数据仪表板

数据仪表板是一个集成多个可视化组件的界面，用于展示多个数据集和指标的汇总信息。它可以帮助用户快速了解整个数据集的概况和关键指标。

4. 交互式可视化

交互式可视化允许用户通过点击、拖动和缩放等操作来探索数据。这种技术可以提供更深入的洞察和更灵活的数据分析视角。

四 数据驱动审计在内部审计中的应用

数据驱动审计在内部审计中的应用主要体现在风险识别与评估、审计流程优化以及审计结果报告等方面。

（一）风险识别与评估

1. 基于数据的风险模型构建

利用大数据技术和分析工具，审计人员得以从海量的业务数据中提取关键信息、识别潜在的风险点，并结合企业的战略目标、业务特点以及外部环境，构建符合企业实际情况的风险模型。通过数据驱动的风险模型，审计人员可以更准确地评估企业面临的各种风险，并制定相应的风险应对措施。

2. 风险评估指标体系的构建

审计人员能根据风险模型，设计合理的风险评估指标体系，包括财务指标、非财务指标等。通过数据分析和挖掘技术，审计人员能对各项指标进行量化评估，并确定其权重和阈值。根据评估结果，审计人员能对企业面临的风险进行排序和分类，为后续的审计决策提供有力支持。

（二）审计流程优化

1. 自动化审计流程设计

利用自动化工具和技术，审计人员能实现审计流程的自动化和智能化。计算机系统将通过预设的审计规则和程序，自动完成数据收集、整理、分析和报告等任务。自动化审计流程可以大大提高审计效率，减少人为错误和疏漏。

2. 实时审计监控的实现

借助大数据技术，审计人员能实现对业务数据的实时收集和分析。通过建立实时审计监控机制、及时发现异常情况并采取相应的措施，实时审计监控可以帮助企业及时应对风险、降低损失。

（三）审计结果报告

1. 报告生成的自动化与标准化

自动化工具和技术应用到内部审计中以后，计算机系统将自动生成符合规范的审计结果报告。报告内容应包括审计发现、风险评估结果、建议和改进措施等。标准化的报告格式和内容能提高报告的可读性和可比性。

2. 数据驱动审计结果的可视化呈现

利用数据可视化技术，审计人员能以图形、图像等形式呈现审计结果。这些直观、易懂的图形和图像能帮助管理层和利益相关者更好地理解审计结果。可视化呈现还可以突出显示关键问题和风险点，引起相关人员的关注和重视。

第二节 连续审计与实时监控

一 连续审计的范畴与特点

（一）连续审计的内涵

连续审计（continuous auditing）是一种创新的审计模式，它强调审计活动不再局限于传统的事后、定期的方式，而是转变为实时或接近实时的方式。这种模式利用先进的信息技术和数据分析工具，对企业业务数据进行持续监控和分析，以实时识别、评估和应对潜在的风险，从而实现对企业风险、合规性和绩效的持续关注。

（二）连续审计的特点

1. 实时性

连续审计最大的特点之一是其实时性。与传统的定期审计不同，连续审计能够实时地收集、处理和分析企业的业务数据，确保审计人员能够在第一时间发现异常情况或潜在风险。这种实时性不仅提高了审计的效率和准确性，也为企业管理层提供了及时、准确的信息支持，有助于企业做出更加明智的决策。

2. 连续性

连续审计的另一个显著特点是其连续性。它不再局限于特定的审计周期或时间点，而是对企业的业务活动进行持续、不间断的监控和审计。这种连续性确保了审计活动能够覆盖企业的整个运营过程，及时发现和解决问题，减少因审计盲区而导致的风险。

3. 自动化

连续审计的实现离不开先进的信息技术和数据分析工具的支持。这些工具能够自动地收集、整理和分析企业的业务数据，减少人工干预和发生错误的可能性。同时，自动化还能够提高审计的效率和准确性，使得审计人员能够更加专注于分析数据和识别风险。

4. 高效性

由于连续审计具有实时性和连续性的特点，它能够在最短的时间内发现问题并采取相应的措施。这种高效性不仅提高了审计工作的效率，也为企业带来了实实在在的经济效益。通过及时发现和解决问题，企业可以避免因风险事件而导致的损失，提高运营效率和盈利能力。同时，连续审计还能够为企业管理层提供准确、全面的信息支持，有助于企业做出明智的决策。

二　实时监控的界定与重要性

（一）实时监控的界定

实时监控（Real-time Monitoring）是指借助先进的信息技术手段，如大数据分析、云计算、物联网等，对企业业务活动、数据变化、系统状态等进行持续、不间断的实时追踪和监控。通过实时监控，企业能够及时发现业务运行中的异常情况、数据变化中的潜在风险，以及系统状态中的不稳定因素，从而及时采取应对措施，确保企业运营的稳定性、安全性和高效性。

（二）实时监控的作用

1. 降低风险

实时监控的重要性在于能降低企业运营风险。通过对企业业务活动、数据变化等的实时追踪和监控，企业能够及时发现异常情况，如欺诈行为、操作失误、系统漏洞等，从而迅速采取措施进行防范和纠正。这种及时性和准确性有助于企业减少潜在风险，避免损失。

2. 提高决策效率

实时监控能够提供实时、准确的数据支持，帮助企业管理层做出更加明智、及时的决策。通过实时监控，管理层可以实时了解企业运营状况、市场需求变化、竞争对手动态等信息，从而更加精准地把握市场趋势和企业发展方向，提高决策效率和质量。

3. 增强企业竞争力

实时监控有助于企业提高运营效率、降低成本、提升服务质量，从而增强企业竞争力。通过实时监控，企业可以实时掌握业务运行情况，优化资源配置，提高生产效率；同时，实时监控还可以帮助企业及时发现并解决服务中的问题，提高客户满意度和黏性。这些都有助于企业在激烈的市场竞争中脱颖而出，实现可持续发展。

三　连续审计与实时监控在内部审计中的优势

（一）提高审计效率

连续审计与实时监控在内部审计中最大的优势在于提高审计效率。传统的审计模式通常需要大量的前期准备工作，如数据收集、整理和验证等，这些过程耗费大量时间和人力资源。然而，通过连续审计与实时监控，审计人员可以实时收集和分析数据，大大减少了审计准备时间。同时，自动化审计流程的应用也降低了人为错误和疏漏的可能性，进一步提高了审计效率。

（二）增强审计准确性

连续审计与实时监控能够持续监控企业的业务数据，确保审计结果的准确性和时效性。由于数据是实时更新的，审计人员可以随时获取最新的业务信息，从而及时发现问题和潜在风险。此外，利用先进的数据分析工具，审计人员可以更加深入地挖掘数据背后的规律和趋势，发现传统审计模式下难以发现的问题和隐患。这种持续监控和深入分析的能力大大增强了审计的准确性。

（三）实时风险预警

连续审计与实时监控的另一个重要优势在于实时风险预警。通过对企业业务活动的实时监控，审计人员可以及时发现异常情况，如异常交易、数据异常等。这些异常情况可能预示着潜在的风险和问题，审计人员可以立即采取措施进行调查和应对。此外，实时监控还可以帮助企业提前预警潜在风险，如市场风险、信用风险等，为企业决策提供支持。这种实时风险预警的能力有助于企业及时发现和应对风险，避免损失。

四　连续审计与实时监控在内部审计中的挑战

（一）技术挑战

在连续审计与实时监控的实践中，技术挑战是一个不可忽视的问题。首先，连续审计与实时监控需要强大的信息技术支持，包括数据存储、处理和分析能力。随着企业业务的不断扩大和复杂化，业务所产生的数据量呈指数级增长，这对企业的数据存储和处理能力提出了更高的要求。此外，为了从海量数据中提取有价值的信息，审计人员还需要掌握先进的数据分析工具和技术。

审计人员自身也需要不断学习和掌握新的技术和工具。连续审计与实时监控涉及的技术领域广泛，包括大数据、云计算、人工智能等。审计人员需要不断更新自己的知识体系，提高数据分析能力，以应对日益复杂的审计任务。

（二）数据挑战

数据挑战是连续审计与实时监控面临的另一个重要问题。

首先，数据来源复杂多样，需要进行数据清洗和整合。企业的业务数据可能来自多个系统、多个部门，格式和标准也不尽相同。在进行数据分析之前，审计人员需要对这些数据进行清洗和整合，以确保数据的一致性和准确性。这个过程需要耗费大量的时间和精力。

其次，数据质量和安全性问题也是需要考虑的。由于数据来源复杂多样，数据质量可能参差不齐。审计人员需要对数据进行严格的筛选和验证，以确保分析结果的可靠性。同时，数据的安全性也是一个重要问题。在数据传输、存储和处理过程中，审计人员需要采取相应的措施保护数据的安全。

（三）组织文化挑战

连续审计与实时监控的实施还面临组织文化方面的挑战。

首先，需要改变传统审计观念和习惯。传统的审计模式往往是事后、定期的，而连续审计与实时监控则强调实时、连续的监控和分析。这种转变需要审计人员和管理层共同理解和接受新的审计理念和方法。

其次，需要加强内部审计部门与其他部门的沟通和协作。连续审计与实时监控需要实时获取和分析企业的业务数据，这涉及多个部门和系统的数据共享和利用。因此，内部审计部门需要与其他部门建立良好的沟通和协作机制，确保数据的及时获取和有效利用。内部审计部门还需要建立适应连续审计与实时监控的组织架构和流程。传统的组织架构和流程可能无法满足连续审计与实时监控的需求，需要进行相应的调整和优化。这包括建立专门的数据分析团队、制定数据管理和分析流程等。

五　连续审计与实时监控在内部审计中的实践策略

（一）制订明确的审计目标和计划

在实施连续审计与实时监控之前，审计人员的首要任务是制订明确的审计目标和计划，即根据企业的实际情况和审计需求，确定审计的具体目标和范围。审计目标应当具体、可衡量，能够清晰地反映企业面临的主要风险和挑战。在制订审计计划时，需要考虑到数据采集、分析、报告等各个环节。计划应当详细、周密，确保审计工作的有序进行。同时，审计计划还需要考虑到技术的可行性和实施的成本效益，确保审计工作的经济性和效率。

（二）建立完善的数据管理系统

连续审计与实时监控的实施离不开完善的数据管理系统。

首先，审计部门需要整合企业内部的各类数据资源，包括财务数据、业务数据、市场数据等，建立统一的数据管理平台。这个平台需要能够支持多种数据类型和格式，确保数据的全面性和完整性。

其次，数据质量是数据分析的基础，因此需要制定相应的数据管理制度和措施，确保数据的准确性、完整性和一致性。同时，还需要加强数据的安全保护，防止数据泄露和非法访问。为了实现数据的有效管理，可以引入先进的数据分析工具和技术，如数据挖掘、机器学习等，以提高数据分析的准确性和效率。

（三）培养专业的审计人员团队

连续审计与实时监控的实施需要专业的审计人员团队来支持。因此，需要加强审计人员的技术培训和能力提升，使其掌握相关的技术和工具，提高数据分析能力和专业素养。在培训过程中，应注重培养审计人员的创新思维和批判性思维，使其能够独立思考、独立判断，提高审计工作的独立性和客观性。同时，还需要加强审计人员的团队协作和沟通能力，确保审计工作的顺利进行。

为了建立专业的审计人员团队，可以引进具有相关背景和经验的人才，或者通过内部选拔和培养来选拔优秀的审计人员。同时，还需要建立相应的激励机制和考核机制，激发审计人员的工作积极性和创造力。

（四）加强与其他部门的沟通和协作

连续审计与实时监控的实施需要内部审计部门与其他部门的紧密合作。因此，需要加强内部审计部门与其他部门的沟通和协作，确保数据的共享和利用。在沟通和协作过程中，需要建立跨部门的工作机制和流程，明确各部门的职责和协作方式。同时，可以定期组织跨部门的培训和交流活动，增进各部门之间的了解和信任。还可以建立跨部门的信息共享平台，方便各部门之间的数据共享和交流。

第三节　预测性分析与风险预警

一　预测性分析技术概述

（一）预测性分析技术

预测性分析是一种利用历史数据，通过统计和机器学习方法来预测未来事件或趋势的分析技术。它通常涉及对大量数据进行分析，以识别模式、关联和潜在的发展趋势。

（二）预测性分析及其在内部审计中的作用

在内部审计中，预测性分析可以帮助审计人员识别潜在的风险和异常行为，从而提前采取预防措施。通过分析历史数据和建立预测模型，审计人员可以更好地理解业务趋势和潜在问题，从而更有效地规划和执行审计活动。

（三）介绍预测性分析的主要技术方法

1. 回归分析

回归分析是一种强大的统计工具，它用于量化一个或多个自变量（解释变量）与因变量（响应变量）之间的线性关系。在内部审计中，回归分析可以用来预测财务表现、评估风险因素对业务的影响，或者分析不同业务单元的绩效。例如，审计人员可能会使用回归分析来评估销售与市场营销支出之间的关系，从而预测未来的销售趋势。回归模型可以提供关于这些变量如何相互作用的洞察，包括它们相关性的方向和强度。此外，回归分析还可以帮助审计人员识别异常值或离群点，这些可能是潜在问题的指示。

2. 时间序列分析

时间序列分析是专门用于分析随时间变化的数据点的方法。在内部审计中，时间序列分析对于理解业务循环、季节性波动、长期趋势以及预测未来的业务活动至关重要。通过分析过去的销售数据、库存水平或其他关键性能指标，审计人员可以构建模型来预测其未来的走势。时间序列分析可以帮助审计人员确定合适的审计时间点，以便更好地规划资源和注意力。例如，若分析显示某个季节的业务量显著增加，审计人员可以在这些时期之前进行更深入的审计准备。

3. 数据挖掘

数据挖掘是从大型数据集中发现模式、趋势和关联的过程。它涉及多种技术，包括聚类分析、关联规则学习和异常检测。聚类分析可以帮助审计人员将数据分组，以便在组内找到相似的实例，同时在不同组之间发现差异。关联规则学习可以揭示变量之间的复杂关系，例如，某个特定产品的销售可能与其他产品的销售相关联。异常检测则是识别数据中的不寻常行为或偏差，这对于欺诈检测和风险管理尤为重要。数据挖掘可以为审计人员提供全面的视图，帮助他们识别风险点，优化审计过程，并提高决策质量。

（四）预测性分析技术的优势和局限性

1. 预测性分析技术的优势

预测性分析技术的优势在于其能够提前识别潜在的风险和问题，这使得内部审计人员可以在问题发生之前采取预防措施。这种前瞻性的风险管理对于减轻损失、保护企业资产和确保合规至关重要。此外，预测性分析利用自动化工具分析大量数据，能显著提高审计的效率和准确性，减少人为错误的可能性，并可以使审计人员集中精力于更复杂的任务。同时，预测性分析还有助于审计人员深入理解业务操作的内在机制和市场趋势，为制定战略决策提供支持。

2. 预测性分析技术局限性

然而，预测性分析技术也存在一些局限性。首先，为了建立准确的预测模型，需要大量的高质量数据。在数据不完整或存在质量问题的情况下，模型的准确性可能会受到严重影响。其次，预测结果可能会受到数据中未观察到的外部因素的影响，例如突发事件或市场异常波动，这些因素可能导致预测失准。最后，预测性分析高度依赖专业人员的知识和技能来解释和应用分析结果。如果审计人员缺乏必要的专业知识，可能无法充分利用预测性分析的潜力，或者错误地解释分析结果，从而影响决策的质量。因此，虽然预测性分析技术为内部审计带来了显著的好处，但也需要对数据质量和专业人员能力进行投资，以确保其有效性。

二 风险预警机制建设

（一）风险预警机制

1. 风险预警机制及其重要性

风险预警机制是指一系列流程和措施，用于识别、评估、监控和报告潜在的风险事件，以便企业及时采取行动防范或减轻风险。在快速变化的商业环境中，有效的风险预警机制对于组织的生存和发展至关重要，它可以帮助企业提前识别风险，避免或减少损失，并确保合规性。

2. 分析风险预警机制的基本组成

（1）风险识别

风险识别是风险预警机制的第一步，它涉及识别可能对企业产生负面影响的内部和外部因素，包括市场风险、信用风险、操作风险等。

（2）风险评估

在识别风险后，审计人员需要对这些风险进行评估，确定它们的可能性和影响程度。这一评估过程通常涉及定量和定性的分析方法，以确定风险的优先级。

（3）风险监控

风险监控是对已识别和评估的风险进行持续跟踪的过程，包括定期审查风险状况，以及确保控制措施的有效性。

（4）风险报告

风险报告是将风险信息传达给相关利益相关者的过程，包括定期的风险报告，以及对特定事件的即时报告。

（二）预测性分析与风险预警在内部审计中具体运用的领域

1.财务报表审计

在财务报表审计过程中，预测性分析和风险预警的应用可以极大地提高审计人员发现潜在错误或欺诈行为的能力。通过分析历史数据和趋势，审计人员能够预测财务报告中可能出现的错误，从而提前采取必要的审计程序。此外，这些技术可以帮助审计人员评估会计估计的合理性，例如坏账准备或资产减值，这些通常涉及复杂的判断和高度的风险。

2.内部控制审计

内部控制审计的目的是评估企业内部控制的设计和有效性。预测性分析和风险预警可以通过分析过去的控制缺陷和操作失误来预测未来可能发生的问题。这有助于审计人员确定哪些控制措施可能需要加强、哪些流程可能需要重新设计，以防止未来的控制失败。

3.合规性审计

对于合规性审计，预测性分析和风险预警可以帮助企业确保其操作和业务流程符合相关的法律、法规和行业标准。通过对历史合规问题的分析，审计人员可以识别出可能导致未来合规问题的风险因素，并帮助企业制定策略以减少这些风险。

（三）预测性分析与风险预警在内部审计中的实施步骤

1.数据收集

实施预测性分析和风险预警的第一步是收集相关的数据，包括财务记录、操作日志、交易数据、外部市场数据等。数据的质量、完整性和时效性对于构建准确的预测模型至关重要。

2.模型构建

基于收集到的数据，审计人员需要选择和构建适当的预测模型。这可能涉及多种统计方法、机器学习算法或时间序列分析技术的选择和应用。构建模型时，审计人员需要考虑企业的具体需求和业务环境，确保模型的适用性和准确性。

3. 分析预测

使用构建好的模型，审计人员将进行数据分析和未来趋势的预测。这一步骤包括识别潜在的风险点、预测未来的业务和财务表现，以及评估不同风险因素对企业的潜在影响。预测结果将帮助审计人员确定哪些领域需要更深入的审查或额外的监控。

4. 风险应对

审计人员需要根据分析和预测的结果制定风险应对策略。这可能包括调整内部控制措施、优化业务流程、制定预防措施或准备应急计划。此外，审计人员还需要确保风险应对措施得到有效执行，并定期评估其效果，以便在必要时进行调整。

三　技术挑战与应对策略

（一）预测性分析与风险预警在内部审计中面临的技术挑战

1. 数据质量问题

数据是预测性分析和风险预警的基础，其质量直接影响到模型的准确性和可靠性。企业可能面临数据不完整、不一致或含有错误的情况，这些问题都会对分析结果产生负面影响。

2. 模型选择问题

选择合适的预测模型对于得出可靠的预测结果至关重要。不同的模型适用于不同类型和特征的数据，选择错误的模型可能导致误导性的结果。此外，模型的复杂性也需要与企业的能力和资源相匹配。

3. 技术更新速度

随着技术的快速发展，新的预测性分析和风险预警方法不断出现。保持对最新技术和知识的关注是一个挑战，因为企业需要不断地学习和适应新技术，以充分利用其潜力。

（二）应对技术挑战的策略和建议

1. 加强数据治理

为了解决数据质量问题，企业应实施严格的数据治理措施。这包括确保数据收集和处理过程的标准化，建立数据质量控制机制，以及定期进行数据清洗和验证。此外，企业应投资于数据管理基础设施，以确保数据的安全性和可访问性。

2. 提高模型准确性

为了选择合适的模型并提高其准确度，企业应进行彻底的数据探索和特征工程。这包括了解数据的特点、识别重要的变量和模式，以及评估不同模型的性能。同时，企业还应考虑与外部专家合作，利用他们的知识和经验来指导模型的选择和优化。

3. 持续学习新技术

为了跟上技术的快速发展，企业应建立员工的持续学习机制。这可以通过提供培训和教育资源、参加专业会议和研讨会，以及鼓励员工进行自主学习来实现。此外，企业还可以考虑与高校和研究机构合作，以便及时了解最新的研究成果和技术动态。

第十四章 内部审计流程的优化

研究型内部审计贯穿审计项目的全过程，坚持以"研究"作为审计的基石，审计师需要更深入地学习、理解和运用研究型审计，不断提升研究型审计在内部审计过程中的应用，为企业价值创造赋能。

第一节　风险评估与计划制订

内部审计风险评估在整个内部审计过程中发挥着至关重要的作用。通过全面而科学的风险评估，务实的审计计划得以制订，审计活动的重点得以明确。对审计事项的控制风险和剩余风险进行评估，是确保审计工作质量和效率的关键因素。构建系统且科学的内部审计风险评估体系，是审计部门或委员会有效履行其职能的重要基础和保障。内部审计年度计划是内部审计部门或委员会在每年初制订的一份详细计划，它包括审计对象、审计范围、审计目标、审计方法和时间安排等，旨在确保审计工作的全面性和连贯性。这个计划是内部审计工作的核心，它不仅指导审计工作的具体实施，也确保审计工作的效率和效果。在制订年度计划时，内部审计部门应充分考虑上一年度的审计结果和本年度风险评估的结果，以便更好地识别和应对当前和未来的风险。此外，年度计划还应考虑到企业的战略目标和业务重点，以确保审计工作与企业整体目标的一致性。总之，内部审计部门应以风险评估为基础，科学地制订年度计划，以提高审计工作的效率和效果，确保企业的安全和稳健发展。

一　研究型内部审计风险评估

（一）风险评估的目标和原则

内部审计风险评估的首要任务是对可审单元的风险状况进行评估，以此为依据为年度内部审计计划提供参考。根本目标则是提供基于风险的确认、建议和洞察，以此作为改善业务风险控制的有效工具。在实施风险评估时，应遵循以下五个原则。

①审慎性原则：审计部门应充分考虑评估业务的现实和未来风险变化，并与业务管理部门进行充分沟通。

②重要性原则：审计部门应结合评估对象的实际情况，重点关注对经营目标实现有重大影响的领域和环节。

③定性与定量评价结合原则：审计部门应根据具体情况，采用定性评价、定量评价或定性与定量评价相结合的方法，确保评估的全面性和准确性。

④合理估计原则：审计部门应根据评估业务的性质和特点，选择适当的评估指标和标准，对风险进行合理估计，确保评估结果的准确性。

⑤成果复用原则：审计部门应充分利用风险管理部门、业务管理部门的风险评估结果、内部控制评价结果、管理评价结果，避免重复工作，提高工作效率。

（二）风险评估的对象

研究型内部审计是一种以风险评估为基础的审计方法，其风险评估对象主要包括以下几个方面。

①财务报表：财务报表是风险导向审计的主要对象之一，审计人员通过对财务报表的审查，评估其是否符合会计准则和法规要求，是否存在错报、漏报等风险。

②内部控制系统：内部控制系统是企业的基础架构，审计人员通过对内部控制系统的评估，可以了解企业的内部管理状况，发现潜在的风险点，并给出相应的改进建议。

③业务操作流程：业务操作流程是企业日常运营规范性的重要保障，审

计人员通过对业务流程的评估，可以了解流程是否规范、有效，是否存在潜在的风险，并给出相应的改进建议。

④信息系统：信息系统是企业运营的重要工具，审计人员通过对信息系统的评估，可以了解信息系统的安全性、稳定性、合规性等方面是否存在风险，并给出相应的建议。

总之，风险导向审计的风险评估对象涵盖了财务报表、内部控制系统、业务操作流程和信息系统等多个方面，只有全面了解和评估这些风险，才能更好地发现和防范潜在的风险，实现审计目标。

（三）风险评估的标准

为了确保内部审计风险评估的准确性和可比性，需要建立一套统一的总体评估标准，以便对不同的业务进行风险评估。这套总体评估标准需要综合考虑风险事件发生的可能性、风险对业务目标的影响程度等因素，以确定一个相对合理的评估结果。在此基础上，可以根据各类业务的具体情况，制定更为具体的评估标准。总体评估标准可以采用定性的方式进行确定，这样可以对风险进行相对全面的评估。而具体评估标准则可以采用定量的方式进行确定，这样可以更准确地评估风险的大小和影响程度。如果某些业务难以采用定量方式进行评估，也可以采用定性的方式进行评估，这样可以更加灵活地应对各种不同的情况。

此外，为了确保内部审计风险评估的准确性和可靠性，还需要对评估过程进行严格的监督和审核，包括对评估方法的科学性、评估数据的准确性、评估结果的合理性等方面进行审核，以确保风险评估结果的可靠性和有效性。同时，还需要定期对内部审计风险评估体系进行更新和优化，以适应不断变化的业务环境和风险形势。

（四）风险评估的方法

风险评估方法的选择具有很强的灵活性，在不同的业务和风险评估环境中，审计人员可能需要采用不同的方法。国家标准《风险管理风险评估技术》规定了 41 种常见的方法，除此之外，还有其他的一些方法。具体选择哪种方法，需要考虑到业务的特点和风险评估方法的特性。

在审计业务中，审计人员可以根据风险识别、风险分析（风险计量）和风险评价这三个阶段的工作目标，灵活地组合运用各种风险评估方法。审计人员常用的风险评估方法包括风险矩阵法、头脑风暴法、问卷调查法、流程分析法等，如表14-1所示。这些方法都有其独特的优势和适用场景，审计人员需要根据实际情况进行选择。

举例来说，风险矩阵法是一种直观的方法，能够快速识别出风险的重要性和发生的可能性；头脑风暴法可以通过集体讨论的方式，发掘出更多的潜在风险；问卷调查法可以通过问卷调查的方式，收集大量的风险信息，帮助审计人员全面了解业务的风险状况；流程分析法则可以对业务流程进行深入的分析，找出可能存在的风险点。

表 14-1 常用风险评估方法

风险评估阶段	常用的风险评估方法
风险识别	头脑风暴法、访谈法、问卷调查法、列表检查法、流程分析法、风险度评价法、风险矩阵法
风险分析（风险计量）和风险评价	访谈法、问卷调查法、列表检查法、特性要因分析法、流程分析法、风险度评价法、标准法、内部模型法、风险矩阵法

资料来源：作者自行归纳整理。

（五）风险评估的应用

风险评估体系在审计计划阶段和审计实施阶段分别有如下应用。

1. 风险评估体系在审计计划阶段的应用

在这个阶段，审计人员以业务单元、机构单元为基础，围绕战略目标的实现，识别和评估主要风险，确定评估标准，并形成风险评估结果。这一结果将作为审计人员制订审计计划的依据，审计人员根据风险导向、监管导向、经营管理中的问题导向和审计活动周期覆盖原则，确定审计活动的优先级，进而形成审计计划。如果业务事项或控制点发生变化，审计人员会根据实际情况开展持续风险评估。

2. 风险评估体系在审计实施阶段的应用

风险评估体系在审计实施阶段的应用是非常重要的。通过风险评估体系，审计人员可以更加全面地了解企业的风险状况，确定审计的重点和方向，从而提高审计效率和质量。具体而言，风险评估体系在审计实施阶段的应用主要体现在以下几个方面。

（1）制订审计计划

审计人员根据风险评估的结果，确定需要重点关注的领域和对象，制订合理的审计计划，以确保审计资源的合理分配和审计目标的实现。

（2）确定审计方法和步骤

根据风险评估的结果，审计人员可以确定更加科学合理的审计方法和步骤，从而提高审计效率和质量。

（3）风险应对

根据风险评估的结果，审计人员可以采取相应的风险应对措施，包括增加审计测试、实施更多的调查和访谈、提出改进建议等，以提高审计质量。

（4）优化审计结果

通过分析风险评估的结果，审计人员可以更好地理解企业的实际情况和风险状况，优化审计结果，提高审计报告的质量和准确性。

（六）风险评估体系应用的配套机制

1. 建立有效沟通的工作联系机制

审计部门需要建立高效的沟通机制，在实施风险评估时增强换位思考意识，与经营管理部门进行常态化的沟通，形成相融互促的工作联系氛围。通过共享各类成果信息，审计部门可以更好地理解经营管理的需求和挑战，同时也可以提供更有针对性的风险评估和建议。这样的工作联系机制不仅可以提高审计工作的效率和质量，也可以为企业的发展提供更有价值的支持。

2. 建立敏捷高效的动态分析调控机制

建立敏捷高效的动态分析调控机制需要综合考虑多个方面，只有加强快速响应、数据采集和分析、风险评估、动态调控、内部沟通与协作、风险管理等方面的工作，才能确保风险得到有效控制和管理。

（1）建立快速响应机制

针对可能出现的风险和问题，建立快速响应机制，及时发现、分析和处理，确保风险得到及时控制。

（2）建立数据采集和分析系统

通过数据采集和分析系统，收集各种数据，包括业务数据、财务数据、市场数据等，进行实时监测和分析，及时发现异常情况。

（3）建立风险评估模型

根据不同的风险类型和特点，建立相应的风险评估模型，通过模型分析，预测风险发展趋势，及时采取应对措施。

（4）建立动态调控机制

根据风险评估结果，建立动态调控机制，对风险进行分级管理，针对不同级别的风险采取不同的应对措施，确保风险得到有效控制。

（5）加强内部沟通与协作

建立有效的内部沟通机制，加强各部门之间的协作和信息共享，确保风险信息的及时传递和处理。

（6）持续优化风险管理体系

根据实际情况和业务变化，不断优化风险管理体系，提高风险管理水平。

3. 建立持续创新的专业研究机制

为了适应不断变化的市场环境和组织需求，审计部门需要建立一种持续创新的专业研究机制。这一机制应以审计专业体系为基础。通过不断优化和完善审计专业体系，审计部门可以更好地应对各种复杂的审计任务和挑战。在此基础上，审计部门可以统筹开展包括风险评估在内的各项审计工作，有效发挥风险评估对审计价值增值的保障促进作用。在这个过程中，审计部门需要不断探索、应用和完善内部审计风险评估体系，以便不断提升内部审计工作质效，为企业实现高质量发展提供有力支持。

二　内部审计年度审计工作计划制订

为了更好地推动研究型内部审计的发展，审计部门需要更加注重前端审计研究。在审计计划的制订阶段，审计人员需要充分了解企业的背景，制订出详细且具有针对性的审计计划，始终以风险为导向，运用多角度的研究方法。

通过深入分析企业的业务流程和内部控制机制，审计人员能够识别出关键风险，评估其对企业的实际影响和可能影响，从而精确地锁定审计范围，确保审计计划与企业战略目标保持一致。同时，审计人员还需要运用专业知识和技术，揭示企业在运营过程中存在的风险和不合规事项，并提供合理有效的改进建议，以提高审计的深度、广度和准确性，充分发挥内部审计在企业中的"诊脉"作用。

在此基础上，审计人员需要制订详细的研究方案，形成可实施的审计计划。在制订研究方案和审计计划时，审计人员必须确保两者具有明确性和可操作性，充分考虑审计目标和问题的重要性，并根据企业的风险特点，有针对性地选择不同的专业领域，采取科学合理的审计方法，以提高审计的针对性和准确性。此外，审计人员在制订审计计划的过程中，必须保持与董事会的持续直接沟通，关注企业目标及战略方向是否有调整，确保审计活动与企业发展方向保持一致。

总的来说，为了加强研究型内部审计，审计人员需要注重前端审计研究，制订详细的研究方案和可实施的审计计划，确保审计活动的准确性和针对性，同时与企业的发展方向保持一致。只有这样，审计人员才能更好地推动内部审计的发展，为企业提供更加全面、准确、有效的风险评估和改进建议。

（一）年度审计工作计划的内容

年度审计工作计划应该全面考虑审计工作的各个方面，包括目标、时间、人员、方法、风险评估、质量控制等方面，以确保审计工作的顺利进行和有效实施。年度审计工作计划的内容通常包括以下几个方面。

1. 审计目标

明确本年度审计工作的目标，包括审计对象、审计范围、审计目的等。

2. 审计时间安排

形成具体的审计时间表，包括审计时间、工作周期等。

3. 审计方法

确定采用的审计方法，包括现场检查、资料分析、数据统计等方法。

4.审计人员安排

根据工作量和实际情况，合理安排审计人员，包括审计组长、审计员等。

5.审计范围

明确本年度审计工作的范围，包括被审计部门、业务领域、重点事项等。

6.审计风险评估

根据实际情况，对可能存在的风险进行评估，制定相应的风险应对措施。

7.审计质量控制

制定相应的质量控制措施，确保审计工作的质量和效率。

8.报告与反馈

根据实际情况，制定审计报告内容，并对审计结果进行反馈和总结。

（二）年度审计工作计划的编制依据

在编制年度审计工作计划时，内部审计机构应该综合考虑组织的风险评估结果和管理需求，并根据审计资源的配置情况确定具体的审计项目和时间表。

同时，内部审计机构在制订年度审计计划之前需要重点了解以下五个方面的信息。

1.审计项目的实际情况

包括被审计部门的业务类型、业务规模、组织结构等，以及审计项目本身的性质和特点。

2.审计工作量和资源

根据审计项目的实际情况和审计机构的人力、物力、时间等资源，合理安排审计工作量和资源分配。

3.法律法规和标准

根据相关的法律法规和标准，确定审计工作的范围、内容、方法和要求。

4.上一年度审计工作的总结

对上一年度审计工作的成果和不足进行总结和分析，为编制本年度审计工作计划提供参考。

5.审计机关和监督机构的管理要求

根据审计机关和监督机构的管理要求，确定审计工作计划的内容、格式和要求。

综上，年度审计工作计划的编制需要综合考虑各种因素，包括审计项目的实际情况、工作量和资源、法律法规和标准、上一年度审计工作的总结以及审计机关和监督机构的管理要求等，以确保审计工作的高效、有序和准确。

第二节　审计实施与证据收集

研究型内部审计是一种基于科学方法的内部审计手段，通过对企业内部数据的深入调查和分析，对企业内部控制的有效性、合规性和风险管理情况进行评估。在实施审计项目的过程中，可以从多个角度出发，使用多种手段和途径对企业的内部控制和风险管理进行全面的研究。可以采用访谈、问卷调查、数据分析等方法，收集、分析和验证相关信息，以确保得出的结论准确而全面。

一　研究型内部审计的证据收集

第一，在审计项目实施过程中，审计人员需要根据审计计划和审计实施方案进行现场调查，收集与审计项目相关的资料，如项目合同、项目文件、相关报告、会议纪要和过程实施资料等。通过查阅会计资料、预算、合约规划、工作日志和各种规章制度等，寻找审计中发现的问题，并揭示潜在的风险。

例如，函证是一种常见的审计方法，审计人员向相关单位或个人发送函证，以证明被审计部门提供资料中所包含的事项的可信性，要求第三方确认相关业务及金额。如果函证结果不尽如人意，审计人员应实施必要的备选程序，以取得相应的审计证据。此外，存货监管也是一种常见的审计方法，我们现场观察被审计部门的存货，对已经盘点的存货进行妥善核对，这是货物存在的最好证据材料。在全面了解和评估企业的内部控制流程、制度，梳理审计脉络，明确审计思路的过程中，需要确保审计项目的高质高效。这涉及对企业运营状况的深入理解，对业务流程的熟悉，以及对审计证据的准确把握。

第二，研究型内部审计注重详细调查和分析。内部审计人员在完成大量资料和取证后，可以根据业务需要，独立或综合运用多种审计程序，如检查、观察、询问、跟踪、记录、函证、重新执行和分析等，以获得充分、适当的审计证据。审计人员还可以运用审计抽样、计算机辅助审计工具、阅读以往的审计报告以及结合实际情况在审计项目组内部进行讨论等方式，发现潜在问题，揭示已知风险，得出合适的审计结论并提出改进建议。

随着数字经济时代的到来，内部审计应着重于数字审计的研究。将传统的审计方法融入大数据技术审计中，通过可视化技术，利用 EBPM（企业绩效管理）、审计信息管理系统、财务与业务的融合等数字审计技术，实现审计数据的共享与融合，完善审计数据库、审计案例数据库、审计发现数据库、审计专家库的建设，都将有助于提高内部审计的准确性与前瞻性。例如，审计人员可以通过 EBPM 系统来监控企业的运营状况，通过审计信息管理系统获取历史和当前的财务数据，通过分析财务与业务的融合情况来评估企业的整体运营效率。这些技术的应用将使审计工作更加高效，更加精准。

总的来说，在审计项目中，审计人员需要运用各种专业知识和技能，全面了解企业状况，梳理审计脉络，明确审计思路，以实现高质量的审计工作。在数字经济时代，更应关注数字审计的研究与应用，以提高内部审计的准确性和前瞻性。

二 研究型内部审计对相关人员的要求

（一）与相关业务人员沟通

在开展研究型内部审计工作时，审计人员需要与企业内部的相关人员进行沟通和反馈，建立一种"有上有下，有端有向"的沟通渠道，以便更好地消化审计过程中遇到的疑难问题，使审计工作更加及时准确。同时，与企业内部人员的频繁沟通也便于审计人员收集更多审计证据，获得更多与业务相关的资料、隐藏信息和证据，从侧面为审计结论提供佐证，提升审计结论的有效性和可信度。

审计报告是审计价值直接反馈的核心体现，因此，在编写审计报告时，审计人员首先需要确定明确的审计目标，通过与相关业务人员的沟通，有针对性地收集、分析和整理相关信息，包括但不限于对财务报表、业务流程、内部控制等方面的审查和分析。同时，审计报告还需要提供明确的结论和建议，以便于使用者能够清楚地了解审计结果和应采取的措施。这不仅有助于审计报告使用者更好地理解审计结果，也有助于企业采取相应的改进措施，提升企业运营效率和风险管理水平。

此外，审计人员还需要注意审计报告的格式和内容，确保其清晰、准确和易于理解。在编写过程中，可以采用图表、数据和案例等多种形式，使报告更具说服力和可信度。同时，还需要关注审计报告的发布和传播方式，确保其能够及时、准确地传达给相关人员，并得到有效的反馈和改进。

总的来说，在开展研究型内部审计工作时，审计人员需要注重与企业的沟通和反馈，建立有效的沟通渠道，提升审计工作的及时性和准确性。同时，还需要注重审计报告的编写和发布，确保其能够准确地反映审计结果和应采取的措施，为企业的发展和风险管理提供有力的支持。

（二）对内部审计人员的要求

研究型内部审计对内部审计人员提出了极高的要求。一名优秀的审计人员不仅要具备丰富的专业知识和专业技能，例如财务报表分析、风险评估、内部控制等方面的知识，而且还要能够运用这些知识进行分析和解释数据，为企业管理层提供准确的评价和建议。同时，内部审计人员还需要不断更新自己的知识和技能，以跟上行业的发展变化，保持对新兴技术和方法的敏感度，从而更好地满足研究型内部审计的需求。

除了专业知识和技能外，研究型内部审计对内部审计人员的独立性和客观性也有很高的要求。内部审计人员需要保持独立和客观，确保审计报告的内容真实、完整、透明，保证报告的可信度和说服力。此外，内部审计人员还需要对企业的业务流程和运营状况有深入的了解，能够从不同的角度发现和分析问题，提供全面、深入的审计结果。

研究型内部审计的主要优势在于能够提供更全面、更深入的审计结果。

通过深入研究企业的运营状况和业务流程，内部审计人员能够帮助企业更好地认识和处理内部风险，提高业务流程的效率。此外，研究型内部审计还可以帮助企业发现潜在的商机和改进点，提供战略和运营的建议，促进企业的不断完善和创新。同时，研究型内部审计也可以披露企业存在的问题和潜在风险，并提出相应的审计改进建议，帮助企业及时纠正错误、化解风险，从而实现企业的高质量发展。

第三节　审计报告与结果沟通

研究型内部审计的后续阶段，强调"结果导向"的研究方法。研究型内部审计工作始终以持续整改为落脚点，紧紧围绕着在审计过程中发现的问题，深入挖掘并分析问题产生的根源，不仅关注问题的表面，更注重挖掘问题的本质，提出切实可行的审计建议。在审计工作的后期，审计人员应注重整改和建议的落实落地，确保每一项建议都能得到充分的执行和反馈。在整个研究型内部审计过程中，审计人员应始终将研究作为主线，以期提升审计的质量和效果，实现审计的增值价值。这样的方式不仅有助于审计人员更好地理解被审计部门的情况，更有助于审计人员提出更有针对性的审计建议，从而更好地服务于企业。

一　出具审计报告

在现场审计工作结束后，审计小组应立即开始着手撰写审计报告。审计报告是审计工作的最终成果，可以被视为一种初级研究报告。因此，报告的撰写过程实际上就是一种深入的研究过程，它对于提高研究型内部审计的质量起着至关重要的作用，审计报告的撰写过程包括以下几个步骤。

首先，审计小组对现场审计中收集的第一手资料进行全面汇总与深入分析。这一步骤着重评估被审计部门的运营效率、决策的执行情况、年度目标达成度、财务管理状况以及合规性表现，旨在通过细致分析，揭示被审计部门存在的问题、评估问题的严重程度，并识别潜在的风险因素。

其次，审计小组提升审计发现问题的质量与深度，提炼审计工作重点，确保所揭示的问题与被审计部门的实际运营情况紧密相关。在此过程中，审计资源被合理分配，以优先关注那些对企业运营影响最大的问题。同时，审计小组坚持客观、公正的原则，以全面的视角呈现问题，审慎地界定责任归属，并据此提出具有针对性、可操作性的改进建议。

最后，审计小组优化整体审计报告的质量，使报告条理清晰、结构严谨、重点突出、言简意赅。同时，审计评价始终保持客观公正，提出的建议具有针对性、指导性和建设性。

二　研究型内部审计结果研究与沟通

（一）总结审计中发现的问题

审计项目结束后，审计人员需要全面回顾和总结整个审计项目及其发现的问题。这不仅是对审计工作的回顾，更是对企业内部控制管理的研究和探讨。在此过程中，必须坚持问题导向，深入挖掘问题的根源，并提出有效的解决方案。同时，也要坚持分级、分层、压实的主要责任，确保每个层级都有明确的责任和义务。还要坚持依法合规、严格规范、秩序的原则，确保后续审计工作始终在法律框架内进行。此外，还要坚持系统思维，加强协同联动，以便更好地应对复杂的企业环境。

研究型内部审计不仅要关注问题的发现和改进建议的提出，更要关注跟踪和评价改进措施的实施和效果，以确保解决方案和控制措施的有效性。因此，审计人员需要分阶段对审计中发现的问题进行整理、归纳和复盘，找出审计关注的重点和企业管理的薄弱环节，应用研究型内部审计方法，帮助企业发现问题并识别潜在的风险，从而提出具体的改进建议。这些建议将有助于企业完善内部控制、优化业务流程、提高绩效和风险防范能力。

这就是企业审计的最终目标。审计工作不仅仅是发现问题和解决问题，更要提出改进方案并确保其实施效果。审计工作的目的不单纯是审计，更是深入研究企业管理和内部控制，以更好地服务于企业并提高审计质量和效果。

只有这样，审计小组才能为企业提供更全面、更有针对性的服务，促进企业的持续发展。

（二）整改思路需要与时俱进

在落实审计整改措施的过程中，审计项目面临大量与业务部门职权交叉的问题，这对整改的彻底性和内部控制的执行力度提出了更高的要求。为了强化审计整改的效果，审计小组应当结合企业实际情况，因地制宜地寻求解决办法。

在审计过程中，发现问题后，业务部门不仅要进行整改，还要举一反三，全面清理，以解决普遍性问题。为此，审计小组需要审查制度的合理性，完善和优化制度，以便提高执行力。此外，审计小组应当监督整改措施的实施，并加强部门联动，进行跟踪审计或进度审计，落实整改"回头看"措施。

在整改过程中，需要确保整改措施的针对性、经济性和有效性，确保改进措施落到实处，达到预期效果。同时，也要关注整改措施的执行情况，确保问题得到彻底解决。为了及时发现问题并调整整改措施，还需要对整改措施进行定期评估和反馈。

坚持问题导向这一原则贯穿整个审计过程，审计小组应当不断深入研究和探讨企业管理和内部控制的新方法和新思路，以更好地服务于企业，促进企业的持续发展。这些举措能够提高审计整改的效果，优化企业内部控制和业务流程，提高企业的绩效和风险防范能力。同时，审计人员应不断学习和积累经验，持续提升自身的专业能力和素质，更好地提出整改意见。

（三）被审计单位整改不力时

被审计单位整改不力时，审计部门可以采取出具监督函、在一定范围内通报批评等措施，推动被审计部门整改，并依据情况对相应责任人进行追责。在国有企业中，此举有助于全面从严治党、规范企业经营与投资行为，并确保国有资产保值增值责任的落实，防止国有资产流失。国务院国资委颁布的《中央企业非法经营与投资责任追究实施办法（试行）》为审计工作提供了有力支持，进一步强化了审计在企业管理中的"第三道防线"作用，有利于提高企业合规经营水平。

研究型内部审计作为一种新的审计模式，能够通过问题导向、创新目标、科研方法和服务目的，有效帮助企业发现问题、优化管理、提高效率、提升竞争力，从而实现可持续发展。为引入研究型内部审计，企业应重视专业内部审计队伍的建设，提供必要的资源支持，并培养良好的企业氛围和领导文化。在此过程中，应充分重视研究方案的设计和报告的沟通，以确保审计结果能够产生实际效果，帮助企业在竞争激烈的市场中取得成功。

第十五章
内部审计技术的更新

为了应对时代巨变的挑战和科技发展的机遇，企业需要不断更新内部审计的技术和方法，以适应数字化和人工智能等新技术的要求。同时，内部审计人员也需要不断提高自身的专业素质和技能，以更好地应对复杂的审计环境。企业应注重内部审计专业队伍的建设，提供必要的资源支持，培养良好的企业氛围和企业文化，以实现内部审计工作的持续改进和创新。此外，企业应充分重视审计方案的设计和审计报告的沟通，以确保审计结果能够产生良好的实践效果，帮助企业在竞争激烈的市场中取得成功。通过引入研究型内部审计，企业可以更好地应对数字化和人工智能等新技术带来的挑战和机遇，实现高质量发展的目标。研究型内部审计不仅能够帮助企业发现问题、优化管理、提高效率、提升竞争力，还能够为企业提供创新性的解决方案和发展思路，从而实现可持续发展。因此，企业应积极探索研究型内部审计的应用模式，以推动内部审计工作的转型和发展，为企业的未来发展奠定坚实的基础。

第一节　人工智能在内部审计中的应用

在大数据时代，数据体量大、复杂化、计算困难等问题的存在，使得传统的内部审计方法难以应对。然而，人工智能在内部审计中的应用可以解决这些问题，实现全面审计、即时审计、连续审计、远程审计、联网审计、协同审计等创新模式，从而革命性地提高审计效率和质量。同时，当前国内外

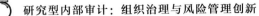

形势错综复杂，风险等级提升，风险范围扩大，这对内部审计的创新和发展提出了更高的要求。在这种背景下，推动人工智能技术与内部审计的深度融合，探索我国人工智能内部审计的实现路径，对发展人工智能内部审计和促进经济高质量发展具有重要的现实意义。人工智能的应用不仅可以帮助企业应对数据挑战，提高审计效率和质量，而且还能适应复杂的国内外形势，为内部审计的创新和发展提供新的动力。通过深度融合人工智能技术，企业有望实现内部审计的转型和发展，为经济的高质量发展提供更有力的支持。

一　人工智能内部审计政策制度

国内外人工智能内部审计政策制度主要集中在推动内部审计机构应用新技术，提高审计工作的质量和效率，同时也强调了数据安全和隐私保护等方面的要求。国内外人工智能内部审计政策制度主要包括以下几个方面。

国内方面，《"十四五"国家审计工作发展规划》强调，加强审计信息化建设和审计技术方法创新，增强大数据审计能力，充分运用现代信息技术开展审计，提高审计质量和效率。自"十四五"规划实施以来，内部审计全覆盖的进程持续加速，内部审计作为组织内部管理与监督的关键职能日益得到强化。与此同时，随着大数据、人工智能等信息技术的蓬勃发展，大数据审计在内部审计工作中的融入程度不断加深，其作用越发显著。这不仅是推动实现内部审计全覆盖的必然途径，也是社会信息化水平不断提升的必然结果。

国外方面，国际内部审计师协会（IIA）发布的《全球视角和见解：人工智能审计框架》为内部审计机构应用人工智能提供了指导。一些国家也出台了相关政策，如欧盟的《人工智能法案》、美国的《算法问责法》等，这些法规明确规定了人工智能审计的要求，旨在推动内部审计机构应用人工智能技术，提高审计工作的质量和效率。

二　人工智能内部审计理论研究

（一）国外人工智能内部审计理论研究

国外的互联网、大数据、人工智能等信息技术的发展与应用比我国早，对内部审计智能化的理论研究更为系统。Baldwin-Morgan 等考察了人工智能技术对审计影响的理论框架[①]。在此基础上，人工智能内部审计理论研究形成了不同的学术观点。Bowling 等对此持积极的态度，认为人工智能应用于审计领域可以识别审计风险，审查所有的审计交易事项，然后测试风险交易，对总账和明细账进行分析[②]。Commerford 等则认为人工智能审计会影响审计师判断，还可能因潜在数据偏差和人机交互偏差从而降低审计质量[③]。因此，有必要进一步对消除数据偏差的策略进行探究。

（二）国内人工智能内部审计理论研究

我国人工智能内部审计的探索历程可追溯至 2013 年，然而，该领域内的理论构建尚显薄弱，尤其是人工智能在实际内部审计应用中的深度剖析不足。当前理论研究的焦点汇聚于两大维度。其一，人工智能技术引领的内部审计模式革新与转型。有研究在财务共享模式的背景下，从人员组织管理、智能审计系统、程序实施以及审计取证等环节设计了智能内部审计的实现路径[④]。另有研究则依托内部审计的数字化特性和机器人流程自动化技术在审计实践中的嵌入，构筑起一套内部审计智能化技术的综合应用架构[⑤]。其二，企业内部专项审计分析。即基于智能技术对数据的智能处理，包括数据获取、存储和比较分析，构建智能审计模型和系统，并将其应用于特定案例。在这方面，有研究利用深度学习网络构建了智能审计数据分析模型，以物美公司为研究对象开展了内部经济效益审计，系统演示了智能审计在案例企业的实际运用过程，从而验证了智能审计数据分析模型的可行性[⑥]。另有研究针对商业银行

[①] Baldwin-Morgan, A. A., Stone, M. F., "A Matrix Model of Expert Systems Impacts," *Expert Systems with Applications* 9.4 (1995): 599-608.

[②] Bowling, S., Meyer, C., "How We Successfully Implemented AI in Audit," *Journal of Accountancy* 227.5 (2019): 26-28.

[③] Commerford, B. P., Dennis, S. A., Joe, J. R., Ulla, J. W., "Man Versus Machine: Complex Estimates and Auditor Reliance on Artificial Intelligence," *Journal of Accounting Research* 60.1 (2022): 171-201.

[④] 王静：《基于财务共享模式的内部智能审计路径设计》，《财会通讯》2019 年第 10 期。

[⑤] 张庆龙、邢春玉、芮柏松、崔楠：《新一代内部审计：数字化与智能化》，《审计研究》2020 年第 5 期。

[⑥] 张俊清：《基于财务共享模式的内部智能审计体系设计》，《财会通讯》2019 年第 7 期。

开展了基于人工智能的计算机审计系统研究，利用人工智能技术对银行的审计数据进行处理和分析，从而实现了银行内部各专项审计的应用分析[1]。

三 人工智能内部审计实践应用研究

（一）国外人工智能内部审计实践应用研究

Baldwin 等基于技术应用细节的研究提出，应用专家系统、神经网络、模糊系统和混合系统等人工智能技术，可以改进会计和审计的功能[2]。针对技术应用结果，Issa 等对人工智能审计通过自动制订审计计划、执行审计任务、生成审计证据、改进审计流程，从而提高审计效率和质量的机制进行了探讨[3]。聚焦具体实例应用研究，作为国际四大会计师事务所之一的德勤会计师事务所推出的内部审计机器人"小勤人"，可以在内部审计执行过程中协助内部审计人员进行自助式审计数据采集和项目管理，以及自动化测试、审阅、编制底稿等；毕马威中国推出的"人工智能信贷审阅工具"，充分应用自然语言处理和大数据技术，对信贷文档和信贷相关信息进行更为有效的提取、储存、管理和分析，推动了金融行业的创新与发展。

（二）国内人工智能内部审计实践应用研究

国内主要是一些大型集团公司开展了人工智能内部审计的实践应用。中国移动将内部审计与人工智能技术相结合，陆续研发了合同智能审计、凭证智能审计、"审计机器人"自动化作业等产品并应用于审计实践，拓宽了数据审计的监督范围，找出了传统审计无法发现的违规问题，拓展了数据审计发现问题的深度，在缩短审计时长的同时完成了更多审计工作量，显著提升了审计效率和审计质量。国家电网河南省电力公司通过构建数字化审计工作机

---

[1]　李源、王一鹏、魏强、张帆：《人工智能在商业银行内部审计中的应用分析》，《中国内部审计》2020 年第 1 期。

[2]　Baldwin, A. A., Brown, C. E., Trinkle, B. S., "Opportunities for Artificial Intelligence Development in the Accounting Domain: The Case for Auditing," *Intelligent Systems in Accounting Finance & Management* 14.3 (2006): 77-86.

[3]　Issa, H., Sun, T., Vasarhelyi, M. A., "Research Ideas for Artificial Intelligence in Auditing: The Formalization of Audit and Workforce Supplementation," *Journal of Emerging Technologies in Accounting* 13.2 (2016): 1-20.

制、设计开发数字化审计平台，搭建了电网企业智能审计体系，加大了审计覆盖面，提高了智能审计效率和质量。南京银行审计部以"大数据思维"和"审计专家思维"为指导思想，运用智能审计技术构建了智能审计系统，降低了银行经济损失并全面提升了管理效益。

四 人工智能内部审计的框架流程设计

（一）国家和行业层面的基础环境配置

首先，国家有必要制定相关的法规政策和行业准则，以鼓励、指导和约束人工智能在内部审计中的应用。这些政策应明确人工智能在内部审计中的适用范围、责任和权利，以确保其合法性和合规性。其次，行业组织应制定人工智能内部审计的行业准则，以规范和指导相关实践，并应构建人工智能内部审计监督管理平台，以促进内部审计监督信息的实时共享和互通。这将有助于将静态审计转化为动态审计，实现实时审计、实时监督，从而提升审计监督的效率和效果。通过建立智能化平台，企业可以自动化地处理和分析数据，减少人工干预，提高审计效率和质量。最后，行业还需要完善人工智能内部审计人才培养体系，为人工智能内部审计的实施提供源源不断的人力资源。行业应建立完善的培训机制，培养既具备内部审计专业知识，又具备人工智能相关技术的复合型人才。这不仅包括训练审计人员的编程、数据分析和机器学习等技能，还需要培养审计人员的逻辑思维和风险管理意识。通过培养一支高素质的内部审计团队，行业可以为人工智能在内部审计中的应用提供有力的人才保障。

国家、行业层面的举措能够驱动人工智能在内部审计中的应用和发展，为企业层面的实施提供强有力的支持。政府应出台相关政策，推动人工智能技术在内部审计领域的应用，并为相关企业提供税收优惠和资金支持。行业组织可以举办人工智能与内部审计相关的研讨会、培训和竞赛等活动，促进知识交流和技能提升。

综上，制定相关政策、构建行业准则和智能化平台、完善人才培养体系是推动人工智能在内部审计中应用的关键步骤。这些举措将有助于提升审计效率和效果，为企业提供更加智能化、精准化的审计服务。

（二）企业层面的资源配置和审计活动

企业人工智能内部审计是以人为本的，应注重建立健全企业人工智能内部审计制度体系，并做好人工智能内部审计人才储备。人工智能在内部审计中的应用虽然能够提高效率和质量，但人的主导作用不可忽视。因此，企业需要充分考虑内部审计人员的角色和职责，确保先进技术的使用不会削弱审计人员的专业判断力和风险管理能力。

在人工智能内部审计的实施过程中，企业需要关注各个阶段，包括审计准备阶段、审计实施阶段、审计报告阶段和后续审计阶段。每个阶段都需要有明确的目标和计划，以确保人工智能技术的应用与内部审计工作的有效融合。

人工智能技术的应用在内部审计中具有巨大的潜力，能够实现企业内部审计数据的智能采集、自动化处理、自动存储、智能比较分析和自动验证。机器人流程自动化技术、模式识别技术、自然语言处理、人工神经网络和深度学习等智能技术能够自动化处理重复性高、烦琐的数据分析工作，提高审计效率和准确性。

此外，企业应定期对内部审计人员进行培训和指导，使其了解和掌握人工智能技术的应用方法和优势，以便更好地利用人工智能技术为企业提供更加智能化、精准化的审计服务。总之，以人为本、注重制度建设、强化技术应用、保障安全和实施质量控制是企业人工智能内部审计的重要原则和关键步骤。

（三）人工智能内部审计成果的形成和利用

人工智能内部审计的产出不仅仅是自动化审计和生成智能化审计报告等，还包括出具审计意见、出具内部审计决定、编制审计风险地图等。这些成果的产出不仅提高了内部审计工作的效率和质量，还可以让内部审计人员把更多的时间和精力用于更重要的工作，如在线跟踪整改情况、分析审计效果、提出建议、做出评价和得出结论等。这些工作不仅可以帮助企业识别和管理风险，还可以为企业的决策提供依据和建议，从而帮助企业实现更高的经济效益和更好的长期发展。因此，人工智能内部审计不仅是一个工具和技术，更是企业内部审计工作的重要组成部分，可以提高和改善内部审计工作的效率和效果，更好地服务于企业的长远发展。

五　人工智能内部审计的实现路径

（一）加快人工智能在内部审计中的应用进程

1. 积极规划部署人工智能内部审计

随着人工智能技术的快速发展，内部审计工作也面临着新的机遇和挑战。为了更好地应对这些挑战，积极规划部署人工智能内部审计是非常必要的。

首先，人工智能技术可以提高内部审计工作的效率和准确度。通过自动化审理和智能化审计报告的生成，内部审计人员可以更快速地完成工作，减少重复性劳动，提高工作效率。同时，人工智能技术还可以帮助企业识别和管理风险，为企业的决策提供依据和建议。

其次，人工智能技术可以为企业提供更加全面的审计结果。通过在线跟踪整改情况、分析审计效果、提出建议和做出评价等，人工智能技术可以帮助企业更好地了解自身的运营状况，发现潜在的风险和问题，并及时采取措施进行整改和优化。

最后，积极规划部署人工智能内部审计需要企业加强数据安全和隐私保护。在应用人工智能技术时，企业需要确保数据的安全性和隐私性，避免数据泄露和滥用等问题。同时，企业还需要建立完善的内部审计制度和管理流程，确保人工智能技术的有效应用和落地实施。总之，积极规划部署人工智能内部审计对于提高内部审计工作效率和效果、加强风险管理和决策支持、保护企业数据安全和隐私等都具有重要意义。因此，企业需要加强规划部署和管理，确保人工智能技术的有效应用和落地实施。

2. 加强人工智能技术与内部审计的有效融合

随着大数据和深度学习技术的快速发展，人工智能与现代内部审计的融合已经成为必然趋势。智能内部审计正在推动审计方法、流程和模式的根本性变革。在人工智能等信息技术的推动下，传统橄榄型内部审计正在向哑铃型内部审计演进。审计准备阶段和终结阶段所耗费的时间和资源增加，而中间的审计过程则通过人工智能技术的应用得到了极大的简化，这使内部审计的效率也得到了显著提升。

这些技术的应用将有助于内部审计人员更快速、更准确地识别风险和问题，提供更全面、更深入的审计结果，并帮助企业更好地了解自身的运营状况，及时采取措施进行整改和优化。同时，这也将有助于保护企业数据安全和隐私，确保人工智能技术的有效应用和落地实施。因此，积极规划部署人工智能内部审计对于提高内部审计效率、改善内部审计效果、加强风险管理和决策支持等都具有重要意义。

3. 推动人工智能技术在内部审计中的具体应用

（1）对审计数据进行采集

企业内部审计人员可以利用的数据来源主要有两类：一类是从公司内部的财务共享服务中心、企业资源规划系统或财务系统中获取的企业经营数据、财务数据、管理数据等内部信息；另一类是从企业外部的互联网平台、政府统计数据库、第三方数据库等获取的市场信息、行业信息和其他外部信息。

此外，人工智能技术还可以协助内部审计人员自动处理和解释数据，从而更准确地识别和评估风险，提供更全面、更深入的审计分析。这将有助于企业更好地了解自身的运营状况，及时采取措施进行整改和优化，同时也有助于保护企业数据安全和隐私。

（2）对审计数据进行处理和存储

数据的分析和比较对于企业内部审计来说至关重要，高质量的数据是得出准确且有意义结果的基础。为了获取这些高质量的数据，内部审计人员需要从多个渠道采集数据，并对数据进行预处理。为了实现这一目标，可以将数据库细分为数据处理、存储和无效中心三个部分。

首先，所有采集到的数据信息，包括文本信息、图像信息、网页信息等，将被传输到处理中心。在这里，通过人工神经网络等技术，计算机系统可以对数据信息进行过滤、剔除，筛选出有效的数据信息。这些数据信息将被转化为能够统一识别、处理的结构化数据，以方便后续的分析和利用。

随后，这些经过预处理的数据将被传输到存储中心，以便按需进行数据提取。存储中心的设计需要考虑数据的安全性和稳定性，以确保数据的长期保存和可靠使用。

最后，无效的数据信息将被传输到无效中心，该中心将定期对这些数据进行自动清理，以避免对数据库的存储效能造成影响。

通过这样的预处理过程，数据的精准度和质量可以大大提高，从而为内部审计提供更准确、更有价值的参考信息。

（3）对审计数据进行分析

内部审计的内容和目标的差异决定了审计人员需要选择不同的数据进行分析。然而，通过深度学习技术，审计人员可以识别出有效的审计数据，并从审计数据库的存储中心提取出符合审计项目的相关数据。这些数据将被用于对比分析被审计单位的数据和基准数据，将结果反馈给内部审计人员。

内部审计人员可以利用反馈结果了解企业的经营管理水平，对存在的问题或存在疑问的地方进行深入调查，利用专家系统进行自动原因分析。内部审计人员会对此进行复核，确保结果的准确性。内部审计人员也可以利用机器学习技术帮助管理层制订最优的应对方案。例如，内部审计人员可以将市场需求信息与本企业的产品销售计划进行比较，评估相关决策的恰当性。此外，内部审计人员还可以基于大量的经营管理数据，利用机器学习构建最优的工作组织模型，以完善公司的治理结构。

通过这样的方式，内部审计人员可以更有效地评估企业的经营管理水平，发现问题及其根源，从而为企业提供更精确、更有价值的参考信息。同时，这种方式也可以帮助管理层制订最优的应对方案，提高企业的运营效率。

（二）建立健全与人工智能内部审计相关的准则制度

人工智能在内部审计中的应用带来了创新性的变革，因此需要建立完善的人工智能内部审计法规和制度体系，并构建人工智能内部审计监督管理平台。首先，国家层面需要制订人工智能内部审计的发展规划，将涉及先进技术、审计规范、服务主体、审计对象等纳入其中。同时，通过财政拨款、税收优惠、人才政策等方式鼓励更多的企业参与人工智能内部审计建设。

在此基础上，审计署、工信部等政府部门应联合行业内若干头部企业，借鉴COBIT等标准共同构建系统性的人工智能审计的科学应用和管理标准体系，以促进人工智能内部审计的规范发展。同时，立法部门可以借鉴欧盟出台全球第一份人工智能法案的经验，并结合中国国情制定我国的人工智能相关法律法规。

（三）完善人工智能内部审计人才培养体系

内部审计人员是开展内部审计工作的关键因素，特别是在大数据背景下，如果审计人员不能掌握充分的数据信息，或者数据处理和分析能力较弱，就可能影响审计结果的时效性和准确性，从而大大降低内部审计的治理效能。因此，人工智能内部审计的建设与发展需要一支既懂人工智能技术又懂审计业务的复合型人才队伍。

为了培养这样的复合型人才，高校和教育部门应着力构建完善的人工智能审计人才培养体系，培养出符合复合型人才标准的人工智能审计应用人才。此外，行政企事业单位也应采取相应的鼓励政策，吸引高素质人才加入，并组建一支具有技术创新能力和丰富业务知识的专业审计队伍。团队成员之间应优势互补，形成审计合力，以最大程度地实现增加企业价值的目标。

同时，行政企事业单位应建立健全相关准则制度，对人工智能技术在内部审计中的应用范围、方式以及有关责任作出规定，确保企业开展合法合规的人工智能内部审计。通过这种方式，我们才能真正实现内部审计的创新性变革，实现内部审计的最大价值。

（四）发展人本导向人工智能内部审计

人工智能技术是一把双刃剑，其发展带来的影响既有可能带来积极的影响，也有可能带来消极的影响。在人工智能技术的广泛应用中，内部审计的发展也受到了影响。内部审计人员作为开展内部审计工作的关键因素，其需求和价值在人工智能内部审计的发展中至关重要。人工智能技术可以帮助审计人员提高工作效率，但同时也可能引发技术伦理问题。因此，以人为本视角下人工智能技术的哲学研究，强调人工智能的发展要以"人"为最高发展目标，以技术为工具，以人的需求为导向，实现人与技术的有机结合。

为了发展以人为本的内部审计，内部审计人员需要认识到自身的价值，充分发挥自己的作用和主观能动性。人工智能与内部审计基于以人为本的宗旨，实现高度融合甚至一体化，发展人本导向内部审计。人工智能内部审计的发展需要考虑审计人员的需求和利益，帮助审计人员实现自身价值，而不是超越审计人员成为审计的主体。同时，要确保人工智能技术的应用合法合规，不损害他人的利益。

坚持以人为本的出发点和价值取向，是解决人工智能内部审计技术伦理问题的正确途径。只有这样才能实现人工智能与内部审计的和谐发展，更好地服务于人类社会和企业价值增值活动。

（五）防范人工智能内部审计安全风险

针对人工智能技术可能存在的安全风险，审计人员在设计和应用人工智能内部审计产品时，需要进行大量的测试并时刻监控应用过程，以确保应用的准确、恰当、合法、合规。同时，针对数据和网络层面的风险，审计人员可以利用机器学习和深度学习对大数据进行聚合、分类和识别，检测与企业情况和运行结果不相符合的异常行为。审计人员还应对影响网络安全的各种要素进行获取、分析和评估，对相关的数据进行关联分析、融合处理，预测可能发生的安全威胁，提前进行风险防范。

此外，企业还应将职业道德准则贯穿于员工的学习和培训过程，形成时刻遵守法律法规和职业道德的工作氛围。对于内部审计人员，应加强安全教育，从根本上遏制安全风险的发生。

同时，增强法律对人的约束和对违法违规行为的恰当惩处也是非常重要的。当安全层面的风险被减弱甚至消除时，加强法律的震慑力更有利于人工智能技术在审计中的应用和发展。企业也能够在智能社会的发展趋势下更好地利用高新技术去充分发挥内部审计的各项职能作用，提高企业的治理能力和水平，促进企业战略目标的实现。在未来的发展中，法律和道德规范将成为人工智能内部审计的重要基石。

第二节　区块链技术在审计数据验证中的作用

区块链技术是一种分布式数据存储技术，它使用密码学、共识算法等技术手段将交易记录按照时间轴顺序记录下来，并将每一笔交易记录形成一块区块，形成一个可追溯的账本。内部审计人员通过区块链技术可以更加准确、完整地获取企业的交易记录，并追踪和分析交易过程中的每一个环节，发现潜在的风险和问题，从而有效控制企业风险。随着区块链技术的不断发展和应用范围的扩大，内部审计人员将更多地应用区块链技术来完成审计工作，提高审计效率和准确性。区块链技术的核心特性之一是其去中心化，这意味着交易记录由整个网络共同维护，无法篡改，因此可以提高数据的可信度和可靠性。此外，区块链技术还可以实现交易的可追溯性，审计人员可以追踪和分析交易过程中的每一个环节，确保交易的合规性和准确性。这些特性使得内部审计人员能够更好地应对复杂的审计任务和挑战。同时，区块链技术还可以与其他技术相结合，如人工智能和大数据分析等，以实现更高效的审计工作。通过将区块链技术与人工智能和大数据分析相结合，内部审计人员可以更加准确地识别和评估风险，提高审计效率和准确度，并为企业的战略目标提供更好的支持。因此，区块链技术将成为内部审计工作的重要工具和手段。

一 区块链技术在内部审计中的应用

区块链技术是建立在去中心化、匿名性和非篡改性基础上的新型技术，其应用范围越来越广。在内部审计领域，区块链技术可以为内部审计工作提供前所未有的可行性并提高效率。具体而言，区块链技术在内部审计中的应用主要体现在以下四个方面：第一，区块链技术可以提升内部审计的透明度；第二，区块链技术可以提高内部审计的可追溯性；第三，区块链技术可以提高内部审计的安全性；第四，区块链技术可以提高内部审计的效率。综合以上内容可以预见，区块链技术在内部审计领域的应用将具有重要意义。利用区块链技术来进行内部审计可以极大地减少人工访问数据的时间和成本，提高内部审计工作的效率。

二 区块链技术在内部审计数据验证的作用

（一）加强审计数据的真实性和完整性

区块链技术的应用可加强审计数据的真实性和完整性，确保审计数据不被篡改，这一特性对于审计工作至关重要。区块链技术采用去中心化的分布式存储，一旦数据被添加到区块链中就无法被篡改或删除，这种特性确保了审计过程的可靠性。此外，区块链技术还可以实现交易的可追溯性，审计人员可以追踪和分析交易过程中的每一个环节，确保交易的合规性和准确性。随着区块链技术的不断发展和应用范围的扩大，内部审计人员将能够更好地应对复杂的审计任务和挑战，并提高审计效率和准确性。区块链技术将成为内部审计工作的重要工具和手段，为企业的战略目标提供更好的支持。

（二）增强审计证据的可信度

传统审计中，审计证据的真实性和可靠性往往受到各种因素的影响，包括证据来源的可信度、审计人员的专业能力、审计流程的规范性等，而在区块链技术中，所有的交易记录都被公开记录在区块链上，并受到其不可篡改性和去中心化特性的保护。这意味着任何对交易记录的修改都会被立即察觉并被记录下来，大大减少了人为操纵的可能性。因此，区块链技术为审计证据提供了更高的可信度，为审计工作提供了更可靠的依据。这种技术不仅提高了审计工作的效率和质量，也为企业提供了更安全、更可靠的审计环境。

（三）减少审计成本和提高审计效率

通过区块链技术的应用，审计过程可以更快速、更高效地完成，这不仅可以减少审计过程中可能出现的时间延迟，还能进一步提升审计效率。区块链的去中心化特性使得审计过程不再受到传统层级结构的限制，从而减少了因烦琐的审计程序和多重的层级结构而导致的审计成本。此外，区块链的不可篡改性也保证了审计结果的准确性和可靠性，进一步提升了审计工作的质量。这种技术的应用不仅降低了审计成本，也为企业提供了更安全、更可靠的审计环境。

三　区块链技术在内部审计数据验证的优势

（一）优化数据信息基础

在内部审计中应用区块链技术，需要建立审计数据分析平台，将企业集团的数据纳入平台。为了确保数据分析的有效性，审计人员需要对基础数据进行科学规划和准备。需要哪些基础数据、需要什么样的数据，这些都需要提前进行明确的规划。企业内不同的业务运行模式和数据信息模式可能会存在差异，因此审计人员需要事先明确需要的数据信息、数据类型、数据标准，并进行强有力的筛选、汇总、整合和联动。只有在优化数据信息的基础上，区块链技术才能更好地统筹兼顾共性和个性全方位的要求，进行适应性和针对性处理，形成具有各自特点和差异的业务账簿体系。这能为后续审计工作的高质高效开展提供充足的空间和坚实的基础。因此，科学完善的数据信息是保证企业审计工作取得积极成效的关键。只有这样才能保证审计数据分析平台的正常运作，进而实现内部审计的精准性和高效性。

（二）改善审计数据记录成效

在集团企业联网审计中，数据采集模块的质量和数据处理流程对审计实效有着重要的影响，数据采集模块中内置的事件触发器是审计人员获取审计证据的重要途径之一。然而，由于异常事件的最终处理结果需要依赖审计人员的专业判断，这可能会耗费大量时间和精力，无法实现实时监督的目的，甚至可能导致虚假账簿的出现。

区块链技术的引入，为联网审计带来了新的可能性。区块链的自动数据判断功能可以自动处理异常数据，既节省了时间和精力，实现了实时监督的效果，同时也保证了数据的真实性和安全性。这一切都源于区块链的自动备份记录功能。

同时，区块链技术的运用还能在一定程度上解决数据篡改和虚假账簿的问题，提高了数据的真实性和可信度。

（三）提升审计数据存储实效

在集团联网审计中，数据的采集、处理和存储成为一项重大的技术挑战。由于需要汇总公司总部中央服务器上的大量信息参数，中央处理器的存储容量和数据安全性成为一项关键需求。而区块链技术的引入，特别是其"去中心化"的特性，使得采用区块链技术进行数据存储成为可能。

区块链技术的运用还减小了数据信息提取行为对各区块链节点的影响和

干扰，加强了数据存储的抗干扰性。由于区块链存储数据量大、数据不易丢失、可以抵抗外部病毒侵袭，因此在提取数据时能够实现快速、准确，这提高了内部审计工作的效率和质量。

因此，将区块链技术应用到审计工作中，能够提高审计工作的信息化水平，增强审计工作的透明度、公平性和实效性，降低审计风险，提高审计效率。通过多项措施并举，能够全方位、多角度优化基于区块链技术的审计工作，促进其整体成效的提升和进步。这无疑将对集团企业的内部审计工作产生深远的影响。

第三节　云计算在内部审计数据存储与分析中的优势

云计算与大数据的结合为内部审计工作带来了巨大的便利。利用云计算技术，审计人员可以对特定数据进行标记，使得内部审计过程中产生的数据更加可靠和真实，同时也能够更加规范地进行数据采集、传输、存储和分析等工作。这不仅能够帮助企业更好地挖掘数据的潜在价值，同时也能够借助云计算技术的数据标记功能来提升数据的安全性。在内部审计创新建设的过程中，构建云计算平台是一个重要的环节。利用云计算平台，企业可以实现对内部审计数据的集成处理，并对数据信息进行筛选和过滤，进一步整合有效数据，以此提高内部审计数据采集的效率，降低人为主观因素对内部审计的影响。云计算平台的使用可以带来很多好处。首先，它能够实现数据的集中管理和处理，使得内部审计人员可以更加方便地访问和使用数据。其次，它能够提供更加灵活的数据存储和管理方式，使得数据更加安全可靠。最后，它能够提供强大的数据分析工具，帮助内部审计人员更好地理解和利用数据，提高审计工作的效率和准确度。因此，应该积极探索和实践云计算技术在内部审计中的应用，通过多种措施并举，全方位、多角度地优化基于云计算技术的审计工作，促进其整体成效的提升和进步。

一 大数据云计算技术内涵

（一）技术前沿

大数据技术是一种涉及大规模数据的技术，它的功能不是应用主流软件工具，而是采集、分析和整合数据信息。大数据技术可以在大容量、高频率、多结构类型的数据中，获取高价值信息。这种技术能够处理各种类型的数据，包括结构化数据、非结构化数据和半结构化数据，并且能够快速地处理和分析这些数据。

在大数据时代，数据已经成为一种重要的资源，而大数据技术则是挖掘这种资源的重要手段。利用大数据技术，审计人员可以更好地理解数据背后的规律和趋势，从而更好地制定决策和优化业务流程。

云计算技术是基于互联网服务模式升级的一种技术，它是一种分布式、并行式、虚拟化、与网络存储等技术融合的新型网络技术。云计算技术能够优化整合分散的数据信息，并将这些数据存储到云端，便于用户使用。通过云计算技术，我们可以实现数据的集中管理和处理，提高数据的安全性和可靠性。

（二）技术特征

在大数据时代，数据的采集和使用方式发生了巨大的变化，这改变了我们的思维方式。与传统数据信息相比，大数据具有许多显著的特征。首先，数据量级大大增加，从太字节级跃升到拍字节级。其次，数据处理速度非常快，获取数据的效率也大大提高。最后，数据类型也更丰富，涉及网络日志、视频、地理信息、图片等多种形式。这些数据不仅规模大，而且来源广泛，具有极高的商业价值。大数据技术能够聚集这些数据信息，以较低的成本创造更高的商业价值。

总的来说，大数据和云计算技术的结合在当今社会发挥着越来越重要的作用。它们为内部审计工作带来了巨大的便利和效率的提升，同时也能降低审计成本、提高数据的安全性和可靠性。

（三）技术关联性

大数据和云计算技术是相互依赖的关系。大数据依赖于云计算技术，主要关注数据的采集、挖掘和分析。而云计算技术则注重数据计算和处理能力，没有大数据的存储，云计算技术就无法发挥其价值。在云计算的海量数据管理中，大数据技术是基础，通过将数据信息放置在云端，可以改善传统数据离散分割的问题，整合优化数据信息。这种依赖云计算的计算能力的处理方式，可以为用户提供优质的服务。

此外，大数据和云计算技术的重点不同。大数据更重视数据信息，而云计算技术更关注网络资源、应用软件和处理能力。因此，大数据技术对社会经济的发展有着更大的影响。云计算技术可以提升数据信息的存储和分析应用，深度挖掘大数据信息，同时提供分析和预测功能，为决策者提供参考依据。

二　大数据云计算技术在内部审计数据处理中的优势

（一）促进内部审计方式革新

在网络虚拟化环境下，内部审计人员为了提升业务精确度并实现量化分析，必须合理应用大数据和云计算技术，特别是要树立"样本即总体"的理念。大数据和云计算技术可以为数据审计提供强大的帮助，帮助内部审计人员摆脱"小数据"的思维模式，将高效作为审计导向，并应用云计算技术的服务器存储和服务器功能，高度集成互联网数据信息，提供高精确度的数据审计结果。

此外，大数据和云计算技术还能为内部审计系统增加数据分析模块和非结构化数据模块。这些模块的建立将完善贷款风险、行业风险、客户挖掘等功能，使用归类管理方式能够科学整理审计内容。当审计内容满足设定预警值时，计算机系统会自动进行深入的审计。例如，在银行机构的审计中，大数据和云计算技术可以与银行建立数据接口，以提升业务数据的质量，巩固非结构化数据和分析模块，实时监控和预警风险。这些技术手段不仅有助于提高审计工作的效率和准确性，而且可以更好地支持决策和风险管理。

（二）优化数据审计方法

优化数据审计方法的举措主要包括以下几个方面。

1. 应用大数据和云计算技术

大数据和云计算技术可以为数据审计提供强大的帮助，帮助内部审计人员摆脱"小数据"的思维模式，提供高精确度的数据审计结果。

2. 建立完善的审计系统

为了更好地支持决策和风险管理，需要建立完善的审计系统，包括数据分析模块和非结构化数据模块。

3. 科学整理审计内容

使用归类管理方式能够科学整理审计内容，当审计内容满足设定预警值时，计算机系统可以自动及时地进行深入的审计。

4. 广泛应用云数据库、联网审计、数据挖掘等方式

这些审计方法可以提高审计信息的可靠性和真实性，同时也可以提升审计工作效率。

（三）提高审计证据收集效率

内部审计人员在进行数据审计操作时，审计证据的作用至关重要。为了提升审计报告的可信度和准确性，审计人员在整理审计报告时，需要充分利用大数据和云计算技术，为审计报告提供跨领域、量化的审计证据。在优化数据审计方法的过程中，还需要注意以下几点。

1. 保持数据安全

在使用大数据和云计算技术时，要确保数据的安全性和保密性，避免数据泄露或损坏。

2. 培训和技术支持

企业应定期为审计人员提供培训和技术支持，帮助他们更好地理解和应用大数据和云计算技术。

3. 定期评估和调整

随着技术的不断发展和变化，审计方法也需要不断评估和调整，以适应新的挑战和需求。

（四）深化审计数据分析

随着信息技术的快速发展，审计数据分析在审计工作中发挥着越来越重

要的作用。为了更好地发挥审计数据分析的作用，审计人员需要深化审计数据分析，提高审计工作的效率和准确性。

首先，加强对数据的收集和分析。在收集数据时，审计人员要注重数据的全面性和准确性，确保数据来源可靠、真实。在分析数据时，审计人员要注重数据的关联性和规律性，通过数据之间的关联和规律，发现潜在的风险和问题。

其次，运用多种数据分析方法。除了传统的数据分析方法，如比率分析、趋势分析等，审计人员还可以运用现代数据分析方法，如数据挖掘、机器学习等。这些方法可以帮助审计人员发现更多的数据特征和规律，提高数据分析的准确性和可靠性。

再次，注重数据的质量控制。在数据分析过程中，审计人员要注重数据的清洗和校对，确保数据的准确性和完整性。

最后，建立完善的审计数据分析体系。审计人员要建立科学的数据分析流程和方法，明确数据分析的目标和任务，制订合理的计划和时间表。同时，审计人员要注重数据分析结果的反馈和应用，将数据分析结果与审计工作相结合，提高审计工作的效率和准确性。

（五）加强研究型内部审计成果应用

内部审计成果运用是内部审计工作的重要环节，加强内部审计成果运用可以提高企业的管理水平和经济效益。为了加强研究型内部审计成果运用，企业需要采取以下措施。

首先，建立健全内部审计成果运用的机制和制度。企业要明确内部审计成果运用的流程和方法，建立内部审计成果运用的责任制，确保内部审计成果得到充分运用。

其次，加强内部审计成果运用的宣传和推广。企业要向管理层和员工宣传内部审计成果运用的重要性，推广内部审计成果运用的方法和技巧，提高员工对内部审计成果运用的认识和重视程度。

再次，建立内部审计成果运用的反馈机制。企业要定期收集企业管理层和员工的反馈意见，对内部审计成果运用进行评估和改进，确保内部审计成果运用的有效性和可持续性。

又次，加强内部审计人员的培训和素质提升。企业要加强对内部审计人员的培训和教育，提高内部审计人员的专业素质和技能水平，确保内部审计人员能够有效地提升内部审计成果质量。

最后，注重内部审计成果运用的效果评估和考核。企业要建立内部审计成果运用的考核机制，对内部审计成果运用的效果进行评估和考核，确保内部审计成果运用的质量和效率。

三　内部审计数据云计算处理的强化路径

（一）创新管理制度

企业使用云计算技术对内部审计数据进行处理，需要相应的管理制度予以支撑，以保障内部审计数据处理工作规范开展。为了实现这一目标，企业需要结合内部审计对管理制度进行创新，为内部审计数据的收集与分析提供指导，并对内部审计数据处理行为进行约束。在此背景下，企业应以国家内部审计法规、标准文件为指导，结合企业实际情况制定内部审计数据处理管理制度。

为了更好地发挥内部审计在企业治理中的作用，企业需要制订针对内部审计数据处理管理制度的创新方案，明确各类先进信息技术手段在内部审计中的应用标准，并确保技术应用范围有明确规定作为依据。这有助于确保内部审计数据处理创新工作能够有规可依，并为数据的收集整理与分析指出实践底线，从而规范内部审计程序。

此外，企业还需要调整绩效考核制度中的部分指标，将内部审计数据处理创新作为内部审计人员绩效考核的一部分，以此激励内部审计人员在企业内营造内部审计创新的环境。

在大数据背景下，企业应定期检查内部审计信息系统数据，确保数据真实完整。这不仅有助于提高内部审计工作的效率和质量，还能有效避免数据错误和遗漏等问题。同时，定期检查还能及时发现和处理数据异常情况，确保内部审计工作的准确性和可靠性。

（二）创新审计理念

为规避内部审计云计算数据处理创新期间产生的风险问题，审计人员需要注意以下几点。

首先，审计人员需要更新内部审计理念，将传统的事后审计转变为事前审计，以风险为导向开展内部审计数据收集和分析活动，并借助信息技术实现持续性审计。这样能够保障审计数据的准确性和可信性，提高审计质量。

其次，创新理念是促进内部审计数据处理转型发展的重要一环。审计人员需要根据新的数据处理方式，树立恰当适宜的理念，并在这些理念的支撑下进行创新，完成审计数据的采集和挖掘。

再次，在审计数据采集后，审计人员需要注意挖掘数据价值，分析是否存在风险，针对常见风险制订应对方案，起到风险预警的效果。审计人员需要转变事后审计模式，以风险为导向挖掘数据潜在含义，精准定位潜在风险，有针对性地开展内部审计工作。

最后，审计人员需要整合内部审计数据资源，持续分析审计风险，并进行监测跟踪工作。如果发现风险隐患，审计人员需要督促整改，确保审计人员能够掌握风险动态变化情况。这样可以确保内部审计的及时性和全面性，借助监督审计与动态跟踪避免审计时滞问题，从而实现风险的有效规避。

（三）建立审计解析平台

随着企业规模的扩大和业务复杂性的增加，审计工作变得越来越重要。为了提高审计效率和质量，建立审计解析平台是一个值得探讨的方案。审计解析平台是一种基于大数据和人工智能技术的工具，它能通过对海量审计数据进行分析和挖掘，帮助审计人员快速发现潜在风险和问题，提高审计效率和准确性。

建立审计解析平台的目的是提高审计工作的质量和效率，减少审计时滞，降低企业风险，并为企业决策提供有力支持。通过建立审计解析平台，审计人员可以更好地掌握企业运营状况，及时发现潜在风险，为企业提供预警和解决方案。建立审计解析平台，先是要确定平台建设目标和范围，制订实施计划，然后要收集和分析数据，建立数据仓库和数据模型，在此基础上要开发审计解析平台软件，并进行测试和优化，同时培训内部审计人员使用平台，提高工作效率和质量，除此之外，还要持续优化平台，不断完善和升级。由此达到提高审计效率和质量、减少审计时滞、降低企业风险、为企业决策提供有力支持、整合内部审计数据资源、提高数据分析能力的目的，激发内部审计在企业经营发展中的价值，为企业创造更多价值。

（四）加大审计分析模型和审计软件开发力度

审计分析模型是一种基于大数据和人工智能技术的工具，通过对海量审计数据进行分析和挖掘，帮助审计人员快速发现潜在风险和问题。通过建立有效的审计分析模型，审计人员可以提高审计效率和准确性，减少审计时滞，降低企业风险，并为企业决策提供有力支持。通过以下五个步骤，审计人员可以加大审计分析模型的开发力度：首先确定审计分析模型的开发目标和范围，制订实施计划；其次收集和分析数据，建立数据仓库和数据模型；再次开发审计分析软件，并进行测试和优化；又次对内部审计人员进行培训，提高工作效率和质量；最后持续优化审计分析模型，不断完善和升级。

同时，为了提高审计软件的开发质量和效率，可以采取以下措施：建立专业的审计软件开发团队，招聘具有相关经验和技能的人员；加强与软件供应商的合作，引进先进的审计软件技术和工具；建立完善的软件开发流程和质量控制体系，确保软件质量和稳定性。

（五）提升技术认知与应用能力

在当前社会中，企业内部审计正在广泛应用大数据技术和云计算技术，这得到了审计人员的广泛认可。中国内部审计机构正在开展研究型内部审计工作，这项工作在中国开展的时间相对较短，因此大部分内部审计人员的知识结构相对单一，对于大数据和云计算技术的认识不够充分，因此常常采用传统的审计方式。然而，随着数据信息量的不断增加，数据信息以电子数据格式为主，这就需要我们科学地应用大数据和云计算技术。

审计机构已经开始注重大数据和云计算技能的培训，并积极建立专项研究技术能力。通过培训，内部审计人员的技术辅助能力和问题探索能力得到了显著提高。然而，在实际操作中，仍有一部分内部审计人员缺乏对技术辅助的重视，或者在问题探索方面存在一定的短板。为了解决这些问题，审计机构还需要继续优化培训体系，提供更加系统、专业的大数据和云计算技术培训，以提升内部审计人员的整体素质和技能水平。

在这个过程中，我们需要进一步强调数据安全和隐私保护的重要性。在大数据和云计算环境下，数据的流动和交换过程可能会受到各种威胁，因此需要我们采取有效措施来保障数据的安全性和可靠性。此外，我们还需要不断优化和完善审计系统和技术工具，以满足现代企业审计工作的需求。只有这样，我们才能更好地应对信息化、智能化的挑战，提高内部审计工作的质量和效率。

（六）开发和应用审计程序

研究型内部审计工作是一项任务繁重的工作，需要技术人员具备较高的能力水平。大数据和云计算技术的应用，对技术人员的能力要求更加严格，这也相应地增加了工作量和提高了工作强度。为了有效开展审计工作并提升审计工作效率，开发标准化审计程序是十分必要的。通过开发标准化审计程序，可以简化审计流程，减少重复性工作，提高审计效率，同时也可以加快审计行业的发展。

对于专业审计人员来说，了解审计数据处理分析方式是非常重要的，包括数据挖掘方式、多维度分析方式等。只有掌握了这些分析方式，才能更好地应对复杂的审计数据，提高审计工作的准确性和效率。

为了建立成熟的数据分析模型并开发先进的审计程序，审计人员需要不断优化和完善技术手段和工具。通过建立成熟的数据分析模型，可以更好地挖掘数据中的有用信息，提高审计工作的准确性和效率。同时，开发先进的审计程序也可以显著提升审计工作效率，降低审计误差。

（七）注重内部审计部门建设

企业财务风险管控是企业运营管理中的重要一环，它涉及企业的资金流动、财务报告、内部控制等多个方面。为了确保企业财务活动的安全性和有效性，企业必须收集内外部信息，并确保这些信息在各部门之间的流通效率。

为了确保内部审计信息化效果，企业必须严禁各部门各自为政，加大各部门之间的合作与协调力度。管理层应当给予内部审计部门足够的支持和信任，确保内部审计工作的独立性和权威性。同时，管理层也应当关注内部审计部门的建议和反馈，及时调整和改进企业运营中存在的问题和不足。

在会计核算与记录工作中，企业应当及时传输财务数据与信息，确保审计人员能够及时分析处理这些数据，提高审计工作效率。这需要建立高效的信息系统，实现财务数据的集中管理和共享，方便审计人员随时获取所需的数据和信息。此外，企业还应建立完善的监督举报机制，以减少内部舞弊、贪污等不良现象，具体举措包括建立举报渠道、加强内部监管、完善奖惩制度等，以此全面确保企业财务活动的安全性与有效性，减少内部审计舞弊的风险。

通过以上措施，企业可以更好地应对财务风险，提高财务管理的效率和效果，为企业的健康发展提供有力保障。

参考文献

鲍国明、刘力云主编《现代内部审计（修订版）》，中国时代经济出版社有限公司，2021。

〔美〕贝利（Andrew D. Bailey）、〔美〕格拉姆林（Audrey A. Gramling）、〔美〕拉姆蒂（Sridhar Ramamoorti）:《内部审计思想》，王光远等译，中国时代经济出版社，2006。

〔美〕彼得·德鲁克（Peter F.Drucker）:《公司的概念》，慕凤丽译，机械工业出版社，2018。

陈雪嵩:《大语言模型在企业内部审计中的应用研究》，《会计之友》2024年第11期。

党江艳:《内部审计开展研究的实践框架探索》，《会计之友》2022年第16期。

〔英〕德里克·马修斯（Derek Matthews）:《审计简史》，周华、莫彩华译，中国人民大学出版社，2020。

方俊彬、胡屹、王璐瑶、李华东、陶晓慧:《基于区块链技术的业务驱动型内部审计系统构建与研究》，《财务与会计》2022年第15期。

郭会丹:《对风险导向内部审计的再认识——基于对注册会计师风险识别和评估准则的借鉴》，《会计之友》2024年第5期。

郭长水、纪新伟主编《内部审计工作指南：穿透实务核心，进阶数智应用，精益审计管理》，人民邮电出版社，2022。

〔加〕亨利·明茨伯格（Henry Mintzberg）:《管理工作的本质》，方海萍等译，浙江人民出版社，2017。

姜江华：《不断深化对中国特色社会主义审计事业的规律性认识》，《审计研究》2024年第4期。

李春节、徐荣华、葛绍丰主编《合规型内部审计：精准发现违规行为，实时化解合规风险》，人民邮电出版社，2022。

李海涛、张卓：《新时代国有企业治理内部审计赋能对策——基于价值创造和价值保护原则》，《财会月刊》2024年第3期。

李正：《党的二十大报告擘画研究型审计蓝图》，《会计之友》2024年第3期。

刘红生、袁小勇主编《内部审计情景案例：理解审计行为，辨析审计决策》，人民邮电出版社，2022。

戚振东、张紫璇：《研究型审计：一个理论分析框架》，《会计之友》2022年第6期。

秦荣生：《公司治理与内外部审计》，化学工业出版社，2013。

秦荣生：《数据导向审计体系构建：风险模型、方法体系与实现路径》，《审计研究》2023年第5期。

秦荣生主编《现代内部审计学（第二版）》，立信会计出版社，2019。

邱爽、潘伟：《数字化审计：技术、模式与应用》，《财会通讯》2023年第5期。

〔美〕斯蒂芬·罗宾斯（Stephen P. Robbins）、〔美〕玛丽·库尔特（Mary Coulter）：《管理学（第13版）》，刘刚、程熙镕、梁晗等译，中国人民大学出版社，2017。

苏海雨、吴会通：《新〈公司法〉下企业内部审计与合规的融合治理》，《财会月刊》2024年第14期。

苏昱霖、舒启航：《研究型审计模式下公立医院信息系统内部审计实施路径探索》，《中国卫生经济》2024年第4期。

唐鹏展：《合规审计实务指南》，人民邮电出版社，2022。

王永梅、许莉、周旭东、尹花：《研究型审计：内在逻辑与实践探索》，

《会计之友》2022年第1期。

〔美〕文森特·M.奥赖利、〔美〕巴里·N.威诺格拉德、〔美〕詹姆斯·S.格尔森、〔美〕亨利·R.耶尼克:《蒙哥马利审计学（第十二版）》,刘霄仑、陈关亭译,中信出版社,2007。

吴秋生:《开展研究型审计的动因与方略探讨》,《会计之友》2024年第1期。

闫夏秋:《企业合规视角下的内部审计：现实挑战与应对》,《财会月刊》2023年第18期。

晏维龙、庄尚文:《试论研究型审计的国家治理效能》,《审计研究》2022年第1期。

杨静、秦心恬:《以研究型审计为依托重构审计思维体系》,《财会月刊》2022年第16期。

杨玲玲、肖竞主编《慧眼识数：内部审计赋能企业数字化转型》,人民邮电出版社,2023。

尹志锋:《把握研究型审计的六个维度》,《中国金融》2023年第3期。

尤雪英:《基于战略视角的内部审计价值提升与实施路径探索》,《财会月刊》2018年第15期。

袁亮亮、罗党论、郭蒙:《新时代国有企业内部审计：现状、发展与挑战——来自问卷调查的经验证据》,《财会月刊》2021年第21期。

张新鹏、冯均科、李之媛:《数字化驱动下"增值型"内部审计模式的构建与实现》,《财会月刊》2021年第8期。

张长文、李兆东:《高校研究型内部审计探析：内涵与模式》,《财会通讯》2024年第7期。

赵星、李向前、孟颖:《研究型审计防范化解系统性金融风险的逻辑理路与实现机制》,《财会月刊》2024年第8期。

郑石桥、刘星锐:《研究型审计：内涵、类型及运用条件》,《南京审计大学学报》2022年第1期。

中华人民共和国审计署:《中国共产党领导下的审计工作史》,中共党史出版社，2021。

周平、荣欣主编《增值型内部审计：提升经营效率、强化风险管理、促进价值再造》，人民邮电出版社，2022。

图书在版编目（CIP）数据

研究型内部审计：组织治理与风险管理创新 / 张瑛
著 . -- 北京：社会科学文献出版社，2025.7.
（新时代法学教育与法学理论文库）. -- ISBN 978-7
-5228-4886-0

Ⅰ . F239.45

中国国家版本馆 CIP 数据核字第 2025VR0490 号

· 新时代法学教育与法学理论文库 ·

研究型内部审计：组织治理与风险管理创新

著　　者 / 张　瑛

出 版 人 / 冀祥德

组稿编辑 / 恽　薇

责任编辑 / 史晓琳

文稿编辑 / 姜　瀚

责任印制 / 岳　阳

出　　版 / 社会科学文献出版社·经济与管理分社（010）59367226
　　　　　 地址：北京市北三环中路甲29号院华龙大厦　邮编：100029
　　　　　 网址：www.ssap.com.cn

发　　行 / 社会科学文献出版社（010）59367028

印　　装 / 三河市龙林印务有限公司

规　　格 / 开　本：787mm×1092mm　1/16
　　　　　 印　张：22　字　数：332 千字

版　　次 / 2025年7月第1版　2025年7月第1次印刷

书　　号 / ISBN 978-7-5228-4886-0

定　　价 / 138.00元

读者服务电话：4008918866